inspirlang

Cover Illustration: Tina Gee
Edits: Carmen Yeung
Text Design: June Pham / www.junepham.com

Copyright © 2023 by Jade Wu.

Published in the United States by Inspirlang Inc.
Portions of this book first appeared on the author's website, Inspirlang.

www.inspirlang.com

ISBN: 978-0-9996946-9-5

365 Questions | 4 Languages | 1460 Answers

This journal was created to motivate and help you improve your written language skills by journaling in Cantonese, Mandarin, Taishanese, or even English. Each day's question and prompt are provided with Chinese translations, phrases, and phonetic guides. Simply turn to today's date and start journaling in the language you are working on! As the year goes by, you will notice how much your writing skills improve. Enjoy the process of documenting your day and see your progress at the end of the year!

To learn more about the romanizations used in this book, visit inspirlang.com/journaling.

Traditional Chinese Holidays
(In Taishanese Romanizations, Wu's Phonetic System)

節日 Holiday	農曆 Lunar Calendar Date	陽曆 Gregorian Calendar Date	Translation	Modern-Day Activities for Taishanese People
春節 (cun1-ded2)	正月初一 (first day of the first month)	-	Spring Festival	Giving and receiving red envelope, visiting families, vegetarian food for the first meal of the year
人日 (ngin4 ngid52)	正月初七 (seventh day of the first month)	-	Renri (Human Day)	Eating chicken
元宵節 (ngun4-lhieu1 ded2)	正月十五 (fifteenth day of the first month)	-	Lantern Festival	Eating fried rice
清明節 (ten1-men4 ded2)	-	4/4 or 4/5 (varies)	Qingming (Tomb-Sweeping Festival)	Tomb-Sweeping
端午節 (on1-ng5 ded2)	五月初五 (fifth day of the fifth month)	-	Dragon Boat Festival	Eating Zongzi, participating in dragon boat contests
七夕 (tid2-ded3)	七月初七 (seventh day of the seventh month)	-	Chinese Valentine's Day	Eating herbal jelly, offering seven types of fruits
盂蘭節 (yi4-lan4 ded2)/鬼仔節 (gei2-doi2 ded2)	七月十四 (fourteenth day of the seventh month)	-	Hungry Ghost Festival	Burning joss paper
中秋節 (jung1-tiu1 ded2)	八月十五 (fifteenth day of the eighth month)	-	Mid-Autumn Festival	Eating mooncake
重陽節 (cung4-yieng4 ded2)	九月初九 (ninth day of the ninth month)	-	Double Ninth Festival	Hiking and picnicking
冬至 (ung1-ji1)	-	12/21 - 12/23 (varies)	Winter Solstice	Eating glutinous rice balls

January

I ... count down.
CANTO 我...倒數。(ngo5 ... dou3-sou2)
MANDO 我...倒数。(wǒ ... dào-shǔ)
TAISHAN 我...倒數。(ngoi1 ... ao2-su2)

I didn't count down.
CANTO 我冇倒數。(ngo5 mou5 dou3-sou2)
MANDO 我没有倒数。(wǒ méi yǒu dào-shǔ)
TAISHAN 我冇倒數。(ngoi1 mao1 ao2-su2)

QUESTION

CANTO 你有冇倒數? (nei5 jau5 mou5 dou3-sou2?)
MANDO 你有没有倒数? (ní yǒu méi yǒu dào-shǔ?)
TAISHAN 你有冇倒數? (nei1 yiu1 mao1 ao2-su2?)

My new year's resolution is ...
- CANTO 我嘅新年目標係... (ngo5 ge3 san1 nin4 muk6-biu1 hai6 ...)
- MANDO 我的新年目标是... (wǒ de xīn nián mù-biāo shì ...)
- TAISHAN 我嘅新年目標係... (ngoi1 ge1 lhin1 nen42 mug3-bieu1 hai3 ...)

My new year's resolution is to learn how to snowboard.
- CANTO 我嘅新年目標係學單板滑雪。
  (ngo5 ge3 san1 nin4 muk6-biu1 hai6 hok6 daan1-baan2 waat6-syut3)
- MANDO 我的新年目标是学单板滑雪。
  (wǒ de xīn nián mù-biāo shì xué dān-bǎn huá-xuě)
- TAISHAN 我嘅新年目標係學單板滑雪。
  (ngoi1 ge1 lhin1 nen42 mug3-bieu1 hai3 hog3 an1-ban2 vad3-lhud2)

QUESTION

- CANTO 你有咩新年目標? (nei5 jau5 me1 san1 nin4 muk6-biu1?)
- MANDO 你有什么新年目标? (ní yǒu shén-me xīn nián mù-biāo?)
- TAISHAN 你有乜新年目標? (nei1 yiu1 mod2 lhin1 nen42 mug3-bieu1?)

I ... feel the holiday spirit.

CANTO 我…感受到節日氣氛。(ngo5 … gam2-sau6 dou2 zit3-jat6 hei3-fan1)

MANDO 我…感受到节日气氛。(wǒ … gǎn-shòu dào jié-rì qì-fēn)

TAISHAN 我…感受到節日氣氛。(ngoi1 … gam2-siu3 ao2 ded2-ngig52 hei1-fun1)

I already feel the holiday spirit.

CANTO 我已經感受到節日氣氛。(ngo5 ji5-ging1 gam2-sau6 dou2 zit3-jat6 hei3-fan1)

MANDO 我已经感受到节日气氛。(wó yǐ-jīng gǎn-shòu dào jié-rì qì-fēn)

TAISHAN 我已經感受到節日氣氛。(ngoi1 yi5-gen1 gam2-siu3 ao2 ded2-ngig52 hei1-fun1)

QUESTION

CANTO 你有冇感受到節日氣氛? (nei5 jau5 mou5 gam2-sau6 dou2 zit3-jat6 hei3-fan1?)

MANDO 你有没有感受到节日气氛? (ní yǒu méi yóu gǎn-shòu dào jié-rì qì-fēn?)

TAISHAN 你有冇感受到節日氣氛? (nei1 yiu1 mao1 gam2-siu3 ao2 ded2-ngig52 hei1-fun1?)

I ... exercise today.
- CANTO 我今日...運動。(ngo5 gam1-jat6 ... wan6-dung6)
- MANDO 我今天...运动。(wǒ jīn-tiān ... yùn-dùng)
- TAISHAN 我今日...運動。(ngoi1 gim1-ngid5 ... vun3-ung3)

Yes, I went jogging today.
- CANTO 有, 我今日去咗跑步。(jau5, ngo5 gam1-jat6 heoi3 zo2 paau2-bou6)
- MANDO 有, 我今天去了跑步。(yǒu, wǒ jīn-tiān qù le pǎo-bù)
- TAISHAN 有, 我今日去誒跑步。(yiu1, ngoi1 gim1-ngid5 hui1 e1 pao2-bu32)

QUESTION

- CANTO 你今日有冇運動? (nei5 gam1-jat6 jau5 mou5 wan6-dung6?)
- MANDO 你今天有运动吗? (nǐ jīn-tiān yǒu yùn-dòng ma?)
- TAISHAN 你今日有冇運動? (nei1 gim1-ngid5 yiu1 mao1 vun3-ung3?)

Today ... helped me.
▶CANTO ...今日幫咗我。(... gam1-jat6 bong1 zo2 ngo5)
▶MANDO ...今天帮了我。(... jīn-tiān bāng le wǒ)
▶TAISHAN ...今日幫誒我。(... gim1-ngid5 bong1 e1 ngoi1)

Yes, a customer service (agent) helped me today.
▶CANTO 有，一個客服今日幫咗我。(jau5, jat1-go3 haak3-fuk6 gam1-jat6 bong1 zo2 ngo5)
▶MANDO 有，一个客服今天帮了我。(yǒu, yí-gè kè-fú jīn-tiān bāng le wǒ)
▶TAISHAN 有，一個客服今日幫誒我。(yiu1, yid2-goi1 hag1-fug3 gim1-ngid5 bong1 e1 ngoi1)

QUESTION
▶CANTO 今日有冇人幫你? (gam1-jat6 jau5 mou5 jan4 bong1 nei5?)
▶MANDO 今天有人帮你吗? (jīn-tiān yǒu rén bāng nǐ ma?)
▶TAISHAN 今日有冇人幫你? (gim1-ngid5 yiu1 mao1 ngin4 bong1 nei1?)

I don't want to give up ...
CANTO 我唔想放棄... (ngo5 m4 soeng2 fong3-hei3 ...)
MANDO 我不想放弃... (wǒ bù xiǎng fàng-qì ...)
TAISHAN 我唔想放棄... (ngoi1 m4 lhieng2 fong1-hei1 ...)

I don't want to give up learning to write Chinese.
CANTO 我唔想放棄學寫中文。(ngo5 m4 soeng2 fong3-hei3 hok6 se2 zung1-man2)
MANDO 我不想放弃学写中文。(wǒ bù xiǎng fàng-qì xué xiě zhōng-wén)
TAISHAN 我唔想放棄學寫中文。(ngoi1 m4 lhieng2 fong1-hei1 hog3 lhie2 jung1-mun42)

QUESTION

CANTO 你唔想放棄咩? (nei5 m4 soeng2 fong3-hei3 me1?)
MANDO 你不想放弃什么? (nǐ bù xiǎng fàng-qì shén me?)
TAISHAN 你唔想放棄乜? (nei1 m4 lhieng2 fong1-hei1 mod2?)

to ask ... for advice
- ▶CANTO 問...意見 (man6 ... ji3-gin3)
- ▶MANDO 问...意见 (wèn ... yì-jiàn)
- ▶TAISHAN 問...意見 (mun3 ... yi1-gen1)

I ask my coach for his/her advice.
- ▶CANTO 我問導師嘅意見。 (ngo5 man6 dou6-si1 ge3 ji3-gin3)
- ▶MANDO 我问导师的意见。 (wǒ wèn dǎo-shī de yì-jiàn)
- ▶TAISHAN 我問導師嘅意見。 (ngoi1 mun3 ao3-lhu1 ge1 yi1-gen1)

QUESTION
- ▶CANTO 你問邊個嘅意見? (nei5 man6 bin1-go3 ge3 ji3-gin3?)
- ▶MANDO 你问谁的意见? (nǐ wèn shéi de yì-jiàn?)
- ▶TAISHAN 你問誰嘅意見? (nei1 mun3 sui52 ge1 yi1-gen1?)

Date: 1 / 8 /

Where do you want to go? For how long?

I want to go to ... for ...
- **▶CANTO** 我想去… (ngo5 soeng2 heoi3 …)
- **▶MANDO** 我想去… (wó xiǎng qù …)
- **▶TAISHAN** 我想去… (ngoi1 lhieng2 hui1 …)

I want to go to Spain for a year.
- **▶CANTO** 我想去西班牙一年。(ngo5 soeng2 heoi3 sai1-baan1-ngaa4 jat1 nin4)
- **▶MANDO** 我想去西班牙一年。(wó xiǎng qù xī-bān-yá yì nián)
- **▶TAISHAN** 我想去西班牙一年。(ngoi1 lhieng2 hui1 lhai1-ban1-ngaa4 yid2 nen4)

QUESTION

- **▶CANTO** 你想去邊度?去幾耐? (nei5 soeng2 heoi3 bin1 dou6? heoi3 gei2 noi6?)
- **▶MANDO** 你想去哪里?去多久? (ní xiǎng qù ná-lǐ? qù duō jiǔ?)
- **▶TAISHAN** 你想去乃?去幾久? (nei1 lhieng2 hui1 nai52? hui1 gei2 giu2?)

Slept for ... hours

▸CANTO 瞓咗...個鐘 (fan3 zo2 ... go3 zung1)

▸MANDO 睡了...个小时 (shuì le ... gè xiǎo-shí)

▸TAISHAN 瞓誃...個鐘 (fun1 e1 ... goi1 jung12)

I slept for 6.5 hours last night.

▸CANTO 我琴晚瞓咗6個半鐘。(ngo5 kam4-maan5 fan3 zo2 luk6-go3-bun3 zung1)

▸MANDO 我昨晚睡了6个半小时。(wǒ zuó-wǎn shuì le liù-gè-bàn xiǎo-shí)

▸TAISHAN 我昨晚瞓誃6個半鐘。(ngoi1 dam5-man52 fun1 e1 lug3-goi1-bon1 jung12)

QUESTION

▸CANTO 你琴晚瞓咗幾個鐘? (nei5 kam4-maan5 fan3 zo2 gei2-go3 zung1?)

▸MANDO 你昨晚睡了几个小时? (nǐ zuó-wǎn shuì le jǐ-gè xiǎo-shí?)

▸TAISHAN 你昨晚瞓誃幾個鐘? (nei1 dam5-man52 fun1 e1 gei2-goi1 jung12?)

My childhood dream was ...
- **CANTO** 我細個嘅夢想係... (ngo5 sai3-go3 ge3 mung6-soeng2 hai6 ...)
- **MANDO** 我小时候的梦想是... (wó xiǎo-shí-hòu de mèng-xiǎng shì ...)
- **TAISHAN** 我細個嘅夢想係... (ngoi1 lhai1-goi1 ge1 mung3-lhieng2 hai3 ...)

My childhood dream was to become (a) Chinese teacher.
- **CANTO** 我細個嘅夢想係做中文老師。
  (ngo5 sai3-go3 ge3 mung6-soeng2 hai6 zou6 zung1-man4 lou5-si1)
- **MANDO** 我小时候的梦想是当中文老师。
  (wó xiǎo-shí-hòu de mèng-xiǎng shì dāng zhōng-wén lǎo-shī)
- **TAISHAN** 我細個嘅夢想係做中文老師。
  (ngoi1 lhai1-goi1 ge1 mung3-lhieng2 hai3 du1 jung1-mun4 lao2-lhu1)

QUESTION

- **CANTO** 你細個嘅夢想係做咩? (nei5 sai3-go3 ge3 mung6-soeng2 hai6 zou6 me1?)
- **MANDO** 你小时候的梦想是做什么? (ní xiǎo-shí-hòu de mèng-xiǎng shì zuò shén-me?)
- **TAISHAN** 你細個嘅夢想係做乜? (nei1 lhai1-goi1 ge1 mung3-lhieng2 hai3 du1 mod2?)

I am in ...
▶CANTO 我喺... (ngo5 hai2 ...)
▶MANDO 我在... (wǒ zài ...)
▶TAISHAN 我到... (ngoi1 ao1 ...)

I am in New York City.
▶CANTO 我喺紐約市。(ngo5 hai2 nau2-joek3 si5)
▶MANDO 我在纽约市。(wǒ zài niǔ-yuē shì)
▶TAISHAN 我到紐約市。(ngoi1 ao1 niu2-yieg2 si52)

QUESTION

▶CANTO 你喺邊度? (nei5 hai2 bin1-dou6?)
▶MANDO 你在哪里? (nǐ zài ná-lǐ?)
▶TAISHAN 你到乃? (nei1 ao1 nai52?)

I didn't expect ...
- **CANTO** 我估唔到… (ngo5 gu2 m4 dou2 …)
- **MANDO** 我没想到… (wǒ méi xiǎng dào …)
- **TAISHAN** 我估唔到… (ngoi1 gu2 m4 ao2 …)

I didn't expect the pandemic to last so long.
- **CANTO** 我估唔到疫情持續咁耐。(ngo5 gu2 m4 dou2 jik6-cing4 ci4-zuk6 gam3 noi6)
- **MANDO** 我没想到疫情持续这么久。(wǒ méi xiǎng dào yì-qíng chí-xù zhè-me jiǔ)
- **TAISHAN** 我估唔到疫情持續該久。(ngoi1 gu2 m4 ao2 ved3-ten4 ci4-dug3 koi5 giu2)

QUESTION

- **CANTO** 你估唔到咩? (nei5 gu2 m4 dou2 me1?)
- **MANDO** 你猜不到什么? (nǐ cāi bú dào shén-me?)
- **TAISHAN** 你估唔到乜? (nei1 gu2 m4 ao2 mod2?)

... makes me very confused.
- ▶CANTO ...令我好混亂。(... ling6 ngo5 hou2 wan6-lyun6)
- ▶MANDO ...让我很混乱。(... ràng wó hěn hùn-luàn)
- ▶TAISHAN ...令我好混亂。(... len3 ngoi1 hao2 vun3-lon3)

The news ... makes me very confused.
- ▶CANTO 新聞令我好混亂。(san1-man2 ling6 ngo5 hou2 wan6-lyun6)
- ▶MANDO 新闻让我很混乱。(xīn-wén ràng wó hěn hùn-luàn)
- ▶TAISHAN 新聞令我好混亂。(lhin1-mun42 len3 ngoi1 hao2 vun3-lon3)

QUESTION
- ▶CANTO 咩令你好混亂? (me1 ling6 nei5 hou2 wan6-lyun6?)
- ▶MANDO 什么让你很混乱? (shén-me ráng ní hěn hùn-luàn?)
- ▶TAISHAN 乜令你好混亂? (mod2 len3 nei1 hao2 vun3-lon3?)

The last time I ate out was …

CANTO 我上一次出街食飯係… (ngo5 soeng6 jat1-ci3 ceot1 gaai1 sik6 faan6 hai6 …)

MANDO 我上一次上街吃饭是… (wǒ shàng yí-cì shàng jiē chī fàn shì …)

TAISHAN 我上一次出街吃飯係… (ngoi1 sieng3 yid2-lhu1 cud2 gai5 hieg1 fan3 hai3 …)

The last time I ate out was half a year ago.

CANTO 我上一次出街食飯係半年前。
(ngo5 soeng6 jat1-ci3 ceot1 gaai1 sik6 faan6 hai6 bun3 nin4 cin4)

MANDO 我上一次上街吃饭是半年前。
(wǒ shàng yí-cì shàng jiē chī fàn shì bàn nián qián)

TAISHAN 我上一次出街吃飯係半年前。
(ngoi1 sieng3 yid2-lhu3 cud2 gai5 hieg1 fan3 hai3 bon1 nen4 ten4)

QUESTION

CANTO 你上一次出街食飯係幾時? (nei5 soeng6 jat1-ci3 ceot1 gaai1 sik6 faan6 hai6 gei2-si4?)

MANDO 你上一次上街吃饭是什么时候? (nǐ shàng yí-cì shàng jiē chī fàn shì shén-me shí-hou?)

TAISHAN 你上一次出街吃飯係幾時? (nei1 sieng3 yid2-lhu1 cud2 gai5 hieg1 fan3 hai3 gei2-si52?)

Yes. (I need)

CANTO 需要 。(seoi1-jiu3)

MANDO 需要。(xū-yào)

TAISHAN 需要。(lhui1-yieu1)

Yes, I desperately need a new haircut.

CANTO 需要, 我真係好需要剪頭髮。
(seoi1-jiu3, ngo5 zan1-hai6 hou2 seoi1-jiu3 zin2 tau4-faat3)

MANDO 需要, 我真的很需要剪头发。
(xū-yào, wǒ zhēn-de hěn xū-yào jiǎn tóu-fa)

TAISHAN 需要, 我真係好需要剪頭髮。
(lhui1-yieu1, ngoi1 jin1-hai3 hao2 lhui1-yieu1 den2 heu4-fad2)

QUESTION

CANTO 你需唔需要剪頭髮? (nei5 seoi1 m4 seoi1-jiu3 zin2 tau4-faat3?)

MANDO 你需要剪头发吗? (nǐ xū-yào jiǎn tóu-fa ma?)

TAISHAN 你需唔需要剪頭髮? (nei1 lhui1 m4 lhui1-yieu1 den2 heu4-fad2?)

I am getting used to …
- **CANTO** 我習慣緊.. (ngo5 zaap6-gwaan3 gan2 …)
- **MANDO** 我正在习惯…(wǒ zhèng-zài xí-guàn …)
- **TAISHAN** 我習慣緊.. (ngoi1 dib3-gan1 gin2 …)

I am getting used to working from home.
- **CANTO** 我習慣緊喺屋企返工。(ngo5 zaap6-gwaan3 gan2 hai2 uk1-kei2 faan1-gung1)
- **MANDO** 我正在习惯在家里上班。(wǒ zhèng-zài xí-guàn zài jiā-lǐ shàng-bān)
- **TAISHAN** 我習慣緊到企上班。(ngoi1 dib3-gan1 gin2 ao1 kei2 sieng1-ban1)

QUESTION
- **CANTO** 你習慣緊咩? (nei5 zaap6-gwaan3 gan2 me1?)
- **MANDO** 你正在习惯什么? (nǐ zhèng-zài xí-guàn shén-me?)
- **TAISHAN** 你習慣緊乜? (nei1 dib3-gan1 gin2 mod2?)

In my downtime I like to ...
> CANTO 我喺休閒時間鍾意... (ngo5 hai2 jau1-haan4 si4-gaan3 zung1-ji3 ...)
> MANDO 我在休闲时间喜欢... (wǒ zài xiū-xián shí-jiān xǐ-huān ...)
> TAISHAN 我到休閒時間鍾意... (ngoi1 ao1 hiu1-han4 si4-gan1 jung1-yi1 ...)

In my downtime I like to listen to music and read books.
> CANTO 我喺休閒時間鍾意聽音樂同睇書。
(ngo5 hai2 jau1-haan4 si4-gaan3 zung1-ji3 teng1 jam1-ngok6 tung4 tai2 syu1)
> MANDO 我在休闲时间喜欢听音乐跟看书。
(wǒ zài xiū-xián shí-jiān xǐ-huān tīng yīn-yuè gēn kàn-shū)
> TAISHAN 我到休閒時間鍾意聽音樂同睇書。
(ngoi1 ao1 hiu1-han4 si4-gan1 jung1-yi1 hieng1 yim1-ngog3 hung4 hai2 si1)

QUESTION
> CANTO 你喺休閒時間鍾意做咩呀? (nei5 hai2 jau1-haan4 si4-gaan3 zung1-ji3 zou6 me1 aa3?)
> MANDO 你在休闲时间喜欢做什么? (nǐ zài xiū-xián shí-jiān xǐ-huān zuò shén-me?)
> TAISHAN 你到休閒時間鍾意做乜啊? (nei1 ao1 hiu1-han4 si4-gan1 jung1-yi1 du1 mod2 a1?)

I don't want to think about ...
- **CANTO** 我唔想諗... (ngo5 m4 soeng2 nam2 ...)
- **MANDO** 我不想去想... (wǒ bù xiǎng qù xiǎng ...)
- **TAISHAN** 我唔想諗... (ngoi1 m4 lhieng2 nam2 ...)

I don't want to think about how to make money.
- **CANTO** 我唔想諗點樣賺錢。(ngo5 m4 soeng2 nam2 dim2-joeng2 zaan6 cin2)
- **MANDO** 我不想去想怎么赚钱。(wǒ bù xiǎng qù xiáng zěn-me zhuàn qián)
- **TAISHAN** 我唔想諗幾浩搵錢。(ngoi1 m4 lhieng2 nam2 gei2-hao52 vun2 ten42)

QUESTION
- **CANTO** 你唔想諗咩? (nei5 m4 soeng2 nam2 me1?)
- **MANDO** 你不想去想什么? (nǐ bù xiǎng qù xiǎng shén-me?)
- **TAISHAN** 你唔想諗乜? (nei1 m4 lhieng2 nam2 mod2?)

Yes, today I saw …
▶CANTO 有, 今日我見到… (jau5, gam1-jat6 ngo5 gin3 dou2 …)
▶MANDO 有, 今天我见到… (yǒu, jīn-tiān wǒ jiàn dào …)
▶TAISHAN 有, 今日我見到… (yiu1, gim1-ngid5 ngoi1 gen1 ao2 …)

Yes, today I saw an acquaintance on the street.
▶CANTO 有, 今日我喺街見到熟人。
(jau5, gam1-jat6 ngo5 hai2 gaai1 gin3 dou2 suk6-jan4)
▶MANDO 有, 今天我在街上见到熟人。
(yǒu, jīn-tiān wǒ zài jiē shàng jiàn dào shú-rén)
▶TAISHAN 有, 今日我到街見到熟人。
(yiu1, gim1-ngid5 ngoi1 ao1 gai52 gen1 ao2 sug3-ngin4)

QUESTION

▶CANTO 今日你有冇見到熟人? (gam1-jat6 nei5 jau5-mou5 gin3 dou2 suk6-jan4?)
▶MANDO 今天你有见到熟人吗? (jīn-tiān ní yǒu jiàn dào shú-rén ma?)
▶TAISHAN 今日你有冇見到熟人? (gim1-ngid5 nei1 yiu1 mao1 gen1 ao2 sug3-ngin4?)

Today is very special because …
- **CANTO** 今日好特別因為… (gam1-jat6 hou2 dak6-bit6 jan1-wai6…)
- **MANDO** 今天很特别因为… (jīn-tiān hěn tè-bié yīn-wèi …)
- **TAISHAN** 今日好特別因為… (gim1-ngid5 hao2 ag3-bed3 yin1-vei3 …)

Today is very special because I cooked ravioli.
- **CANTO** 今日好特別因為我煮咗意大利餃子。
  (gam1-jat6 hou2 dak6-bit6 jan1-wai6 ngo5 zyu2 zo2 ji3-daai6-lei6 gaau2-zi2)
- **MANDO** 今天很特别因为我煮了意大利饺子。
  (jīn-tiān hěn tè-bié yīn-wèi wó zhǔ le yì-dà-lì jiǎo-zi)
- **TAISHAN** 今日好特別因為我煮誒意大利餃子。
  (gim1-ngid5 hao2 ag3-bed3 yin1-vei3 ngoi1 ji2 e1 yi1-ai3-lei3 gao2-du2)

QUESTION

- **CANTO** 今日有咩特別? (gam1-jat6 jau5 me1 dak6-bit6?)
- **MANDO** 今天有什么特别? (jīn-tiān yǒu shén-me tè-bié?)
- **TAISHAN** 今日有乜特別? (gim1-ngid5 yiu1 mod2 ag3-bed3?)

My biggest expense now is ...

CANTO 我而家最大嘅使費係... (ngo5 ji4-gaa1 zeoi3 daai6 ge3 sai2-fai3 hai6 ...)

MANDO 我现在最大的花费是... (wǒ xiàn-zài zuì dà de huā-fèi shì ...)

TAISHAN 我該時最大嘅使費係... (ngoi1 koi5-si52 dui1 ai3 ge1 soi2-fei1 hai3 ...)

My biggest expense now is online shopping.

CANTO 我而家最大嘅使費係網購。

(ngo5 ji4-gaa1 zeoi3 daai6 ge3 sai2-fai3 hai6 mong5-kau3)

MANDO 我现在最大的花费是网购。

(wǒ xiàn-zài zuì dà de huā-fèi shì wǎng-gòu)

TAISHAN 我該時最大嘅使費係網購。

(ngoi1 koi5-si52 dui1 ai3 ge1 soi2-fei1 hai3 mong2-keu1)

QUESTION

CANTO 你而家最大嘅使費係咩? (nei5 ji4-gaa1 zeoi3 daai6 ge3 sai2-fai3 hai6 me1?)

MANDO 你现在最大的花费是什么? (nǐ xiàn-zài zuì dà de huā-fèi shì shén-me?)

TAISHAN 你該時最大嘅使費係乜? (nei1 koi5-si52 dui1 ai3 ge1 soi2-fei1 hai3 mod2?)

I like to watch ... the most

CANTO 我最鍾意睇... (ngo5 zeoi3 zung1-ji3 tai2 ...)

MANDO 我最喜欢看... (wǒ zuì xǐ-huān kàn ...)

TAISHAN 我最鍾意睇... (ngoi1 dui1 jung1-yi1 hai2 ...)

I like to watch sitcoms the most.

CANTO 我最鍾意睇處境喜劇。(ngo5 zeoi3 zung1-ji3 tai2 cyu5-ging2 hei2 kek6)

MANDO 我最喜欢看情景喜剧。(wǒ zuì xǐ-huān kàn qíng-jíng xǐ jù)

TAISHAN 我最鍾意睇處境喜劇。(ngoi1 dui1 jung1-yi1 hai2 cui2-gen2 hei2 kieg2)

QUESTION

CANTO 你最鍾意睇咩戲? (nei5 zeoi3 zung1-ji3 tai2 me1 hei3?)

MANDO 你最喜欢看什么剧? (nǐ zuì xǐ-huān kàn shén-me jù?)

TAISHAN 你最鍾意睇乜戲? (nei1 dui1 jung1-yi1 hai2 mod2 hei1?)

I am reading a book called …
- **▶CANTO** 我睇緊一本書, 叫… (ngo5 tai2 gan2 jat1-bun2 syu1, giu3 …)
- **▶MANDO** 我在看一本书, 叫… (wǒ zài kàn yì-běn shū, jiào …)
- **▶TAISHAN** 我睇緊一本書, 喊… (ngoi1 hai2 gin2 yid2-bon2 si1, ham1 …)

I am reading a book called "Learn to Speak Cantonese 2."
- **▶CANTO** 我睇緊一本書, 叫『Learn to Speak Cantonese 2』。
  (ngo5 tai2 gan2 jat1-bun2 syu1, giu3 "Learn to Speak Cantonese 2")
- **▶MANDO** 我在看一本书, 叫『Learn to Speak Cantonese 2』。
  (wǒ zài kàn yì-běn shū, jiào "Learn to Speak Cantonese 2")
- **▶TAISHAN** 我睇緊一本書, 喊『Learn to Speak Cantonese 2』。
  (ngoi1 hai2 gin2 yid2-bon2 si1, ham1 "Learn to Speak Cantonese 2")

QUESTION
- **▶CANTO** 你睇緊邊本書? (nei5 tai2 gan2 bin1 bun2 syu1?)
- **▶MANDO** 你在看哪本书? (nǐ zài kàn ná-běn shū?)
- **▶TAISHAN** 你睇緊哪本書? (nei1 hai2 gin2 nai5 bon2 si1?)

I am learning to cook …
CANTO 我學緊煮… (ngo5 hok6 gan2 zyu2 …)
MANDO 我在学做… (wǒ zài xué zuò …)
TAISHAN 我學緊煮… (ngoi1 hog3 gin2 ji2 …)

I am learning how to cook Chinese food.
CANTO 我學緊煮中國菜。(ngo5 hok6 gan2 zyu2 zung1-gwok3 coi3)
MANDO 我在学做中国菜。(wǒ zài xué zuò zhōng-guó cài)
TAISHAN 我學緊煮中國餐。(ngoi1 hog3 gin2 ji2 jung1-gog2 tan12)

QUESTION

CANTO 你學緊煮咩? (nei5 hok6 gan2 zyu2 me1?)
MANDO 你在学做什么菜? (nǐ zài xué zuò shén-me cài?)
TAISHAN 你學緊煮乜? (nei1 hog3 gin2 ji2 mod2?)

Yes, I kept in touch with …

CANTO 有，我有同…保持聯繫。(jau5, ngo5 jau5 tung4 … bou2-ci4 lyun4-hai6)

MANDO 有，我有跟…保持联系。(yǒu, wó yǒu gēn … bǎo-chí lián-xì)

TAISHAN 有，我有同…保持聯繫。(yiu1, ngoi1 yiu1 hung4 … bao2-ci4 lun4-hai3)

Yes, I kept in touch with one childhood friend.

CANTO 有，我有同一個細個嘅朋友保持聯繫。

(jau5, ngo5 jau5 tung4 jat1-go3 sai3-go3 ge3 pang4-jau5 bou2-ci4 lyun4-hai6)

MANDO 有，我有跟一个小时候的朋友保持联系。

(yǒu, wó yǒu gēn yí-gè xiǎo shí-hou de péng-yóu bǎo-chí lián-xì)

TAISHAN 有，我有同一個細個嘅朋友保持聯繫。

(yiu1, ngoi1 yiu1 hung4 yid2-goi1 lhai1-goi12 ge1 pang4-yiu5 bao2-ci4 lun4-hai3)

QUESTION

CANTO 你有冇同你細個嘅朋友保持聯繫？

(nei5 jau5 mou5 tung4 nei5 sai3-go3 ge3 pang4-jau5 bou2-ci4 lyun4-hai6?)

MANDO 你有跟你小时候的朋友保持联系吗？

(ní yǒu gēn ní xiǎo shí-hou de péng-yóu bǎo-chí lián-xì ma?)

TAISHAN 你有冇同你細個嘅朋友保持聯繫？

(nei1 yiu1 mao1 hung4 nei1 lhai1-goi12 ge1 pang4-yiu5 bao2-ci4 lun4-hai3?)

I want to drink … today
- **CANTO** 我今日想飲… (ngo5 gam1-jat6 soeng2 jam2 …)
- **MANDO** 我今天想喝… (wǒ jīn-tiān xiǎng hē …)
- **TAISHAN** 我今日想飲… (ngoi1 gim1-ngid5 lhieng2 ngim2 …)

I want to drink chamomile tea today.
- **CANTO** 我今日想飲洋甘菊茶。(ngo5 gam1-jat6 soeng2 jam2 joeng4-gam1-guk1 caa4)
- **MANDO** 我今天想喝洋甘菊茶。(wǒ jīn-tiān xiǎng hē yáng-gān-jú chá)
- **TAISHAN** 我今日想飲洋甘菊茶。(ngoi1 gim1-ngid5 lhieng2 ngim2 yieng4-gam1-gug2 ca4)

QUESTION
- **CANTO** 要茶定係咖啡? (jiu3 caa4 ding6-hai6 gaa3-fe1?)
- **MANDO** 要茶还是咖啡? (yào chá hái-shì kā-fēi?)
- **TAISHAN** 攞茶還係咖啡? (huo2 caa4 van4-hai3 ga1-fie2?)

I regret ...

▶CANTO 我後悔… (ngo5 hau6-fui3 …)

▶MANDO 我后悔… (wǒ hòu-huǐ …)

▶TAISHAN 我後悔… (ngoi1 heu3-foi2 …)

I regret not getting a dental checkup in December.

▶CANTO 我後悔12月冇去做牙科檢查。

(ngo5 hau6-fui3 sap6-ji6-jyut6 mou5 heoi3 zou6 ngaa4-fo1 gim2-caa4)

▶MANDO 我后悔12月没去做牙科检查。

(wǒ hòu-huǐ shí-èr-yuè méi qù zuò yá-kē jiǎn-chá)

▶TAISHAN 我後悔12月冇去做牙科檢查。

(ngoi1 heu3-foi2 sib3-ngei3-ngud32 mao1 hui1 du1 nga4-fuo12 giem2-ca4)

QUESTION

▶CANTO 你後悔啲咩? (nei5 hau6-fui3 di1 me1?)

▶MANDO 你后悔什么? (nǐ hòu-huǐ shén-me?)

▶TAISHAN 你後悔尼乜? (nei1 heu3-foi2 nai2 mod2?)

Today I am very grateful for …
- **CANTO** 我今日好感恩… (ngo5 gam1-jat6 hou2 gam2-jan1 …)
- **MANDO** 我今天很感恩… (wǒ jīn-tiān hén gǎn-ēn …)
- **TAISHAN** 我今日好感恩… (ngoi1 gim1-ngid5 hao2 gam2-yin1 …)

Today I am very grateful for my peace of mind.
- **CANTO** 我今日好感恩我嘅內心平靜。
  (ngo5 gam1-jat6 hou2 gam2-jan1 ngo5 ge3 noi6-sam1 ping4-zing6)
- **MANDO** 我今天很感恩我的內心平靜。
  (wǒ jīn-tiān hén gǎn-ēn wǒ de nèi-xīn píng-jìng)
- **TAISHAN** 我今日好感恩我嘅內心平靜。
  (ngoi1 gim1-ngid5 hao2 gam2-yin1 ngoi1 ge1 nui3-lhim1 pen4-den3)

QUESTION

- **CANTO** 你今日感恩啲咩? (nei5 gam1-jat6 gam2-jan1 di1 me1?)
- **MANDO** 你今天感恩什么? (nǐ jīn-tiān gǎn-ēn shén-me?)
- **TAISHAN** 你今日感恩尼乜? (nei1 gim1-ngid5 gam2-yin1 nai2 mod2?)

My recent new challenge is ...

▶CANTO 我最近嘅新挑戰係... (ngo5 zeoi3-gan6 ge3 san1 tiu1-zin3 hai6 ...)

▶MANDO 我最近的新挑战是... (wǒ zuì-jìn de xīn tiǎo-zhàn shì ...)

▶TAISHAN 我最近嘅新戰係... (ngoi1 dui1-gin3 ge1 lhin1 hieu1-jen1 hai3 ...)

My recent new challenge is snowboarding.

▶CANTO 我最近嘅新挑戰係單板滑雪。

(ngo5 zeoi3-gan6 ge3 san1 tiu1-zin3 hai6 daan1-baan2 waat6-syut3)

▶MANDO 我最近的新挑战是单板滑雪。

(wǒ zuì-jìn de xīn tiǎo-zhàn shì dān-bǎn huá-xuě)

▶TAISHAN 我最近嘅新戰係單板滑雪。

(ngoi1 dui1-gin3 ge1 lhin1 hieu1-jen1 hai3 an1-ban2 vad3-lhud2)

QUESTION

▶CANTO 你最近有咩新挑戰? (nei5 zeoi3-gan6 jau5 me1 san1 tiu1-zin3?)

▶MANDO 你最近有什么新挑战? (nǐ zuì-jìn yǒu shén-me xīn tiǎo-zhàn?)

▶TAISHAN 你最近有乜新挑戰? (nei1 dui1-gin3 yiu1 mod2 lhin1 hieu1-jen1?)

I am ... with the current work situation.

▶CANTO 我...而家嘅工作狀態。(ngo5 ... ji4-gaa1 ge3 gung1-zok3 zong6-taai3)

▶MANDO 我...现在的工作状态。(wǒ ... xiàn-zài de gōng-zuò zhuàng-tài)

▶TAISHAN 我...該時嘅工作狀態。(ngoi1 ... koi5-si52 ge1 gung1-dog2 jong3-hai1)

I am quite satisfied with the current work situation.

▶CANTO 我幾滿意而家嘅工作狀態。
(ngo5 gei2 mun5-ji3 ji4-gaa1 ge3 gung1-zok3 zong6-taai3)

▶MANDO 我挺满意现在的工作状态。
(wǒ tíng mǎn-yì xiàn-zài de gōng-zuò zhuàng-tài)

▶TAISHAN 我幾滿意該時嘅工作狀態。
(ngoi1 gei2 mon2-yi1 koi5-si52 ge1 gung1-dog2 jong3-hai1)

QUESTION

▶CANTO 你有幾滿意而家嘅工作狀態?
(nei5 jau5 gei2 mun5-ji3 ji4-gaa1 ge3 gung1-zok3 zong6-taai3?)

▶MANDO 你有多满意现在的工作状态?
(ní yǒu duō mǎn-yì xiàn-zài de gōng-zuò zhuàng-tài?)

▶TAISHAN 你有幾滿意該時嘅工作狀態?
(nei1 yiu1 gei2 mon2-yi1 koi5-si52 ge1 gung1-dog2 jong3-hai1)

I recommend ... to my best friend

CANTO 我推薦…畀我嘅死黨。(ngo5 teoi1-zin3 ... bei2 ngo5 ge3 sei2-dong2)

MANDO 我推荐…给我的死党。(wǒ tuī-jiàn ... géi wǒ de sí-dǎng)

TAISHAN 我推薦…畀我嘅死黨。(ngoi1 tui1-den1 ... ei2 ngoi1 ge1 lhei2-ong2)

I recommend DDR to my best friend.

CANTO 我推薦跳舞機畀我嘅死黨。

(ngo5 teoi1-zin3 tiu3-mou5 gei1 bei2 ngo5 ge3 sei2-dong2)

MANDO 我推荐跳舞机给我的死党。

(wǒ tuī-jiàn tiào-wǔ jī géi wǒ de sí-dǎng)

TAISHAN 我推薦跳舞機畀我嘅死黨。

(ngoi1 tui1-den1 hieu1-mu2 gei1 ei2 ngoi1 ge1 lhei2-ong2)

QUESTION

CANTO 你推薦咩遊戲畀你嘅死黨? (nei5 teoi1-zin3 me1 jau4-hei3 bei2 nei5 ge3 sei2-dong2?)

MANDO 你推荐什么游戏给你的死党? (nǐ tuī-jiàn shén-me yóu-xì géi nǐ de sí-dǎng?)

TAISHAN 你推薦乜遊戲畀你乜死黨? (nei1 tui1-den1 mod2 yiu4-hei12 ei2 nei1 ge1 lhei2-ong2?)

February

I like to read (about) the history of ... the most.

CANTO 我最鍾意睇…嘅歷史。(ngo5 zeoi3 zung1-ji3 tai2 … ge3 lik6-si2)

MANDO 我最喜欢看…的历史。(wǒ zuì xǐ-huān kàn … de lì-shǐ)

TAISHAN 我最鍾意睇…嘅歷史。(ngoi1 dui1 jung1-yi1 hai2 …ge1 led3-lhu2)

I like to read (about) the history of WWII the most.

CANTO 我最鍾意睇二戰嘅歷史。(ngo5 zeoi3 zung1-ji3 tai2 ji6-zin3 ge3 lik6-si2)

MANDO 我最喜欢看二战的历史。(wǒ zuì xǐ-huān kàn èr-zhàn de lì-shǐ)

TAISHAN 我最鍾意睇二戰嘅歷史。(ngoi1 dui1 jung1-yi1 hai2 ngei3-jen1 ge1 led3-lhu2)

QUESTION

CANTO 你最鍾意睇咩歷史? (nei5 zeoi3 zung1-ji3 tai2 me1 lik6-si2?)

MANDO 你最喜欢看什么历史? (nǐ zuì xǐ-huān kàn shén-me lì-shǐ?)

TAISHAN 你最鍾意睇麼歷史? (nei1 dui1 jung1-yi1 hai2 mod2 led3-lhu2?)

It's ... degrees today.

▶CANTO 今日...度。(gam1-jat6 ... dou6)

▶MANDO 今天...度。(jīn-tiān ... dù)

▶TAISHAN 今日...度。(gim1-ngid5 ... u3)

It's 32 degrees (Farenheit) today.

▶CANTO 今日32 (華氏)度。(gam1-jat6 saam1-sap6-ji6 (waa4-si6) dou6)

▶MANDO 今天32 (华氏)度。(jīn-tiān sān-shí-èr (huá-shì) dù)

▶TAISHAN 今日32 (華氏)度。(gim1-ngid5 lham1-sib3-ngei3 (va4-si3) u3)

QUESTION

▶CANTO 今日嘅溫度係幾多? (gam1-jat6 ge3 wan1-dou6 hai6 gei2-do1?)

▶MANDO 今天的温度是多少? (jīn-tiān de wēn-dù shì duō-shǎo?)

▶TAISHAN 今日嘅溫度係幾多? (gim1-ngid5 ge1 vun1-u32 hai3 gei2-uo12?)

... makes my laugh.

CANTO ...會令我笑。(... wui5 ling6 ngo5 siu3)

MANDO ...会让我笑。(... huì ràng wǒ xiào)

TAISHAN ...會令我笑。(... voi5 len3 ngoi1 lhieu1)

Talking to old friends makes me laugh.

CANTO 同老朋友傾偈會令我笑。(tung4 lou5 pang4-jau5 king1-gai2 wui5 ling6 ngo5 siu3)

MANDO 和老朋友聊天会让我笑。(hé lǎo péng-yǒu liáo-tiān huì ràng wǒ xiào)

TAISHAN 同老朋友傾偈會令我笑。(hung4 lao2 pang4-yiu5 ken1-gai12 voi5 len3 ngoi1 lhieu1)

QUESTION

CANTO 咩會令你笑? (me1 wui5 ling6 nei5 siu3?)

MANDO 什么会让你笑? (shén-me huì ràng nǐ xiào?)

TAISHAN 乜會令你笑? (mod2 voi5 len3 nei1 lhieu1?)

I ... procrastinate.
CANTO 我...有拖延症。(ngo5 ... jau5 to1-jin4 zing3)
MANDO 我...有拖延症。(wǒ ... yǒu tuō-yán zhèng)
TAISHAN 我有拖延症。(ngoi1 ... yiu1 huo1-yen4 jen1)

I always procrastinate.
CANTO 我成日都有拖延症。(ngo5 seng4-jat6 dou1 jau5 to1-jin4 zing3)
MANDO 我老是有拖延症。(wó lǎo-shì yǒu tuō-yán zhèng)
TAISHAN 我成日都有拖延症。(ngoi1 sieng4-ngid1 du2 yiu1 huo1-yen4 jen1)

QUESTION
CANTO 你有冇拖延症? (nei5 jau5-mou5 to1-jin4 zing3?)
MANDO 你有没有拖延症? (ní yǒu méi yǒu tuō-yán zhèng?)
TAISHAN 你有冇拖延症? (nei1 yiu1-mao1 huo1-yen4 jen1?)

I ... a healthy breakfast.

CANTO 我...健康嘅早餐。(ngo5 ... gin6-hong1 ge3 zou2-caan1)

MANDO 我...健康的早餐。(wǒ ... jiàn-kāng de zǎo-cān)

TAISHAN 我...健康嘅早餐。(ngoi1 ...gen3-hong1 ge1 dao2-tan12)

I had a healthy breakfast.

CANTO 我有食健康嘅早餐。(ngo5 jau5 sik6 gin6-hong1 ge3 zou2-caan1)

MANDO 我有吃健康的早餐。(wó yǒu chī jiàn-kāng de zǎo-cān)

TAISHAN 我有吃健康嘅早餐。(ngoi1 yiu1 hieg1 gen3-hong1 ge1 dao2-tan12)

QUESTION

CANTO 你有冇食健康嘅早餐? (nei5 jau5 mou5 sik6 gin6-hong1 ge3 zou2-caan1?)

MANDO 你有没有吃健康的早餐? (ní yǒu méi-yǒu chī jiàn-kāng de zǎo-cān?)

TAISHAN 你有冇吃健康嘅早餐? (nei1 yiu1 mao1 hieg1 gen3-hong1 ge1 dao2-tan12?)

I ... a break.

> **CANTO** 我...休息。(ngo5 ... jau1-sik1)

> **MANDO** 我...休息。(wǒ ... xiū-xi)

> **TAISHAN** 我...休息。(ngoi1 ... hiu1-lhed2)

I need a little break.

> **CANTO** 我需要休息一下。(ngo5 seoi1-jiu3 jau1-sik1 jat1-haa5)

> **MANDO** 我需要休息一下。(wǒ xū-yào xiū-xi yí-xià)

> **TAISHAN** 我需要休息一下。(ngoi1 lhui1-yieu1 hiu1-lhed2 yid2-ha5)

QUESTION

> **CANTO** 你需唔需要休息? (nei5 seoi1 m4 seoi1-jiu3 jau1-sik1?)

> **MANDO** 你需要休息吗? (nǐ xū-yào xiū-xi ma?)

> **TAISHAN** 你需唔需要休息? (nei1 lhui1 m4 lhui1-yieu1 hiu1-lhed2?)

If I knew I couldn't fail, I would ...

▶CANTO 如果我知唔會失敗, 我會... (jyu4-gwo2 ngo5 zi1 m4 wui5 sat1-baai6, ngo5 wui5 ...)

▶MANDO 如果我知道不会失败, 我会... (rú-guó wǒ zhī-dào bú huì shī-bài, wǒ huì ...)

▶TAISHAN 如果我a隨唔會失敗, 我會... (ngui4-guo2 ngoi1 ei1-tui4 m4 voi5 sid2-bai3, ngoi1 voi5 ...)

If I knew I couldn't fail, I would free climb.

▶CANTO 如果我知唔會失敗, 我會徒手攀岩。

(jyu4-gwo2 ngo5 zi1 m4 wui5 sat1-baai6, ngo5 wui5 tou4-sau2 paan1-ngaam4)

▶MANDO 如果我知道不会失败, 我会徒手攀岩。

(rú-guó wǒ zhī-dào bú huì shī-bài, wǒ huì tú-shǒu pān-yán)

▶TAISHAN 如果我a隨唔會失敗, 我會徒手攀岩。

(ngui4-guo2 ngoi1 ei1-tui4 m4 voi5 sid2-bai3, ngoi1 voi5 hu4-siu2 pan1-ngam4)

QUESTION

▶CANTO 如果你知唔會失敗, 你會做咩? (jyu4-gwo2 nei5 zi1 m4 wui5 sat1-baai6, nei5 wui5 zou6 me1?)

▶MANDO 如果你知道不会失败, 你会做什么? (rú-guó nǐ zhī-dào bú-huì shī-bài, nǐ huì zuò shén me?)

▶TAISHAN 如果你a隨唔會失敗, 你會做乜? (ngui4-guo2 nei1 ei1-tui4 m4 voi5 sid2-bai3, nei1 voi5 du1 mod2?

I got up at ... today.

CANTO 我今日...起身。(ngo5 gam1-jat6 ... hei2-san1)

MANDO 我今天...起床。(wǒ jīn-tiān ... qǐ-chuáng)

TAISHAN 我今日...起床。(ngoi1 gim1-ngid5 ... hei2-cong4)

I got up at 7:53 today.

CANTO 我今日七點五十三分起身。

(ngo5 gam1-jat6 cat1 dim2 ng5-sap6-saam1 fan1 hei2-san1)

MANDO 我今天七点五十三分起床。

(wǒ jīn-tiān qī dián wǔ-shí-sān fēn qǐ-chuáng)

TAISHAN 我今日七點五十三分起床。

(ngoi1 gim1-ngid5 tid2 iem2 ng2-sib3-lham1 fun1 hei2-cong4)

QUESTION

CANTO 你今日幾點起身? (nei5 gam1-jat6 gei2 dim2 hei2-san1?)

MANDO 你今天几点起床? (nǐ jīn-tiān jí dián qǐ-chuáng?)

TAISHAN 你今日幾點起床? (nei1 gim1-ngid5 gei2 iem2 hei2-cong4?)

I want to receive ...

> CANTO 我想收到... (ngo5 soeng2 sau1-dou2 ...)

> MANDO 我想收到... (wó xiǎng shōu-dào ...)

> TAISHAN 我想收到... (ngoi1 lhieng2 siu1-ao2 ...)

I want to receive a lot of red envelopes.

> CANTO 我想收到好多利是。(ngo5 soeng2 sau1-dou2 hou2 do1 lei6-si6)

> MANDO 我想收到很多红包。(wó xiǎng shōu-dào hěn duō hóng-bāo)

> TAISHAN 我想收到好多利是。(ngoi1 lhieng2 siu1-ao2 hao2 uo1 lei3-si3)

QUESTION

> CANTO 你想收到咩禮物? (nei5 soeng2 sau1-dou2 me1 lai5-mat6?)

> MANDO 你想收到什么礼物? (ní xiáng shōu-dào shén-me lǐ-wù?)

> TAISHAN 你想收到乜禮物? (nei1 lhieng2 siu1-ao2 mod2 lai5-mod3?)

I use … more.
- CANTO 我用…多啲。(ngo5 jung6 … do1 di1)
- MANDO 我用…比较多。(wǒ yòng … bǐ-jiào duō)
- TAISHAN 我用…多尼。(ngoi1 yung3 … uo1 nai2)

I use credit cards more.
- CANTO 我用信用卡多啲。(ngo5 jung6 seon3-jung6 kaa1 do1 di1)
- MANDO 我用信用卡比较多。(wǒ yòng xìn-yòng ká bǐ-jiào duō)
- TAISHAN 我用信用卡多尼。(ngoi1 yung3 lhin1-yung3 kad2 uo1 nai2)

QUESTION

- CANTO 你用信用卡定係現金多啲? (nei5 jung6 seon3-jung6 kaa1 ding6-hai6 jin6-gam1 do1 di1?)
- MANDO 你用信用卡还是现金比较多? (nǐ yòng xìn-yòng kǎ hái-shì xiàn-jīn bǐ-jiào duō?)
- TAISHAN 你用信用卡還係現金多尼? (nei1 yung3 lhin1-yung3 kad2 van4-hai3 yen3-gim1 uo1 nai2?)

I am very much looking forward to …

CANTO 我好期待… (ngo5 hou2 kei4-doi6 …)

MANDO 我很期待…(wó hěn qī-dài …)

TAISHAN 我好期待… (ngoi1 hao2 kei4-oi3 …)

I am very much looking forward to the Lantern Festival.

CANTO 我好期待元宵節。(ngo5 hou2 kei4-doi6 jyun4-siu1 zit3)

MANDO 我很期待元宵節。(wó hěn qī-dài yuán-xiāo jié)

TAISHAN 我好期待元宵節。(ngoi1 hao2 kei4-oi3 ngun4-lhieu1 ded2)

QUESTION

CANTO 你期待啲咩? (nei5 kei4-doi6 di1 me1?)

MANDO 你期待些什么? (nǐ qī-dài xiē shén-me?)

TAISHAN 你期待尼乜? (nei1 kei4-oi3 nai2 mod2?)

My mood today is …

CANTO 我今日嘅心情… (ngo5 gam1-jat6 ge3 sam1-cing4 …)

MANDO 我今天的心情… (wǒ jīn-tiān de xīn-qíng …)

TAISHAN 我今日嘅心情… (ngoi1 gim1-ngid5 ge1 lhim1-ten4 …)

My mood today is quite nice.

CANTO 我今日嘅心情幾好。(ngo5 gam1-jat6 ge3 sam1-cing4 gei2 hou2)

MANDO 我今天的心情挺好的。(wǒ jīn-tiān de xīn-qíng tíng hǎo de)

TAISHAN 我今日嘅心情幾好。(ngoi1 gim1-ngid5 ge1 lhim1-ten4 gei2 hao2)

QUESTION

CANTO 你今日嘅心情點? (nei5 gam1-jat6 ge3 sam1-cing4 dim2?)

MANDO 你今天的心情怎样? (nǐ jīn-tiān de xīn-qíng zěn-yàng?)

TAISHAN 你今日嘅心情幾浩? (nei1 gim1-ngid5 ge1 lhim1-ten4 gei2-hao52?)

I ate ... for my most recent meal.

CANTO 我最上一餐食咗 ... (ngo5 zeoi3 soeng6 jat1-caan1 sik6 zo2 ...)

MANDO 我上一顿吃了... (wǒ shàng yí-dùn chī le ...)

TAISHAN 我最上一餐吃誒 ... (ngoi1 dui1 sieng3 yid2-tan1 hieg1 e1 ...)

I ate shrimp, chicken wings, and bok choy for my most recent meal.

CANTO 我最上一餐食咗蝦、雞翼、同白菜。

(ngo5 zeoi3 soeng6 jat1-caan1 sik6 zo2 haa1, gai1 jik6, tung4 baak6-coi3)

MANDO 我上一顿吃了蝦、鸡翅、和白菜。

(wǒ shàng yí-dùn chī le xiā, jī chì, hé bái-cài)

TAISHAN 我最上一餐吃誒蝦、雞翼、同白菜。

(ngoi1 dui1 sieng3 yid2-tan1 hieg1 e1 ha52, gai1 yed5, hung4 bag3-toi12)

QUESTION

CANTO 你最上一餐食咗咩? (nei5 zeoi3 soeng6 jat1-caan1 sik6 zo2 me1?)

MANDO 你上一顿吃了什么? (nǐ shàng yí-dùn chī le shén-me?)

TAISHAN 你最上一餐吃誒乜? (ngoi1 dui1 sieng1 yid2-tan1 hieg1 e1 mod2?)

(On a scale) from 1-10, I give myself a …

- **CANTO** 由1到10, 我畀自己…分。(jau4 jat1 dou3 sap6, ngo5 bei2 zi6-gei2 … fan1)
- **MANDO** 从1到10, 我给自己…分。(cóng yī dào shí, wó gěi zì-jǐ … fēn)
- **TAISHAN** 由1到10, 我畀自己…分。(yiu4 yid2 ao1 sib3, ngoi1 ei2 du3-gei2 … fun1)

(On a scale) from 1-10, I give myself a 7.

- **CANTO** 由1到10, 我畀自己7分。(jau4 jat1 dou3 sap6, ngo5 bei2 zi6-gei2 cat1 fan1)
- **MANDO** 从1到10, 我给自己7分。(cóng yī dào shí, wó gěi zì-jǐ qī fēn)
- **TAISHAN** 由1到10, 我畀自己7分。(yiu4 yid2 ao1 sib3, ngoi1 ei2 du3-gei2 tid2 fun1)

QUESTION

- **CANTO** 由1到10, 你覺得表白有幾難? (jau4 jat1 dou3 sap6, nei5 gok3-dak1 biu2-baak6 jau5 gei2 naan4?)
- **MANDO** 从1到10, 你觉得表白有多难? (cóng yī dào shí, nǐ jué-de biǎo-bái yǒu duō nán?)
- **TAISHAN** 由1到10, 你覺得表白有幾難? (yiu4 yid2 ao1 sib3, nei1 gog1-ag2 bieu2-bag3 yiu1 gei2 nan4?)

I prefer ...

CANTO 我比較鍾意... (ngo5 bei2-gaau3 zung1-ji3 ...)

MANDO 我比较喜欢... (wó bǐ-jiào xǐ-huān ...)

TAISHAN 我比較鍾意... (ngoi1 bei2-gao1 jung1-yi1 ...)

I prefer cities.

CANTO 我比較鍾意市區。(ngo5 bei2-gaau3 zung1-ji3 si5-keoi1)

MANDO 我比较喜欢市区。(wó bǐ-jiào xǐ-huān shì-qū)

TAISHAN 我比較鍾意市區。(ngoi1 bei2-gao1 jung1-yi1 si5-kui12)

QUESTION

CANTO 你比較鍾意郊區定係市區? (nei5 bei2-gaau3 zung1-ji3 gaau1-keoi1 ding6-hai6 si5-keoi1?)

MANDO 你比较喜欢郊区还是市区? (ní bǐ-jiào xǐ-huān jiāo-qū hái-shì shì-qū?)

TAISHAN 你比較鍾意郊區還係市區? (nei1 bei2-gao1 jung1-yi1 gao1-kui12 van4-hai3 si5-kui12?)

I am better at ...
- **CANTO** 我比較擅長... (ngo5 bei2-gaau3 sin6-coeng4 ...)
- **MANDO** 我比较擅长... (wó bǐ-jiào shàn-cháng ...)
- **TAISHAN** 我比較擅長... (ngoi1 bei2-gao1 sen3-cieng4 ...)

I am better at listening
- **CANTO** 我比較擅長聆聽。 (ngo5 bei2-gaau3 sin6-coeng4 ling4-ting3)
- **MANDO** 我比较擅长聆听。 (wó bǐ-jiào shàn-cháng líng-tīng)
- **TAISHAN** 我比較擅長聆聽。 (ngoi1 bei2-gao1 sen3-cieng4 len4-hen1)

QUESTION

- **CANTO** 你比較擅長聆聽定係講嘢? (nei5 bei2-gaau3 sin6-coeng4 ling4-ting3 ding6-hai6 gong2 je5?)
- **MANDO** 你比较擅长聆听还是说话? (ní bǐ-jiào shàn-cháng líng-tīng hái-shì shuō-huà?)
- **TAISHAN** 你比較擅長聆聽還係講嘢? (nei1 bei2-gao1 sen3-cieng4 len4-hen1 van4-hai3 gong2 yie1?)

The last time I went to a museum was ...
CANTO 我上一次去博物館係... (ngo5 soeng6 jat1-ci3 heoi3 bok3-mat6-gun2 hai6 ...)
MANDO 我上一次去博物馆是... (wǒ shàng yí-cì qù bó-wù-guǎn shì ...)
TAISHAN 我上一次去博物館係... (ngoi1 sieng3 yid2-lhu1 hui1 bog2-mod3-gon2 hai3 ...)

The last time I went to a museum was a month ago.
CANTO 我上一次去博物館係一個月前。
(ngo5 soeng6 jat1-ci3 heoi3 bok3-mat6-gun2 hai6 jat1-go3 jyut6 cin4)
MANDO 我上一次去博物館是一个月前。
(wǒ shàng yí-cì qù bó-wù-guǎn shì yí-gè yuè qián)
TAISHAN 我上一次去博物館係一個月前。
(ngoi1 sieng3 yid2-lhu1 hui1 bog2-mod3-gon2 hai3 yid2-goi1 ngud5 ten4)

QUESTION

CANTO 你上一次去博物館係幾時? (nei5 soeng6 jat1-ci3 heoi3 bok3-mat6-gun2 hai6 gei2-si4?)
MANDO 你上一次去博物馆是什么时候? (nǐ shàng yí-cì qù bó-wù-guǎn shì shén-me shí-hou?)
TAISHAN 你上一次去博物館係幾時? (nei1 sieng3 yid2-lhu1 hui1 bog2-mod3-gon2 hai3 gei2-si52?)

I recently ... surprises
- **CANTO** 我最近…驚喜。(ngo5 zeoi3-gan6 … ging1-hei2)
- **MANDO** 我最近…惊喜。(wǒ zuì-jìn … jīng-xǐ)
- **TAISHAN** 我最近…驚喜。(ngoi1 dui1-gin3 … gen1-hei2)

I recently didn't receive (any) surprises recently
- **CANTO** 我最近冇收到驚喜。(ngo5 zeoi3-gan6 mou5 sau1-dou2 ging1-hei2)
- **MANDO** 我最近没有收到惊喜。(wǒ zuì-jìn méi yǒu shōu-dào jīng-xǐ)
- **TAISHAN** 我最近冇收到驚喜。(ngoi1 dui1-gin3 mao1 siu1-ao2 gen1-hei2)

QUESTION
- **CANTO** 你最近有冇收到驚喜? (nei5 zeoi3-gan6 jau5 mou5 sau1-dou2 ging1-hei2?)
- **MANDO** 你最近有收到惊喜吗? (nǐ zuì-jìn yǒu shōu-dào jīng-xǐ ma?)
- **TAISHAN** 你最近有冇收到驚喜? (nei1 dui1-gin3 yiu1-mao1 siu1-ao2 gen1-hei2?)

I ... what I am doing

▶CANTO　我...我做緊嘅嘢。(ngo5 ... ngo5 zou6 gan2 ge3 je5)

▶MANDO　我...我在做的事情。(wǒ ... wǒ zài zuò de shì-qing)

▶TAISHAN　我...我做緊嘅嘢。(ngoi1 ... ngoi1 du1 gin2 ge1 yie1)

I quite enjoy what I am doing

▶CANTO　我幾享受我做緊嘅嘢。(ngo5 gei2 hoeng2-sau6 ngo5 zou6 gan2 ge3 je5)

▶MANDO　我挺享受我在做的事情。(wó tíng xiǎng-shòu wǒ zài zuò de shì-qíng)

▶TAISHAN　我幾享受我做緊嘅嘢。(ngoi1 gei2 hieng2-siu3 ngoi1 du1 gin2 ge1 yie1)

QUESTION

▶CANTO　你享唔享受你做緊嘅嘢? (nei5 hoeng2 m4 hoeng2-sau6 nei5 zou6 gan2 ge3 je5?)

▶MANDO　你享受你在做的事情嗎? (ní xiǎng-shòu nǐ zài zuò de shì-qing ma?)

▶TAISHAN　你享受你做緊嘅嘢嗎? (nei1 hieng2-siu3 nei1 du1 gin2 ge1 yie1 ma1?)

I ate dinner with ...

▶CANTO 我同…食晚飯。(ngo5 tung4 … sik6 maan5-faan6)

▶MANDO 我跟…吃晚饭。(wǒ gēn … chī wǎn-fàn)

▶TAISHAN 我同…吃晚飯。(ngoi1 hung4 … hieg1 man5-fan3)

I ate dinner with my family.

▶CANTO 我同屋企人食晚飯。(ngo5 tung4 uk1-kei2-jan4 sik6 maan5-faan6)

▶MANDO 我跟家人吃晚饭。(wǒ gēn jiā-rén chī wǎn-fàn)

▶TAISHAN 我同屋企人吃晚飯。(ngoi1 hung4 ug2-kei2-ngin4 hieg1 man5-fan3)

QUESTION

▶CANTO 你自己食定係同人食晚飯? (nei5 zi6-gei2 sik6 ding6-hai6 tung4 jan4 sik6 maan5-faan6?)

▶MANDO 你自己吃还是跟人吃晚饭? (nǐ zì-jǐ chī hái-shì gēn rén chī wǎn-fàn?)

▶TAISHAN 你自己吃還係同偌吃晚飯? (nei1 du3-gei2 hieg1 van4-hai3 hung4 nieg2 hieg1 man5-fan3?)

I am waiting for ...

CANTO 我等緊... (ngo5 dang2 gan2 ...)

MANDO 我在等... (wǒ zài děng ...)

TAISHAN 我等緊... (ngoi1 ang2 gin2 ...)

I am waiting for the economy to be better.

CANTO 我等緊經濟好啲。(ngo5 dang2 gan2 ging1-zai3 hou2 di1)

MANDO 我在等经济好一些。(wǒ zài děng jīng-jì hǎo yì-xiē)

TAISHAN 我等緊經濟好尼。(ngoi1 ang2 gin2 gen1-dai1 hao2 nai2)

QUESTION

CANTO 你等緊咩? (nei5 dang2 gan2 me1?)

MANDO 你在等什么? (nǐ zài děng shén-me?)

TAISHAN 你等緊乜? (nei1 ang2 gin2 mod2?)

I am afraid of …
- **▶CANTO** 我驚… (ngo5 geng1 …)
- **▶MANDO** 我怕… (wǒ pà …)
- **▶TAISHAN** 我驚… (ngoi1 gieng1 …)

I am afraid of cockroaches.
- **▶CANTO** 我驚甲由。(ngo5 geng1 gaat6-zaat2)
- **▶MANDO** 我怕蟑螂。(wǒ pà zhāng-láng)
- **▶TAISHAN** 我驚甲由。(ngoi1 gieng1 ka4-tad52)

QUESTION

- **▶CANTO** 你驚咩? (nei5 geng1 me1?)
- **▶MANDO** 你怕什么? (nǐ pà shén-me?)
- **▶TAISHAN** 你驚乜? (nei1 gieng1 mod2?)

... is better.

CANTO ...好啲。(... hou2 di1)

MANDO ...比较好。(... bǐ-jiào hǎo)

TAISHAN ...好尼。(... hao2 nai2)

Less is better.

CANTO 少啲好啲。(siu2 di1 hou2 di1)

MANDO 少些比较好。(shǎo xiē bǐ-jiào hǎo)

TAISHAN 少尼好尼。(sieu2 nai2 hao2 nai2)

QUESTION

CANTO 邊樣好啲?多啲定係少啲? (bin1-joeng6 hou2 di1? do1 di1 ding6-hai6 siu2 di1?)

MANDO 哪一个比较好?多些还是少些? (nǎ yí-gè bǐ-jiào hǎo? duō xiē hái-shì shǎo xiē?)

TAISHAN 哪樣好尼?多尼還係少尼? (nai5 yieng3 hao2 nai2? uo1 nai2 van4-hai3 sieu2 nai2?)

I can talk for ... using a foreign language.

CANTO 我用外語可以傾… (ngo5 jung6 ngoi6-jyu5 ho2-ji5 king1 …)

MANDO 我用外语可以聊… (wǒ yòng wài-yǔ ké-yǐ liáo …)

TAISHAN 我用外語可以傾… (ngoi1 yung3 ngoi3-ngui52 huo2-yi5 ken1 …)

I can talk for two hours using a foreign language.

CANTO 我用外語可以傾兩個鐘。
(ngo5 jung6 ngoi6-jyu5 ho2-ji5 king1 loeng5-go3 zung1)

MANDO 我用外语可以聊两个小时。
(wǒ yòng wài-yǔ ké-yǐ liáo liǎng-gè xiǎo-shí)

TAISHAN 我用外語可以傾兩個鐘。
(ngoi1 yung3 ngoi3-ngui52 huo2-yi5 ken1 lieng2-goi1 jung12)

QUESTION

CANTO 你用外語可以傾幾耐? (nei5 jung6 ngoi6-jyu5 ho2-ji5 king1 gei2-noi6?)

MANDO 你用外语可以聊多久? (nǐ yòng wài-yǔ ké-yǐ liáo duō-jiǔ?)

TAISHAN 你用外語可以傾幾久? (nei1 yung3 ngoi3-ngui52 huo2-yi5 ken1 gei2-giu2?)

... made today enjoyable to me.

CANTO ...令到我今日好愉快。(... ling6-dou3 ngo5 gam1-jat6 hou2 jyu4-faai3)

MANDO ...让我今天很愉快。(... ràng wǒ jīn-tiān hěn yú-kuài)

TAISHAN ...令到我今日好愉快。(... len3-ao1 ngoi1 gim1-ngid2 hao2 yi4-fai1)

Taking a walk made today enjoyable to me.

CANTO 散步令到我今日好愉快。(saan3-bou6 ling6-dou3 ngo5 gam1-jat6 hou2 jyu4-faai3)

MANDO 散步让我今天很愉快。(sàn-bù ràng wǒ jīn-tiān hěn yú-kuài)

TAISHAN 散步令到我今日好愉快。(lhan2-bu32 len3-ao1 ngoi1 gim1-ngid2 hao2 yi4-fai1)

QUESTION

CANTO 係咩令到你今日好愉快? (hai6 me1 ling6-dou3 nei5 gam1-jat6 hou2 jyu4-faai3?)

MANDO 是什么让你今天很愉快? (shì shén-me ràng nǐ jīn-tiān hěn yú-kuài?)

TAISHAN 係乜令到你今日好愉快? (hai3 mod2 len3-ao1 nei1 gim1-ngid5 hao2 yi4-fai1?)

Today, I … pause.
- CANTO 我今日…停低。(ngo5 gam1-jat6 … ting4-dai1)
- MANDO 我今天…停下来。(wǒ jīn-tiān … tíng xià-lái)
- TAISHAN 我今日…停落來。(ngoi1 gim1-ngid5 … hen4 log3-loi4)

Today, I took a pause.
- CANTO 我今日有停低。(ngo5 gam1-jat6 jau5 ting4-dai1)
- MANDO 我今天有停下来。(wǒ jīn-tiān yǒu tíng xià-lái)
- TAISHAN 我今日有停落來。(ngoi1 gim1-ngid5 yiu1 hen4 log3-loi4)

QUESTION
- CANTO 你今日有冇停低? (nei5 gam1-jat6 jau5 mou5 ting4-dai1?)
- MANDO 你今天有没有停下来? (nǐ jīn-tiān yǒu méi yǒu tíng xià-lái?)
- TAISHAN 你今日有冇停落來? (nei1 gim1-ngid5 yiu1 mao1 hen4 log3-loi4?)

My next vacation is …

▶CANTO 我下一個假期係… (ngo5 haa6 jat1-go3 gaa3-kei4 hai6 …)

▶MANDO 我下一个假期是… (wǒ xià yí-gè jià-qī shì …)

▶TAISHAN 我下一個假期係… (ngoi1 ha3 yid2-goi1 ga2-kei4 hai3 …)

My next vacation is in June.

▶CANTO 我下一個假期係六月。 (ngo5 haa6 jat1-go3 gaa3-kei4 hai6 luk6-jyut6)

▶MANDO 我下一个假期是六月。 (wǒ xià yí-gè jià-qī shì liù-yuè)

▶TAISHAN 我下一個假期係六月。 (ngoi1 ha3 yid2-goi1 ga2-kei4 hai3 lug3-ngud32)

QUESTION

▶CANTO 你下一個假期係幾時? (nei5 haa6 jat1-go3 gaa3-kei4 hai6 gei2-si4?)

▶MANDO 你下一个假期是什么时候? (nǐ xià yí-gè jià-qī shì shén-me shí-hou?)

▶TAISHAN 你下一個假期係幾時? (nei1 ha3 yid2-goi1 ga2-kei4 hai3 gei2-si52?)

I admire …
CANTO 我欣賞… (ngo5 jan1-soeng2 …)
MANDO 我欣赏… (wǒ xīn-shǎng …)
TAISHAN 我欣賞… (ngoi1 him1-sieng2 …)

I admire hard-working people.
CANTO 我欣賞勤力嘅人。(ngo5 jan1-soeng2 kan4-lik6 ge3 jan4)
MANDO 我欣赏勤奋的人。(wǒ xīn-shǎng qín-fèn de rén)
TAISHAN 我欣賞勤力嘅人。(ngoi1 him1-sieng2 kin4-led3 ge1 ngin4)

QUESTION

CANTO 你欣賞邊個? (nei5 jan1-soeng2 bin1-go3?)
MANDO 你欣赏谁? (nǐ xīn-shǎng shéi?)
TAISHAN 你欣賞誰? (nei1 him1-sieng2 sui52?)

Today I told … "no."

CANTO　我今日同…講"唔得"。(ngo5 gam1-jat6 tung4 … gong2 "m4 dak1")

MANDO　我今天跟…说"不行"。(wǒ jīn-tiān gēn … shuō "bù xíng")

TAISHAN　我今日同…講"唔得"。(ngoi1 gim1-ngid5 hung4 … gong2 "m4 dag1")

Today I told my student "no."

CANTO　我今日同我嘅學生講"唔得"。

(ngo5 gam1-jat6 tung4 ngo5 ge3 hok6-saang1 gong2 "m4 dak1")

MANDO　我今天跟我的学生说"不行"。

(wǒ jīn-tiān gēn wǒ de xué-shēng shuō "bù xíng")

TAISHAN　我今日同我嘅學生講"唔得"。

(ngoi1 gim1-ngid5 hung4 ngoi1 ge1 hog3-sang12 gong2 "m4 dag1")

QUESTION

CANTO　你今日有冇同人講"唔得"? (nei5 gam1-jat6 jau5 mou5 tung4 jan4 gong2 "m4 dak1"?)

MANDO　你今天有没有跟人说"不行"? (nǐ jīn-tiān yǒu méi yǒu gēn rén shuō "bù xíng"?)

TAISHAN　你今日有冇同人偌講"唔得"? (nei1 gim1-ngid5 yiu1 mao1 hung4 ngin4-nieg2 gong2 "m4 dag1"?)

March

(This song) … is stuck in my head.

CANTO 我畀…呢首歌洗咗腦。(ngo5 bei2 … ni1-sau2 go1 sai2 zo2 nou5)

MANDO 我被…这首歌洗脑了。(wǒ bèi … zhè-shǒu gē xí-nǎo le)

TAISHAN 我畀…該首歌洗誒腦。(ngoi1 ei2 … koi5-siu2 guo52 lhai2 e1 nao2)

(This song) “drivers license” is stuck in my head.

CANTO 我畀drivers license呢首歌洗咗腦。
(ngo5 bei2 drivers license ni1-sau2 go1 sai2 zo2 nou5)

MANDO 我被drivers license这首歌洗脑了。
(wǒ bèi drivers license zhè-shǒu gē xí-nǎo le)

TAISHAN 我畀drivers license該首歌洗誒腦。
(ngoi1 ei2 drivers license koi5-siu2 guo52 lhai2 e1 nao2)

QUESTION

CANTO 你畀邊首歌洗咗腦? (nei5 bei2 bin1-sau2 go1 sai2 zo2 nou5?)

MANDO 你被哪首歌洗脑了? (nǐ bèi ná-shǒu gē xí-nǎo le?)

TAISHAN 你畀哪首歌洗誒腦? (nei1 ei2 nai5-siu2 guo52 lhai2 e1 nao2?)

I am wearing…
- CANTO 我著住… (ngo5 zoek3 zyu6 …)
- MANDO 我穿着… (wǒ chuān zhe …)
- TAISHAN 我著住… (ngoi1 jieg1 ji3 …)

I am wearing an Inspirlang sweatshirt.
- CANTO 我著住Inspirlang嘅衛衣。(ngo5 zoek3 zyu6 Inspirlang ge3 wai6-ji1)
- MANDO 我穿着Inspirlang的卫衣。(wǒ chuān zhe Inspirlang de wèi-yī)
- TAISHAN 我著住Inspirlang嘅衛衫。(ngoi1 jieg1 ji3 Inspirlang ge1 vei3-yi1)

QUESTION
- CANTO 你著住咩? (nei5 zoek3 zyu6 me1?)
- MANDO 你穿着什么? (nǐ chuān zhe shén-me?)
- TAISHAN 你著住乜? (nei1 jieg1 ji3 mod2?)

I want to bring … to a desert island.
CANTO 我想帶…去荒島。(ngo5 soeng2 daai3 … heoi3 fong1-dou2)
MANDO 我想带…去荒岛。(wó xiǎng dài … qù huāng dǎo)
TAISHAN 我想帶…去荒島。(ngoi1 lhieng2 ai1 … hui1 fong1-ao2)

I want to bring my dad with me to a desert island.
CANTO 我想帶我老竇去荒島。(ngo5 soeng2 daai3 ngo5 lou5-dau6 heoi3 fong1-dou2)
MANDO 我想带我老爸去荒岛。(wó xiǎng dài wó lǎo-bà qù huāng dǎo)
TAISHAN 我想帶偓老竇去荒島。(ngoi1 lhieng2 ai1 ngoi5 lao2-deu3 hui1 fong1-ao2)

QUESTION

CANTO 你想帶邊個去荒島? (nei5 soeng2 daai3 bin1-go3 heoi3 fong1-dou2?)
MANDO 你想带谁去荒岛? (ní xiǎng dài shéi qù huāng-dǎo?)
TAISHAN 你想帶誰去荒島? (nei1 lhieng2 ai1 sui52 hui1 fong1-ao2?)

I buy clothes...
CANTO 我...買衫。(ngo5 ... maai5 saam1)
MANDO 我...买衣服。(wǒ ... mǎi yī-fu)
TAISHAN 我...買衫。(ngoi1 ... mai1 sam5)

I rarely buy clothes.
CANTO 我好少買衫。(ngo5 hou2 siu2 maai5 saam1)
MANDO 我很少买衣服。(wǒ hén sháo mǎi yī-fu)
TAISHAN 我好少買衫。(ngoi1 hao2-sieu2 mai1 sam5)

QUESTION

CANTO 你有冇成日買衫? (nei5 jau5 mou5 seng4-jat6 maai5 saam1?)
MANDO 你经常买衣服吗? (nǐ jīng-cháng mǎi yī-fu ma?)
TAISHAN 你有冇成日買衫? (nei1 yiu1-mao1 sieng4-ngid1 mai1 sam5?)

You accidentally scheduled a tattoo appointment tomorrow.
What design would you like?

I want a tattoo of...

CANTO 我想要…嘅紋身。(ngo5 soeng2 jiu3 … ge3 man4-san1)

MANDO 我想要…的纹身。(wó xiǎng yào … de wén-shēn)

TAISHAN 我想要…嘅紋身。(ngoi1 lhieng2 yieu1 … ge1 mun4-sin1)

I want a word tattooed.

CANTO 我想要文字嘅紋身。(ngo5 soeng2 jiu3 man4-zi6 ge3 man4-san1)

MANDO 我想要文字的纹身。(wó xiǎng yào wén-zì de wén-shēn)

TAISHAN 我想要文字嘅紋身。(ngoi1 lhieng2 yieu1 mun4-du3 ge1 mun4-sin1)

QUESTION

CANTO 你唔小心約咗聽日紋身。你想要咩圖案?

(nei5 m4 siu2-sam1 joek3 zo2 ting1-jat6 man4-san1. nei5 soeng2 jiu3 me1 tou4-on3?)

MANDO 你不小心约了明天纹身。你想要什么图案?

(nǐ bù xiǎo-xīn yuē le míng-tiān wén-shēn. ní xiǎng yào shén-me tú-àn?)

TAISHAN 你唔小心約誒天早紋身。你想要乜圖案?

(nei1 m4 lhieu2-lhim12 yieg1 e1 hen4-dao2 mun4-sin1. nei1 lhieng2 yieu1 mod2 hu4-on12?)

... is addictive.
- ▶CANTO …會上癮。(… wui5 soeng5-jan5)
- ▶MANDO …会上瘾。(… huì shàng-yǐn)
- ▶TAISHAN …會上癮。(…voi5 sieng1-yin5)

Listening to ASMR is addictive.
- ▶CANTO 聽ASMR會上癮。(teng1 ASMR wui5 soeng5-jan5)
- ▶MANDO 听ASMR会上瘾。(tīng ASMR huì shàng-yǐn)
- ▶TAISHAN 聽ASMR會上癮。(hieng1 ASMR voi5 sieng1-yin5)

QUESTION

- ▶CANTO 咩會上癮? (me1 wui5 soeng5-jan5?)
- ▶MANDO 什么会上瘾? (shén-me huì shàng-yǐn?)
- ▶TAISHAN 乜會上癮? (mod2 voi5 sieng1-yin5?)

I rely on …
- **CANTO** 我依賴… (ngo5 ji1-laai6 …)
- **MANDO** 我依赖… (wǒ yī-lài …)
- **TAISHAN** 我依賴… (ngoi1 yi2-lai3 …)

I rely on my family.
- **CANTO** 我依賴我屋企人。(ngo5 ji1-laai6 ngo5 uk1-kei2-jan4)
- **MANDO** 我依赖我家人。(wǒ yī-lài wǒ jiā-rén)
- **TAISHAN** 我依賴偓屋企人。(ngoi1 yi2-lai3 ngoi5 ug2-kei2 ngin4)

QUESTION

- **CANTO** 你依賴邊個? (nei5 ji1-laai6 bin1-go3?)
- **MANDO** 你依赖谁? (nǐ yī-lài shéi?)
- **TAISHAN** 你依賴誰? (nei1 yi2-lai3 sui52?)

If I won the Mega Millions jackpot, I would…

CANTO 如果我贏咗百萬彩票, 我會… (jyu4-gwo2 ngo5 jeng4 zo2 baak3-maan6 coi2-piu3, ngo5 wui5 …)

MANDO 如果我贏了百万彩票, 我会… (rú-guó wǒ yíng le bǎi-wàn cǎi-piào, wǒ huì …)

TAISHAN 如果我贏誒百萬彩票, 我會… (ngui4-guo2 ngoi1 yieng4 e1 bag1-man3 toi2-pieu52, ngoi1 voi5 …)

If I won the Mega Millions jackpot, I would buy an island.

CANTO 如果我贏咗百萬彩票, 我會買一個島。

(jyu4-gwo2 ngo5 jeng4 zo2 baak3-maan6 coi2-piu3, ngo5 wui5 maai5 jat1-go3 dou2)

MANDO 如果我贏了百万彩票, 我会买一个岛。

(rú-guó wǒ yíng le bǎi-wàn cǎi-piào, wǒ huì mǎi yí-gè dǎo)

TAISHAN 如果我贏誒百萬彩票, 我會買一個島。

(ngui4-guo2 ngoi1 yieng4 e1 bag1-man3 toi2-pieu52, ngoi1 voi5 mai1 yid2-goi1 ao2)

QUESTION

CANTO 如果你贏咗百萬彩票, 你會做咩? (jyu4-gwo2 nei5 jeng4 zo2 baak3-maan6 coi2-piu3, nei5 wui5 zou6 me1?)

MANDO 如果你贏了百万彩票, 你会做什么? (rú-guó nǐ yíng le bǎi-wàn cǎi-piào, nǐ huì zuò shén-me?)

TAISHAN 如果你贏誒百萬彩票, 你會做乜? (ngui4-guo2 nei1 yieng4 e1 bag1-man3 toi2-pieu52, nei1 voi5 du1 mod2?)

... best represents me.

CANTO ...最代表到我。(... zeoi3 doi6-biu2 dou2 ngo5)

MANDO ...最能代表我。(... zuì néng dài-biáo wǒ)

TAISHAN ...最代表到我。(... dui1 oi3-bieu2 ao2 ngoi1)

Bok Choy best represents me.

CANTO 白菜最代表到我。(baak6-coi3 zeoi3 doi6-biu2 dou2 ngo5)

MANDO 白菜最能代表我。(bái-cài zuì néng dài-biáo wǒ)

TAISHAN 白菜最代表到我。(bag3-toi12 dui1 oi3-bieu2 ao2 ngoi1)

QUESTION

CANTO 咩植物最代表到你? (me1 zik6-mat6 zeoi3 doi6-biu2 dou2 nei5?)

MANDO 什么植物最能代表你? (shén-me zhí-wù zuì néng dài-biáo nǐ?)

TAISHAN 乜植物最代表到你? (mod2 jed3-mod3 dui1 oi3-bieu2 ao2 nei1?)

I wish I were better at...
CANTO 我想我…叻啲。(ngo5 soeng2 ngo5 … lek1 di1)
MANDO 我希望我…更好一些。(wǒ xī-wàng wǒ … gèng hǎo yì-xiē)
TAISHAN 我想我…叻尼。(ngoi1 lhieng2 ngoi1 … lieg2 nai2)

I wish I were better at cooking.
CANTO 我想我煮嘢食叻啲。(ngo5 soeng2 ngo5 zyu2 je5 sik6 lek1 di1)
MANDO 我希望我做饭更好一些。(wǒ xī-wàng wǒ zuò fàn gèng hǎo yì-xiē)
TAISHAN 我想我煮嘢吃叻尼。(ngoi1 lhieng2 ngoi1 ji2 yie1 hieg1 lieg2 nai2)

QUESTION

CANTO 你想你做咩叻啲? (nei5 soeng2 nei5 zou6 me1 lek1 di1?)
MANDO 你希望你做什么更好一些? (nǐ xī-wàng nǐ zuò shén-me gèng hǎo yì-xiē?)
TAISHAN 你想你做乜叻尼? (nei1 lhieng2 nei1 du1 mod2 lieg2 nai2?)

I ... today's tasks.

▶CANTO 我...今日啲嘢。(ngo5 ... gam1-jat6 di1 je5)

▶MANDO 我...今天的事情。(wǒ ... jīn-tiān de shì-qing)

▶TAISHAN 我...今日尼嘢。(ngoi1 ... gim1-ngid5 nai2 yie1)

I didn't finish today's tasks.

▶CANTO 我冇做完今日啲嘢。(ngo5 mou5 zou6 jyun4 gam1-jat6 di1 je5)

▶MANDO 我没做完今天的事情。(wǒ méi zuò wán jīn-tiān de shì-qíng)

▶TAISHAN 我冇做完今日尼嘢。(ngoi1 mao1 du1 yon4 gim1-ngid5 nai2 yie1)

QUESTION

▶CANTO 你有冇做完今日啲嘢? (nei5 jau5 mou5 zou6 jyun4 gam1-jat6 di1 je5?)

▶MANDO 你做完今天的事情了吗? (nǐ zuò wán jīn-tiān de shì-qing le ma?)

▶TAISHAN 你有冇做完今日尼嘢? (nei1 yiu1 mao1 du1 yon4 gim1-ngid5 nai2 yie1?)

My favorite snack is …
- ▶CANTO　我最鍾意嘅零食係… (ngo5 zeoi3 zung1-ji3 ge3 ling4-sik6 hai6 …)
- ▶MANDO　我最喜欢的零食是… (wǒ zuì xǐ-huan de líng-shí shì …)
- ▶TAISHAN　我最鍾意嘅零食係… (ngoi1 dui1 jung1-yi1 ge1 len4-sed3 hai3 …)

My favorite snack is seaweed.
- ▶CANTO　我最鍾意嘅零食係紫菜。(ngo5 zeoi3 zung1-ji3 ge3 ling4-sik6 hai6 zi2-coi3)
- ▶MANDO　我最喜欢的零食是紫菜。(wǒ zuì xǐ-huan de líng-shí shì zǐ-cài)
- ▶TAISHAN　我最鍾意嘅零食係紫菜。(ngoi1 dui1 jung1-yi1 ge1 len4-sed3 hai3 du2-toi5)

QUESTION

- ▶CANTO　你最鍾意嘅零食係咩? (nei5 zeoi3 zung1-ji3 ge3 ling4-sik6 hai6 me1?)
- ▶MANDO　你最喜欢的零食是什么? (nǐ zuì xǐ-huan de líng-shí shì shén-me?)
- ▶TAISHAN　你最鍾意嘅零食係乜? (nei1 dui1 jung1-yi1 ge1 len4-sed3 hai3 mod2?)

Telling the truth is...

▶CANTO   講真話... (gong2 zan1 waa2 ...)

▶MANDO   说真话... (shuō zhēn huà ...)

▶TAISHAN   講真話... (gong2 jin1 va32 ...)

Telling the truth is very hard.

▶CANTO   講真話好難。(gong2 zan1 waa2 hou2 naan4)

▶MANDO   说真话很难。(shuō zhēn huà hěn nán)

▶TAISHAN   講真話好難。(gong2 jin1 va32 hao2 nan4)

QUESTION

▶CANTO   講真話難唔難? (gong2 zan1 waa2 naan4 m4 naan4?)

▶MANDO   说真话难吗? (shuō zhēn huà nán ma?)

▶TAISHAN   講真話難嗎? (gong2 jin1 va32 nan4 ma1?)

I introduce myself as…
- CANTO 我介紹自己係… (ngo5 gaai3-siu6 zi6-gei2 hai6 …)
- MANDO 我介紹自己是… (wǒ jiè-shào zì-jǐ shì …)
- TAISHAN 我介紹自己係… (ngoi1 gai1-sieu3 du3-gei2 hai3 …)

I introduce myself as a big boss.
- CANTO 我介紹自己係一個大老闆。
  (ngo5 gaai3-siu6 zi6-gei2 hai6 jat1-go3 daai6 lou5-baan2)
- MANDO 我介紹自己是一个大老板。
  (wǒ jiè-shào zì-jǐ shì yí-gè dà láo-bǎn)
- TAISHAN 我介紹自己係一個大老闆。
  (ngoi1 gai1-sieu3 du3-gei2 hai3 yid2-goi1 ai3 lao2-ban2)

QUESTION
- CANTO 喺聚會你點介紹自己? (hai2 zeoi6-wui6 nei5 dim2 gaai3-siu6 zi6-gei2?)
- MANDO 在聚会你怎么介绍自己? (zài jù-huì ní zěn-me jiè-shào zì-jǐ?)
- TAISHAN 到聚會你幾浩介紹自己? (ao1 dui3-voi3 nei1 gei2-hao52 gai1-sieu3 du3-gei2?)

I want to adopt…
- **CANTO** 我想領養… (ngo5 soeng2 ling5-joeng5 …)
- **MANDO** 我想领养… (wó xiǎng líng-yǎng …)
- **TAISHAN** 我想收養… (ngoi1 lhieng2 siu1-yieng5 …)

I want to adopt a puppy.
- **CANTO** 我想領養一隻狗仔。(ngo5 soeng2 ling5-joeng5 jat1-zek3 gau2-zai2)
- **MANDO** 我想领养一只小狗。(wó xiǎng líng-yǎng yì-zhī xiáo-gǒu)
- **TAISHAN** 我想收養一隻狗仔。(ngoi1 lhieng2 siu1-yieng5 yid2-jieg1 geu2-doi2)

QUESTION

- **CANTO** 你想領養咩動物? (nei5 soeng2 ling5-joeng5 me1 dung6-mat6?)
- **MANDO** 你想领养什么动物? (ní xiǎng líng-yǎng shén-me dòng-wù?)
- **TAISHAN** 你想收養乜動物? (nei1 lhieng2 siu1-yieng5 mod2 ung3-mod3?)

I can't resist…
- **CANTO** 我抵擋唔到… (ngo5 dai2 dong2 m4 dou2 …)
- **MANDO** 我抵挡不了… (wǒ dí-dǎng bù liǎo …)
- **TAISHAN** 我抵擋唔到… (ngoi1 ai2-ong2 m4 ao2 …)

I can't resist street food.
- **CANTO** 我抵擋唔到街邊小食。(ngo5 dai2-dong2 m4 dou2 gaai1-bin1 siu2-sik6)
- **MANDO** 我抵挡不了街边小吃。(wǒ dí-dǎng bù liǎo jiē-biān xiǎo-chī)
- **TAISHAN** 我抵擋唔到街邊小吃。(ngoi1 ai2-ong2 m4 ao2 gai5-ben12 lhieu2-hieg1)

QUESTION
- **CANTO** 你抵擋唔到咩誘惑? (nei5 dai2-dong2 m4 dou2 me1 jau5-waak6?)
- **MANDO** 你抵挡不了什么诱惑? (nǐ dí-dǎng bù liǎo shén-me yòu-huò?)
- **TAISHAN** 你抵擋唔到乜誘惑? (nei1 ai2-ong2 m4 ao2 mod2 yiu3-vag2?)

I wish ... didn't exist in my community.

CANTO 我希望我嘅社區冇... (ngo5 hei1-mong6 ngo5 ge3 se5-keoi1 mou5 ...)

MANDO 我希望我的社区没有... (wǒ xī-wàng wǒ de shè-qū méi yǒu ...)

TAISHAN 我希望我嘅社區冇... (ngoi1 hei1-mong3 ngoi1 ge1 sie5-kui12 mao1 ...)

I wish racism didn't exist in my community.

CANTO 我希望我嘅社區冇種族歧視。

(ngo5 hei1-mong6 ngo5 ge3 se5-keoi1 mou5 zung2-zuk6 kei4-si6)

MANDO 我希望我的社区没有种族歧视。

(wǒ xī-wàng wǒ de shè-qū méi yóu zhǒng-zú qí-shì)

TAISHAN 我希望我嘅社區冇種族歧視。

(ngoi1 hei1-mong3 ngoi1 ge1 sie5-kui12 mao1 jung2-dug3 kei4-si3)

QUESTION

CANTO 你希望你嘅社區冇咩? (nei5 hei1-mong6 nei5 ge3 se5-keoi1 mou5 me1?)

MANDO 你希望你的社区没有什么? (nǐ xī-wàng nǐ de shè-qū méi yǒu shén-me?)

TAISHAN 你希望你嘅社區冇乜? (nei1 hei1-mong3 nei1-ge1 sie5-kui12 mao1 mod2?)

I like ... the most because ...

CANTO 我最鍾意…因為… (ngo5 zeoi3 zung1-ji3 … jan1-wai6 …)

MANDO 我最喜欢…因为… (wǒ zuì xǐ-huan … yīn-wèi …)

TAISHAN 我最鍾意…因為… (ngoi1 dui1 jung1-yi1 … yin1-vei3 …)

I like spring the most because the weather turns warm.

CANTO 我最鍾意春天因為天氣變暖。

(ngo5 zeoi3 zung1-ji3 ceon1-tin1 jan1-wai6 tin1-hei3 bin3 nyun5)

MANDO 我最喜欢春天因为天气变暖。

(wǒ zuì xǐ-huan chūn-tiān yīn-wèi tiān-qì biàn nuǎn)

TAISHAN 我最鍾意春天因為天氣變暖。

(ngoi1 dui1 jung1-yi1 cun1-hen12 yin1-vei3 hen1-hei1 ben1 non1)

QUESTION

CANTO 你最鍾意邊個季節? 點解? (nei5 zeoi3 zung1-ji3 bin1-go3 gwai3-zit3? dim2-gaai2?)

MANDO 你最喜欢哪个季节? 为什么? (nǐ zuì xǐ-huan nǎ-gè jì-jié? wèi-shén-me?)

TAISHAN 你最鍾意哪個季節? 幾解? (nei1 dui1 jung1-yi1 nai5-goi1 gei1-ded2? gei2-gai2?)

I ... (the time of) being a student.

▶CANTO 我…學生時代。(ngo5 ... hok6-saang1 si4-doi6)

▶MANDO 我…学生时代。(wǒ ... xué-shēng shí-dài)

▶TAISHAN 我…學生時代。(ngoi1 ... hog3-sang12 si4-oi3)

I miss (the time of) being a student.

▶CANTO 我掛住學生時代。(ngo5 gwaa3-zyu6 hok6-saang1 si4-doi6)

▶MANDO 我想念学生时代。(wó xiǎng-niàn xué-shēng shí-dài)

▶TAISHAN 我掛住學生時代。(ngoi1 ka1-ji3 hog3-sang12 si4-oi3)

QUESTION

▶CANTO 你掛唔掛住學生時代? (nei5 gwaa3 m4 gwaa3-zyu6 hok6-saang1 si4-doi6?)

▶MANDO 你想念学生时代吗? (ní xiǎng-niàn xué-shēng shí-dài ma?)

▶TAISHAN 你掛住學生時代嗎? (nei1 ka1-ji3 hog3-sang12 si4-oi3 ma1?)

I ... religious.
- **CANTO** 我...宗教信仰。(ngo5 ... zung1-gaau3 seon3-joeng5)
- **MANDO** 我...宗教信仰。(wǒ ... zōng-jiào xìn-yǎng)
- **TAISHAN** 我...宗教信仰。(ngoi1 ... dung1-gao1 lhin1-yieng5)

I am religious.
- **CANTO** 我有宗教信仰。(ngo5 jau5 zung1-gaau3 seon3-joeng5)
- **MANDO** 我有宗教信仰。(wó yǒu zōng-jiào xìn-yǎng)
- **TAISHAN** 我有宗教信仰。(ngoi1 yiu1 dung1-gao1 lhin1-yieng5)

QUESTION

- **CANTO** 你有冇宗教信仰? (nei5 jau5 mou5 zung1-gaau3 seon3-joeng5?)
- **MANDO** 你有宗教信仰吗? (ní yǒu zōng-jiào xìn-yǎng ma?)
- **TAISHAN** 你有冇宗教信仰? (nei1 yiu1 mao1 dung1-gao1 lhin1-yieng5?)

I would like ... spicy.

CANTO 我想要…辣。(ngo5 soeng2 jiu3 … laat6)

MANDO 我想要…辣。(wó xiǎng yào … là)

TAISHAN 我想要…辣。(ngoi1 lhieng2 yieu1 … lad3)

I would like (it) mildly spicy.

CANTO 我想要微辣。(ngo5 soeng2 jiu3 mei4 laat6)

MANDO 我想要微辣。(wó xiǎng yào wēi là)

TAISHAN 我想要微辣。(ngoi1 lhieng2 yieu1 mei4 lad3)

QUESTION

CANTO 你想要幾辣? (nei5 soeng2 jiu3 gei2 laat6?)

MANDO 你想要多辣? (ní xiǎng yào duō là?)

TAISHAN 你想要幾辣? (nei1 lhieng2 yieu1 gei2 lad3?)

I resolve conflicts by (using) …
- CANTO 我用…嚟解決衝突。(ngo5 jung6 … lei4 gaai2-kyut3 cung1-dat6)
- MANDO 我用…来解决冲突。(wǒ yòng … lái jiě-jué chōng-tū)
- TAISHAN 我用…來解決衝突。(ngoi1 yung3 … loi4 gai2-kud2 cung1-ud3)

I resolve conflicts by collaborating.
- CANTO 我用合作嚟解決衝突。(ngo5 jung6 hap6-zok3 lei4 gaai2-kyut3 cung1-dat6)
- MANDO 我用合作来解决冲突。(wǒ yòng hé-zuò lái jiě-jué chōng-tū)
- TAISHAN 我用合作来解决衝突。(ngoi1 yung3 hab3-dog3 loi4 gai2-kud2 cung1-ud3)

QUESTION

- CANTO 你點樣解決衝突? (nei5 dim2-joeng2 gaai2-kyut3 cung1-dat6?)
- MANDO 你怎么解决冲突? (ní zěn-me jiě-jué chōng-tū?)
- TAISHAN 你幾浩解決衝突? (nei1 gei2-hao52 gai2-kud2 cung1-ud3?)

It's quite ... today.

CANTO 今日幾… (gam1-jat6 gei2 …)

MANDO 今天挺… (jīn-tiān tǐng …)

TAISHAN 今日幾… (gim1-ngid5 gei2 …)

It's quite chill today.

CANTO 今日幾hea。 (gam1-jat6 gei2 he3)

MANDO 今天挺闲。 (jīn-tiān tǐng xián)

TAISHAN 今日幾hea。 (gim1-ngid5 gei2 hie1)

QUESTION

CANTO 忙定係hea? (mong4 ding6-hai6 he3?)

MANDO 忙还是闲? (máng hái-shì xián?)

TAISHAN 忙還係hea? (mong4 van4-hai3 hie1?)

Today was very strange because…
▶CANTO 今日好奇怪因為… (gam1-jat6 hou2 kei4-gwaai3 jan1-wai6 …)
▶MANDO 今天很奇怪因为… (jīn-tiān hěn qí-guài yīn-wèi …)
▶TAISHAN 今日好奇怪因為… (gim1-ngid5 hao2 kei4-gai1 yin1-vei3 …)

Today was very strange because my neighbor's dog walked herself.
▶CANTO 今日好奇怪因為我鄰居隻狗自己放自己。(gam1-jat6 hou2 kei4-gwaai3 jan1-wai6 ngo5 leon4-geoi1 zek3 gau2 zi6-gei2 fong3 zi6-gei2)
▶MANDO 今天很奇怪因为我邻居的狗自己溜自己。
(jīn-tiān hěn qí-guài yīn-wèi wǒ lín-jū de gǒu zì-jǐ liū zì-jǐ)
▶TAISHAN 今日好奇怪因為我嘅鄰居隻狗自己放自己。(gim1-ngid5 hao2 kei4-gai1 yin1-vei3 ngoi1 ge1 lun4-gui1 jieg1 geu2 du3-gei2 fong1 du3-gei2)

QUESTION
▶CANTO 今日有啲咩好奇怪? (gam1-jat6 jau5 di1 me1 hou2 kei4-gwaai3?)
▶MANDO 今天有些什么很奇怪? (jīn-tiān yǒu xiē shén-me hěn qí-guài?)
▶TAISHAN 今日有尼乜好奇怪? (gim1-ngid5 yiu1 nai2 mod2 hao2 kei4-gai1?)

I am best at cooking/making…

CANTO 我整…最好食。(ngo5 zing2 … zeoi3 hou2-sik6)

MANDO 我做…最好吃。(wǒ zuò … zuì hǎo-chī)

TAISHAN 我整…最好吃。(ngoi1 jen2 … dui1 hao2-hieg1)

I am best at making cakes.

CANTO 我整蛋糕最好食。(ngo5 zing2 daan6-gou1 zeoi3 hou2-sik6)

MANDO 我做蛋糕最好吃。(wǒ zuò dàn-gāo zuì hǎo-chī)

TAISHAN 我整蛋糕最好吃。(ngoi1 jen2 an3-gao1 dui1 hao2-hieg1)

QUESTION

CANTO 你整咩最好食? (nei5 zing2 me1 zeoi3 hou2-sik6?)

MANDO 你做什么最好吃? (nǐ zuò shén-me zuì hǎo-chī?)

TAISHAN 你整乜最好吃? (nei1 jen2 mod2 dui1 hao2-hieg1?)

... is stopping me from doing what I want to do.

▶CANTO ...阻止我做想做嘅嘢。(... zo2-zi2 ngo5 zou6 soeng2 zou6 ge3 je5)

▶MANDO ...阻止我做想做的事情。(... zú-zhí wǒ zuò xiǎng zuò de shì-qing)

▶TAISHAN ...阻止我做想做嘅嘢。(... juo2-ji2 ngoi1 du1 lhieng2 du1 ge1 yie1)

My comfort zone is stopping me from doing what I want to do.

▶CANTO 我嘅舒適圈阻止我做想做嘅嘢。

(ngo5 ge3 syu1-sik1 hyun1 zo2-zi2 ngo5 zou6 soeng2 zou6 ge3 je5)

▶MANDO 我的舒适圈阻止我做想做的事情。

(wǒ de shū-shì quān zú-zhí wǒ zuò xiǎng zuò de shì-qing)

▶TAISHAN 我嘅舒適圈阻止我做想做嘅嘢。

(ngoi1 ge1 si1-sed2 hun2 juo2-ji2 ngoi1 du1 lhieng2 du1 ge1 yie1)

QUESTION

▶CANTO 咩阻止你做想做嘅嘢? (me1 zo2-zi2 nei5 zou6 soeng2 zou6 ge3 je5?)

▶MANDO 什么阻止你做想做的事情? (shén-me zú-zhí nǐ zuò xiǎng zuò de shì-qing?)

▶TAISHAN 乜阻止你做想做嘅嘢? (mod2 juo2-ji2 nei1 du1 lhieng2 du1 ge1 yie1?)

I do laundry every...

CANTO 我每...洗一次衫。(ngo5 mui5 ... sai2 jat1-ci3 saam1)

MANDO 我每...洗一次衣服。(wó měi ... xǐ yí-cì yī-fu)

TAISHAN 我每...洗一次衫。(ngoi1 moi5 ... lhai2 yid2-lhu1 sam5)

I do laundry every two weeks.

CANTO 我每兩個禮拜洗一次衫。(ngo5 mui5 loeng5-go3 lai5-baai3 sai2 jat1-ci3 saam1)

MANDO 我每两个礼拜洗一次衣服。(wó méi liǎng-gè lǐ-bài xǐ yí-cì yī-fu)

TAISHAN 我每兩個禮拜洗一次衫。(ngoi1 moi5 lieng2-goi1 lai5-bai1 lhai2 yid2-lhu1 sam5)

QUESTION

CANTO 你幾耐洗一次衫? (nei5 gei2-noi6 sai2 jat1-ci3 saam1?)

MANDO 你多久洗一次衣服? (nǐ duō-jiú xǐ yí-cì yī-fu?)

TAISHAN 你幾久洗一次衫? (nei1 gei2-giu2 lhai2 yid2-lhu1 sam5?)

CANTO …交水電煤氣費。(… gaau1 seoi2 din6 mui4-hei3 fai3)

MANDO …交水电煤费。(… jiāo shuǐ diàn méi fèi)

TAISHAN …交水電煤氣費。(… gao1 sui2 en3 moi4-hei1 fei1)

I pay the utility bills.

CANTO 我交水電煤氣費。(ngo5 gaau1 seoi2 din6 mui4-hei3 fai3)

MANDO 我交水电煤费。(wǒ jiāo shuǐ diàn méi fèi)

TAISHAN 我交水電煤氣費。(ngoi1 gao1 sui2 en3 moi4-hei1 fei1)

QUESTION

CANTO 邊個交水電煤氣費? (bin1-go3 gaau1 seoi2 din6 mui4-hei3 fai3?)

MANDO 谁交水电煤费? (shéi jiāo shuǐ diàn méi fèi?)

TAISHAN 誰交水電煤氣費? (sui52 gao1 sui2 en3 moi4-hei1 fei1?)

... is not enough.

CANTO ...唔夠。(... m4 gau3)

MANDO ...不够。(... bú gòu)

TAISHAN ...唔夠。(... m4 geu1)

Time is not enough.

CANTO 時間唔夠。(si4-gaan3 m4 gau3)

MANDO 时间不够。(shí-jiān bú gòu)

TAISHAN 時間唔夠。(si4-gan1 m4 geu1)

QUESTION

CANTO 咩唔夠? (me1 m4 gau3?)

MANDO 什么不够? (shén-me bú gòu?)

TAISHAN 乜唔夠? (mod2 m4 geu1?)

I ... made time for friends.

CANTO 我...抽時間陪朋友。(ngo5 ... cau1 si4-gaan3 pui4 pang4-jau5)

MANDO 我...抽时间陪朋友。(wǒ ... chōu shí-jiān péi péng-yǒu)

TAISHAN 我...抽時間陪朋友。(ngoi1 ... ceu1 si4-gan1 poi4 pang4-yiu5)

I (did) make time for friends.

CANTO 我有抽時間陪朋友。(ngo5 jau5 cau1 si4-gaan3 pui4 pang4-jau5)

MANDO 我有抽时间陪朋友。(wó yǒu chōu shí-jiān péi péng-yǒu)

TAISHAN 我有抽時間陪朋友。(ngoi1 yiu1 ceu1 si4-gan1 poi4 pang4-yiu5)

QUESTION

CANTO 你有冇抽時間陪朋友? (nei5 jau5 mou5 cau1 si4-gaan3 pui4 pang4-jau5?)

MANDO 你有抽时间陪朋友吗? (ní yǒu chōu shí-jiān péi péng-yǒu ma?)

TAISHAN 你有冇抽時間陪朋友? (nei1 yiu1 mao1 ceu1 si4-gan1 poi4 pang4-yiu5?)

Today I was thinking…

▶CANTO 我今日諗緊… (ngo5 gam1-jat6 nam2 gan2 …)

▶MANDO 我今天在想… (wǒ jīn-tiān zài xiǎng …)

▶TAISHAN 我今日諗緊… (ngoi1 gim1-ngid5 nam2 gin2 …)

Today I was thinking (about) where to travel to.

▶CANTO 我今日諗緊去邊度旅遊。(ngo5 gam1-jat6 nam2 gan2 heoi3 bin1-dou6 leoi5-jau4)

▶MANDO 我今天在想我要去哪里旅游。(wǒ jīn-tiān zài xiáng wǒ yào qù ná-lí lǚ-yóu)

▶TAISHAN 我今日諗緊去乃旅遊。(ngoi1 gim1-ngid5 nam2 gin2 hui1 nai52 lui5-yiu4)

QUESTION

▶CANTO 你今日有咩不切實際嘅諗法?

(nei5 gam1-jat6 jau5 me1 bat1 cit3 sat6-zai3 ge3 nam2-faat3?)

▶MANDO 你今天有什么不切实际的想法?

(nǐ jīn-tiān yǒu shén-me bú qiè shí-jì de xiáng fǎ?)

▶TAISHAN 你今日有乜不切實際嘅諗法?

(nei1 gim1-ngid5 yiu1 mod2 bud2 ted2 sid3-dai1 ge1 nam2-fad2?)

April

I am lying to …
- CANTO 我呃緊… (ngo5 aak1 gan2 …)
- MANDO 我在骗… (wǒ zài piàn …)
- TAISHAN 我呃緊… (ngoi1 ngag2 gin2 …)

I am lying to my niece.
- CANTO 我呃緊我嘅姨甥女。(ngo5 aak1 gan2 ngo5 ge3 ji4-sang1-neoi2)
- MANDO 我在骗我的姨甥女。(wǒ zài piàn wǒ de yí-shēng-nǚ)
- TAISHAN 我呃緊我嘅姨甥女。(ngoi1 ngag2 gin2 ngoi1 ge1 yi4-sang1-nui2)

QUESTION

- CANTO 你呃緊邊個? (nei5 aak1 gan2 bin1-go3?)
- MANDO 你在骗谁? (nǐ zài piàn shéi?)
- TAISHAN 你呃緊誰? (nei1 ngag2 gin2 sui52?)

I forgot to thank …
- CANTO 我唔記得咗多謝… (ngo5 m4 gei3-dak1 zo2 do1-ze6 …)
- MANDO 我忘记了谢谢… (wǒ wàng-jì le xiè-xie …)
- TAISHAN 我唔記得誒多謝… (ngoi1 m4 gei1-ag1 e1 uo1-die3 …)

I forgot to thank my family.
- CANTO 我唔記得咗多謝我屋企人。(ngo5 m4 gei3-dak1 zo2 do1-ze6 ngo5 uk1-kei2 jan4)
- MANDO 我忘记了谢谢我的家人。(wǒ wàng-jì le xiè-xie wǒ de jiā-rén)
- TAISHAN 我唔記得誒多謝偓屋企人。(ngoi1 m4 gei1-ag1 e1 uo1-die3 ngoi5 ug2-kei2 ngin4)

QUESTION

- CANTO 你唔記得咗多謝邊個? (nei5 m4 gei3-dak1 zo2 do1-ze6 bin1-go3?)
- MANDO 你忘记了谢谁? (nǐ wàng-jì le xiè shéi?)
- TAISHAN 你唔記得誒多謝誰? (nei1 m4 gei1-ag1 e1 uo1-die3 sui52?)

The theme of my virtual reality world is …

▶CANTO   我嘅虛擬現實世界嘅主題係… (ngo5 ge3 heoi1-ji5 jin6-sat6 sai3-gaai3 ge3 zyu2-tai4 hai6 …)

▶MANDO   我的虛擬現實世界的主題是… (wǒ de xū-nǐ xiàn-shí shì-jiè de zhǔ-tí shì …)

▶TAISHAN 我嘅虛擬現實世界嘅主題係… (ngoi1 ge1 hui1-ngei5 yen3-sid3 sai1-gai1 ge1 ji2-hai4 hai3 …)

The theme of my virtual reality world is a land of glaciers.

▶CANTO   我嘅虛擬現實世界嘅主題係冰川世界。

(ngo5 ge3 heoi1-ji5 jin6-sat6 sai3-gaai3 ge3 zyu2-tai4 hai6 bing1-cyun1 sai3-gaai3)

▶MANDO   我的虛擬現實世界的主題是冰川世界。

(wǒ de xū-nǐ xiàn-shí shì-jiè de zhǔ-tí shì bīng-chuān shì-jiè)

▶TAISHAN 我嘅虛擬現實世界嘅主題係冰川世界。

(ngoi1 ge1 hui1-ngei5 yen3-sid3 sai1-gai1 ge1 ji2-hai4 hai3 ben1-cun1 sai1-gai1)

QUESTION

▶CANTO   你嘅虛擬現實世界嘅主題係咩? (nei5 ge3 heoi1-ji5 jin6-sat6 sai3-gaai3 ge3 zyu2-tai4 hai6 me1?)

▶MANDO   你的虛擬現實世界的主題是什么? (nǐ de xū-nǐ xiàn-shí shì-jiè de zhǔ-tí shì shén-me?)

▶TAISHAN 你嘅虛擬現實世界嘅主題係乜? (nei1 ge1 hui1-ngei5 yen3-sid3 sai1-gai1 ge1 ji2-hai4 hai3 mod2?)

This year I ... tomb sweeping.

▶CANTO 我今年...拜山。(ngo5 gam1 nin2 ... baai3-saan1)

▶MANDO 我今年...扫墓。(wǒ jīn nián ... sǎo-mù)

▶TAISHAN 我今年...行山。(ngoi1 gim1 nen4 ... hang4-san1)

This year I didn't go to tomb sweeping.

▶CANTO 我今年冇去拜山。(ngo5 gam1 nin2 mou5 heoi3 baai3-saan1)

▶MANDO 我今年没有去扫墓。(wǒ jīn nián méi-yǒu qù sǎo-mù)

▶TAISHAN 我今年冇去行山。(ngoi1 gim1 nen4 mao1 hui1 hang4-san1)

QUESTION

▶CANTO 你今年有冇去拜山? (nei5 gam1 nin2 jau5 mou5 heoi3 baai3-saan1?)

▶MANDO 你今年有去扫墓吗? (nǐ jīn nián yǒu qù sǎo-mù ma?)

▶TAISHAN 你今年有冇去行山? (nei1 gim1 nen4 yiu1 mao1 hui1 hang4-san1?)

The last show I saw was ...

▶CANTO 我最上一次睇嘅演出係… (ngo5 zeoi3 soeng6 jat1-ci3 tai2 ge3 jin2-ceot1 hai6 …)

▶MANDO 我最上一次看的演出是 … (wǒ zuì shàng yí-cì kàn de yǎn-chū shì …)

▶TAISHAN 我最上一次睇嘅演出係… (ngoi1 dui1 sieng3 yid2-lhu1 hai2 ge1 yen2-cud2 hai3 …)

The last show I saw was the Cambodian Rock Band.

▶CANTO 我最上一次睇嘅演出係Cambodian Rock Band。

(ngo5 zeoi3 soeng6 jat1-ci3 tai2 ge3 jin2-ceot1 hai6 Cambodian Rock Band)

▶MANDO 我最上一次看的演出是Cambodian Rock Band。

(wǒ zuì shàng yí-cì kàn de yǎn-chū shì Cambodian Rock Band)

▶TAISHAN 我最上一次睇嘅演出係Cambodian Rock Band。

(ngoi1 dui1 sieng3 yid2-lhu1 hai2 ge1 yen2-cud2 hai3 Cambodian Rock Band)

QUESTION

▶CANTO 你最上一次睇嘅演出係咩? (nei5 zeoi3 soeng6 jat1-ci3 tai2 ge3 jin2-ceot1 hai6 me1?)

▶MANDO 你最上一次看的演出是什么? (nǐ zuì shàng yí-cì kàn de yǎn-chū shì shén-me?)

▶TAISHAN 你最上一次睇嘅演出係乜? (nei1 dui1 sieng3 yid2-lhu1 hai2 ge1 yen2-cud2 hai3 mod2?)

I need to buy …

CANTO 我需要買… (ngo5 seoi1-jiu3 maai5 …)

MANDO 我需要买… (wǒ xū-yào mǎi …)

TAISHAN 我需要買… (ngoi1 lhui1-yieu1 mai1 …)

I need to buy toilet paper.

CANTO 我需要買廁紙。(ngo5 seoi1-jiu3 maai5 ci3 zi2)

MANDO 我需要买厕纸。(wǒ xū-yào mǎi cè zhǐ)

TAISHAN 我需要買廁所紙。(ngoi1 lhui1-yieu1 mai1 lhu1-suo2 ji2)

QUESTION

CANTO 你需要買咩? (nei5 seoi1-jiu3 maai5 me1?)

MANDO 你需要买什么? (nǐ xū-yào mǎi shén-me?)

TAISHAN 你需要買乜? (nei1 lhui1-yieu1 mai1 mod2?)

I ... a package today.

▶CANTO 我今日...收到包裹。(ngo5 gam1-jat6 ... sau1-dou3 baau1-gwo2)

▶MANDO 我今天...收到包裹。(wǒ jīn-tiān-shōu-dào bāo-guǒ)

▶TAISHAN 我今日...收到包裹。(ngoi1 gim1-ngid5 ... siu1-ao2 bao5-guo2)

I (did) receive a package today.

▶CANTO 我今日有收到包裹。(ngo5 gam1-jat6 jau5 sau1-dou3 baau1-gwo2)

▶MANDO 我今天有收到包裹。(wǒ jīn-tiān yǒu shōu-dào bāo-guǒ)

▶TAISHAN 我今日有收到包裹。(ngoi1 gim1-ngid5 yiu1 siu1-ao2 bao5-guo2)

QUESTION

▶CANTO 你今日有冇收到包裹? (nei5 gam1-jat6 jau5 mou5 sau1-dou3 baau1-gwo2?)

▶MANDO 你今天有收到包裹吗? (nǐ jīn-tiān yǒu shōu-dào bāo-guǒ ma?)

▶TAISHAN 你今日有冇收到包裹? (nei1 gim1-ngid5 yiu1 mao1 siu1-ao2 bao5-guo2?)

I want to try …
- **CANTO** 我想試… (ngo5 soeng2 si3 …)
- **MANDO** 我想试… (wó xiǎng shì …)
- **TAISHAN** 我想試… (ngoi1 lhieng2 si1 …)

I want to try making coconut jelly.
- **CANTO** 我想試整椰汁糕。(ngo5 soeng2 si3 zing2 je4 zap1 gou1)
- **MANDO** 我想试做椰汁糕。(wó xiǎng shì zuò yē zhī gāo)
- **TAISHAN** 我想試整椰汁糕。(ngoi1 lhieng2 si1 jen2 yie4 jib2 gao1)

QUESTION
- **CANTO** 你想試咩菜譜? (nei5 soeng2 si3 me1 coi3-pou2?)
- **MANDO** 你想试什么菜谱? (ní xiǎng shì shén-me cài-pǔ?)
- **TAISHAN** 你想試乜菜譜? (nei1 lheing2 si1 mod2 toi1-pu2?)

I want to recommend … to friends.

CANTO 我想推薦…畀朋友。(ngo5 soeng2 teoi1-zin3 … bei2 pang4-jau5)

MANDO 我想给朋友推荐… (wó xiáng gěi péng-yǒu tuī-jiàn …)

TAISHAN 我想推薦…畀朋友。(ngoi1 lhieng2 tui1-den1 … ei2 pang4-yiu5)

I want to recommend a book to friends.

CANTO 我想推薦一本書畀朋友。
(ngo5 soeng2 teoi1-zin3 jat1-bun2 syu1 bei2 pang4-jau5)

MANDO 我想给朋友推荐一本书。
(wó xiáng gěi péng-yǒu tuī-jiàn yì-běn shū)

TAISHAN 我想推薦一本書畀朋友。
(ngoi1 lhieng2 tui1-den1 yid2-bon2 si1 ei2 pang4-yiu5)

QUESTION

CANTO 你想推薦咩產品畀朋友? (nei5 soeng2 teoi1-zin3 me1 caan2-ban2 bei2 pang4-jau5?)

MANDO 你想给朋友推荐什么产品? (ní xiáng gěi péng-you tuī-jiàn shén-me chán-pǐn?)

TAISHAN 你想推薦乜產品畀朋友? (nei1 lhieng2 tui1-den1 mod2 can2-bin2 ei2 pang4-yiu5?)

I … in a (work) union.
- **CANTO** 我…喺工會入邊。(ngo5 … hai2 gung1-wui2 jap6-bin6)
- **MANDO** 我…在工会里边。(wǒ … zài gōng-huì lǐ-biān)
- **TAISHAN** 我…到工會入邊。(ngoi1 … ao1 gung1-voi32 yib3-ben3)

I am not in a (work) union.
- **CANTO** 我唔喺工會入邊。(ngo5 m4 hai2 gung1-wui2 jap6-bin6)
- **MANDO** 我不在工会里边。(wǒ bú zài gōng-huì lǐ-biān)
- **TAISHAN** 我唔到工會入邊。(ngoi1 m4 ao1 gung1-voi32 yib3-ben3)

QUESTION

- **CANTO** 你喺唔喺工會入邊? (nei5 hai2 m4 hai2 gung1-wui2 jap6-bin6?)
- **MANDO** 你在工会里边吗? (nǐ zài gōng-huì lǐ-biān ma?)
- **TAISHAN** 你到唔到工會入邊? (nei1 ao1 m4 ao1 gung1-voi32 yib3-ben3?)

Today I talked for ... on the phone.

CANTO 我今日講咗…電話。(ngo5 gam1-jat6 gong2 zo2 ... din6-waa2)

MANDO 我今天讲了…电话。(wǒ jīn-tiān jiǎng le ... diàn-huà)

TAISHAN 我今日講誒…電話。(ngoi1 gim1-ngid5 gong2 e1 ... en3-va32)

Today I talked for 3.5 hours on the phone.

CANTO 我今日講咗3個半鐘頭電話。

(ngo5 gam1-jat6 gong2 zo2 saam1-go3 bun3 zung1-tau4 din6-waa2)

MANDO 我今天讲了3个半小时电话。

(wǒ jīn-tiān jiǎng le sān-gè bàn xiǎo-shí diàn-huà)

TAISHAN 我今日講誒3個半鐘頭電話。

(ngoi1 gim1-ngid5 gong2 e1 lham1-goi1 bon1 jung1-heu4 en3-va32)

QUESTION

CANTO 你今日講咗幾耐電話? (nei5 gam1-jat6 gong2 zo2 gei2-noi6 din6-waa2?)

MANDO 你今天讲了多久电话? (nǐ jīn-tiān jiǎng le duō-jiǔ diàn-huà)

TAISHAN 你今日講誒幾久電話? (nei1 gim1-ngid5 gong2 e1 gei2-giu2 en3-va32?)

I ... try fasting.
▶CANTO 我 ... 試下禁食。(ngo5 ... si3 haa5 gam3-sik6)
▶MANDO 我 ...试一下禁食。(wǒ ... shì yí-xià jìn-shí)
▶TAISHAN 我 ... 試下禁食。(ngoi1 ... si1 ha5 kim1-sed3)

I want to try fasting once.
▶CANTO 我想試下禁食一次。(ngo5 soeng2 si3 haa5 gam3-sik6 jat1-ci3)
▶MANDO 我想试一下禁食一次。(wó xiǎng shì yí-xià jìn-shí yí-cì)
▶TAISHAN 我想試下禁食一次。(ngoi1 lhieng2 si1 ha5 kim1-sed3 yid2-lhu1)

QUESTION

▶CANTO 你想唔想試下禁食? (nei5 soeng2 m4 soeng2 si3 haa5 gam3-sik6?)
▶MANDO 你想试一下禁食吗? (ní xiǎng shì yí-xià jìn-shí ma?)
▶TAISHAN 你想唔想試下禁食? (nei1 lhieng2 m4 lhieng2 si1 ha5 kim1-sed3?)

If I had an assistant, I would ask her to …

▶ CANTO   如果我有一個助手，我會叫佢…

(jyu4-gwo2 ngo5 jau5 jat1-go3 zo6-sau2, ngo5 wui5 giu3 keoi5 …)

▶ MANDO   如果我有一个助手，我会让他… (rú-guǒ wó yǒu yí-gè zhù-shǒu, wǒ huì ràng tā …)

▶ TAISHAN   如果我有一個助手，我會喊佢…

(ngui4-guo2 ngoi1 yiu1 yid2-goi1 juo3-siu2, ngoi1 voi5 ham1 kui1 …)

If I had an assistant, I would ask her to do administration (work).

▶ CANTO   如果我有一個助手，我會叫佢做行政。

(jyu4-gwo2 ngo5 jau5 jat1-go3 zo6-sau2, ngo5 wui5 giu3 keoi5 zou6 hang4-zing3)

▶ MANDO   如果我有一个助手，我会让她做行政。

(rú-guǒ wó yǒu yí-gè zhù-shǒu, wǒ huì ràng tā zuò xíng-zhèng)

▶ TAISHAN   如果我有一個助手，我會喊佢做行政。

(ngui4-guo2 ngoi1 yiu1 yid2-goi1 juo3-siu2, ngoi1 voi5 ham1 kui1 du1 hang4-jen1)

QUESTION

▶ CANTO   如果你有一個助手，你叫會佢做咩？

(jyu4-gwo2 nei5 jau5 jat1-go3 zo6-sau2, nei5 wui5 giu3 keoi5 zou6 me1?)

▶ MANDO   如果你有一个助手，你会让他做什么？

(rú-guǒ ní yǒu yí-gè zhù-shǒu, nǐ huì ràng tā zuò shén-me?)

▶ TAISHAN   如果你有一個助手，你會喊佢做乜？

(ngui4-guo2 nei1 yiu1 yid2-goi1 juo3-siu2, nei1 voi5 ham1 kui1 du1 mod2?)

Today my patience level was at … (points).

CANTO 我今日嘅耐性有…分。(ngo5 gam1-jat6 ge3 noi6-sing3 jau5 … fan1)

MANDO 我今天的耐心有…分。(wǒ jīn-tiān de nài-xīn yǒu … fēn)

TAISHAN 我今日嘅耐性有…分。(ngoi1 gim1-ngid5 ge1 noi3-lhen1 yiu1 … fun1)

Today my patience level was at 8.5 (points).

CANTO 我今日嘅耐性有8.5分。(ngo5 gam1-jat6 ge3 noi6-sing3 jau5 baat3-dim2-ng5 fan1)

MANDO 我今天的耐心有8.5分。(wǒ jīn-tiān de nài-xīn yǒu bā-dián-wǔ fēn)

TAISHAN 我今日嘅耐性有8.5分。(ngoi1 gim1-ngid5 ge1 noi3-lhen1 yiu1 bad1-iem2-ng2 fun1)

QUESTION

CANTO 由1到10, 你今日有幾多耐性? (jau4 jat1 dou3 sap6, nei5 gam1-jat6 jau5 gei2-do1 noi6-sing3?)

MANDO 从1到10, 你今天有多少耐心? (cóng yī dào shí, nǐ jīn-tiān yǒu duō-shǎo nài-xīn?)

TAISHAN 由1到10, 你今日有幾多耐性? (yiu4 yid2 ao1 sib3, nei1 gim1-ngid5 yiu1 gei2-uo1 noi3-lhen1?)

... is overpriced.

CANTO ...價錢太貴。(... gaa3-cin4 taai3 gwai3)

MANDO ...价钱太贵。(... jià-qián tài guì)

TAISHAN ...好價得濟。(... hao2-ga1 ag1-dai3)

Brown sugar bubble tea is overpriced.

CANTO 黑糖珍珠奶茶價錢太貴。(hak1 tong4 zan1-zyu1 naai5 caa4 gaa3-cin4 taai3 gwai3)

MANDO 黑糖珍珠奶茶价钱太贵。(hēi táng zhēn-zhū nǎi chá jià-qián tài guì)

TAISHAN 黑糖珍珠奶茶好價得濟。(hag2 hong4 jin1-ji1 nai5 ca4 hao2-ga1 ag1-dai3)

QUESTION

CANTO 你買啲咩價錢太貴? (nei5 maai5 di1 me1 gaa3-cin4 taai3 gwai3?)

MANDO 你买的什么价钱太贵? (ní mǎi de shén-me jià-qián tài guì?)

TAISHAN 你買尼乜好價得濟? (nei1 mai1 nai2 mod2 hao2-ga1 ag1-dai3?)

... represents my mood today.

CANTO ... 代表我今日嘅心情。(... doi6-biu2 ngo5 gam1-jat6 ge3 sam1-cing4)

MANDO ... 代表我今天的心情。(... dài-biáo wǒ jīn-tiān de xīn-qíng)

TAISHAN ... 代表我今日嘅心情。(... oi3-bieu2 ngoi1 gim1-ngid5 ge1 lhim1-ten4)

Light blue represents my mood today.

CANTO 淺藍色代表我今日嘅心情。

(cin2 laam4-sik1 doi6-biu2 ngo5 gam1-jat6 ge3 sam1-cing4)

MANDO 浅蓝色代表我今天的心情。

(qiǎn lán-sè dài-biáo wǒ jīn-tiān de xīn-qíng)

TAISHAN 淺藍色代表我今日嘅心情。

(ten2 lam4-sed2 oi3-bieu2 ngoi1 gim1-ngid5 ge1 lhim1-ten4)

QUESTION

CANTO 咩顏色代表你今日嘅心情? (me1 ngaan4-sik1 doi6-biu2 nei5 gam1-jat6 ge3 sam1-cing4?)

MANDO 什么颜色代表你今天的心情? (shén-me yán-sè dài-biáo nǐ jīn-tiān de xīn-qíng?)

TAISHAN 乜顏色代表你今日嘅心情? (mod2 ngan4-sed2 oi3-bieu2 nei1 gim1-ngid5 ge1 lhim1-ten4)

This weekend I have to ...

▶CANTO 呢個週末我要... (ni1-go3 zau1-mut6 ngo5 jiu3 ...)

▶MANDO 这个周末我要... (zhè-ge zhōu-mò wǒ yào ...)

▶TAISHAN 該個週末我要... (koi5-goi1 jiu1-mod32 ngoi1 yieu1 ...)

This weekend I have to rest.

▶CANTO 呢個週末我要休息。(ni1-go3 zau1-mut6 ngo5 jiu3 jau1-sik1)

▶MANDO 这个周末我要休息。(zhè-ge zhōu-mò wǒ yào xiū-xi)

▶TAISHAN 該個週末我要休息。(koi5-goi1 jiu1-mod32 ngoi1 yieu1 hiu1-lhed2)

QUESTION

▶CANTO 呢個週末你有咩安排? (ni1-go3 zau1-mut6 nei5 jau5 me1 on1-paai4?)

▶MANDO 这个周末你有什么安排? (zhè-ge zhōu-mò ní yǒu shén-me ān-pái?)

▶TAISHAN 該個週末你有乜安排? (koi5-goi1 jiu1-mod32 nei1 yiu1 mod2 on1-pai4?)

I did have enough sleep.
- **CANTO** 我夠瞓。(ngo5 gau3 fan3)
- **MANDO** 我睡饱。(wǒ shuì bǎo)
- **TAISHAN** 我夠瞓。(ngoi1 geu1 fun1)

I didn't have enough sleep.
- **CANTO** 我唔夠瞓。(ngo5 m4 gau3 fan3)
- **MANDO** 我睡不饱。(wǒ shuì bù bǎo)
- **TAISHAN** 我唔夠瞓。(ngoi1 m4 geu1 fun1)

QUESTION
- **CANTO** 你夠唔夠瞓? (nei5 gau3 m4 gau3 fan3?)
- **MANDO** 你睡饱了吗? (nǐ shuì bǎo le ma?)
- **TAISHAN** 你夠瞓嗎? (nei1 geu1 fun1 ma1?)

I ... invest money.

CANTO 我 ... 投资。(ngo5 ... tau4-zi1)

MANDO 我 ... 投资。(wǒ ... tóu-zī)

TAISHAN 我 ... 投资。(ngoi1 ... heu4-du1)

I invest a little money.

CANTO 我有投资少少。(ngo5 jau5 tau4-zi1 siu2-siu2)

MANDO 我有投资一点点。(wó yǒu tóu-zī yì-dián-diǎn)

TAISHAN 我有投資捏多。(ngoi1 yiu1 heu4-du1 nid2-uo52)

QUESTION

CANTO 你有冇投资? (nei5 jau5 mou5 tau4-zi1?)

MANDO 你有投资吗? (ní yǒu tóu-zī ma?)

TAISHAN 你有冇投資? (nei1 yiu1 mao1 heu4-du1?)

Today I ate … healthily.

▸CANTO 我今日食得…健康。(ngo5 gam1-jat6 sik6 dak1 … gin6-hong1)

▸MANDO 我今天吃得…健康。(wǒ jīn-tiān chī de … jiàn-kāng)

▸TAISHAN 我今日吃得…健康。(ngoi1 gim1-ngid5 hieg1 ag2 … gen3-hong1)

Today I didn't eat very healthily.

▸CANTO 我今日食得唔係好健康。

(ngo5 gam1-jat6 sik6 dak1 m4 hai6 hou2 gin6-hong1)

▸MANDO 我今天吃得不是很健康。

(wǒ jīn-tiān chī de bú shì hěn jiàn-kāng)

▸TAISHAN 我今日吃得唔係好健康。

(ngoi1 gim1-ngid5 hieg1 ag2 m4 hai3 hao2 gen3-hong1)

QUESTION

▸CANTO 你今日食得健唔健康? (nei5 gam1-jat6 sik6 dak1 gin6 m4 gin6-hong1?)

▸MANDO 你今天吃得健康吗? (nǐ jīn-tiān chī de jiàn-kāng ma?)

▸TAISHAN 你今日吃得健唔健康? (nei1 gim1-ngid5 hieg1 ag2 gen3 m4 gen3-hong1?)

Today I am celebrating …
CANTO 今日我慶祝… (gam1-jat6 ngo5 hing3-zuk1 …)
MANDO 今天我庆祝… (jīn-tiān wǒ qìng-zhù …)
TAISHAN 今日我慶祝… (gim1-ngid5 ngoi1 hen1-jug2 …)

Today I am celebrating an anniversary.
CANTO 今日我慶祝週年紀念。(gam1-jat6 ngo5 hing3-zuk1 zau1-nin4 gei2-nim6)
MANDO 今天我庆祝周年纪念。(jīn-tiān wǒ qìng-zhù zhōu-nián jì-niàn)
TAISHAN 今日我慶祝週年紀念。(gim1-ngid5 ngoi1 hen1-jug2 jiu1-nen4 gei2-niem3)

QUESTION

CANTO 今日你有咩慶祝? (gam1-jat6 nei5 jau5 me1 hing3-zuk1?)
MANDO 今天你有什么庆祝? (jīn-tiān ní yǒu shén-me qìng-zhù?)
TAISHAN 今日你有乜慶祝? (gim1-ngid5 nei1 yiu1 mod2 hen1-jug2?)

I treat the Earth …

▶CANTO 我對地球… (ngo5 deoi3 dei6-kau4 …)

▶MANDO 我对地球… (wǒ duì dì-qiú …)

▶TAISHAN 我對地球… (ngoi1 ui1 ei3-kiu4 …)

I treat the earth not well enough.

▶CANTO 我對地球唔夠好。(ngo5 deoi3 dei6-kau4 m4 gau3 hou2)

▶MANDO 我对地球不够好。(wǒ duì dì-qiú bú gòu hǎo)

▶TAISHAN 我對地球唔夠好。(ngoi1 ui1 ei3-kiu4 m4 geu1 hao2)

QUESTION

▶CANTO 你對地球有幾好? (nei5 deoi3 dei6-kau4 jau5 gei2 hou2?)

▶MANDO 你对地球有多好? (nǐ duì dì-qiú yǒu duō hǎo?)

▶TAISHAN 你對地球有幾好? (nei1 ui1 ei3-kiu4 yiu1 gei2 hao2?)

I want to read … for my next book.

CANTO 我下一本書想睇… (ngo5 haa6 jat1-bun2 syu1 soeng2 tai2 …)

MANDO 我下一本书想看… (wǒ xià yì-běn shū xiǎng kàn …)

TAISHAN 我下一本書想睇… (ngoi1 ha3 yid2-bon2 si1 lhieng2 hai2 …)

I want to read "The Old Man and the Sea" for my next book.

CANTO 我下一本書想睇『老人與海』。

(ngo5 haa6 jat1-bun2 syu1 soeng2 tai2 "lou5-jan4 jyu5 hoi2")

MANDO 我下一本书想看《老人與海》。

(wǒ xià yì-běn shū xiǎng kàn "lǎo-rén yú hǎi")

TAISHAN 我下一本書想睇『老人與海』。

(ngoi1 ha3 yid2-bon2 si1 lhieng2 hai2 "lao2-ngin4 yi5 hoi2")

QUESTION

CANTO 你下一本書想睇咩? (nei5 haa6 jat1-bun2 syu1 soeng2 tai2 me1?)

MANDO 你下一本书想看什么? (nǐ xià yì-běn shū xiǎng kàn shén-me?)

TAISHAN 你下一本書想睇乜? (nei1 ha3 yid2-bon2 si1 lhieng2 hai2 mod2?)

I am craving …
- CANTO 我勁想食… (ngo5 ging6 soeng2 sik6 …)
- MANDO 我超想吃… (wǒ chāo xiǎng chī …)
- TAISHAN 我超想吃… (ngoi1 cieu1 lhieng2 hieg1 …)

I am craving sashimi.
- CANTO 我勁想食魚生。(ngo5 ging6 soeng2 sik6 jyu4-saang1)
- MANDO 我超想吃生魚片。(wǒ chāo xiǎng chī shēng-yú-piàn)
- TAISHAN 我超想食魚生。(ngoi1 cieu1 lhieng2 hieg1 ngui4-sang1)

QUESTION

- CANTO 你勁想食咩? (nei5 ging6 soeng2 sik6 me1?)
- MANDO 你超想吃什么? (nǐ chāo xiǎng chī shén-me?)
- TAISHAN 你超想吃乜? (nei1 cieu1 lhieng2 hieg1 mod2?)

My health is …

▶CANTO 我身體… (ngo5 san1-tai2 …)

▶MANDO 我身体… (wǒ shēn-tǐ …)

▶TAISHAN 我身體… (ngoi1 sin1-hai2 …)

My health is pretty good.

▶CANTO 我身體幾好。(ngo5 san1-tai2 gei2 hou2)

▶MANDO 我身体挺好的。(wǒ shēn-tǐ tíng hǎo de)

▶TAISHAN 我身體幾好。(ngoi1 sin1-hai2 gei2 hao2)

QUESTION

▶CANTO 你身體點樣? (nei5 san1-tai2 dim2-joeng2?)

▶MANDO 你身体怎么样? (nǐ shēn-tí zěn-me-yàng?)

▶TAISHAN 你身體幾浩? (nei1 sin1-hai2 gei2-hao52?)

Today I feel …

▶CANTO 我今日覺得… (ngo5 gam1-jat6 gok3-dak1 …)

▶MANDO 我今天觉得… (wǒ jīn-tiān jué-de …)

▶TAISHAN 我今日覺得… (ngoi1 gim2-ngid5 gog1-ag2 …)

Today I feel a little tired.

▶CANTO 我今日覺得有少少攰。 (ngo5 gam1-jat6 gok3-dak1 jau5 siu2-siu2 gui6)

▶MANDO 我今天觉得有一点点累。 (wǒ jīn-tiān jué-de yǒu yì-dián-diǎn lèi)

▶TAISHAN 我今日覺得有少少攰。 (ngoi1 gim2-ngid5 gog1-ag2 yiu1 sieu2-sieu2 gui3)

QUESTION

▶CANTO 你今日覺得點? (nei5 gam1-jat6 gok3-dak1 dim2?)

▶MANDO 你今天觉得怎么样? (nǐ jīn-tiān jué-de zěn-me-yàng?)

▶TAISHAN 你今日覺得幾浩? (nei1 gim1-ngid5 gog1-ag2 gei2-hao52?)

Today I spent … using my phone.

CANTO 我今日用手機用咗… (ngo5 gam1-jat6 jung6 sau2-gei1 jung6 zo2 …)

MANDO 我今天用手机用了… (wǒ jīn-tiān yòng shǒu-jī yòng le …)

TAISHAN 我今日用手機用誒… (ngoi1 gim1-ngid5 yung3 siu2-gei12 yung3 e1 …)

Today I spent 3 hours using my phone.

CANTO 我今日用手機用咗3個鐘。

(ngo5 gam1-jat6 jung6 sau2-gei1 jung6 zo2 saam1-go3 zung1)

MANDO 我今天用手机用了3个小时。

(wǒ jīn-tiān yòng shǒu-jī yòng le sān-gè xiǎo-shí)

TAISHAN 我今日用手機用誒3個鐘。

(ngoi1 gim1-ngid5 yung3 siu2-gei12 yung3 e1 lham1-goi1 jung12)

QUESTION

CANTO 你今日用手機用咗幾耐? (nei5 gam1-jat6 jung6 sau2-gei1 jung6 zo2 gei2-noi6?)

MANDO 你今天用手机用了多久? (nǐ jīn-tiān yòng shǒu-jī yòng le duō-jiǔ?)

TAISHAN 你今日用手機用誒幾久? (nei1 gim1-ngid5 yung3 siu2-gei12 yung3 e1 gei2-giu2?)

My appetite today is ...
- ▶CANTO 我今日嘅胃口... (ngo5 gam1-jat6 ge3 wai6-hau2 ...)
- ▶MANDO 我今天的胃口... (wǒ jīn-tiān de wèi-kǒu ...)
- ▶TAISHAN 我今日嘅胃口... (ngoi1 gim1-ngid5 ge1 vei3-heu2 ...)

My appetite today is very good.
- ▶CANTO 我今日嘅胃口好好。(ngo5 gam1-jat6 ge3 wai6-hau2 hou2 hou2)
- ▶MANDO 我今天的胃口很好。(wǒ jīn-tiān de wèi-kǒu hén hǎo)
- ▶TAISHAN 我今日嘅胃口好好。(ngoi1 gim1-ngid5 ge1 vei3-heu2 hao2 hao2)

QUESTION
- ▶CANTO 你今日嘅胃口點? (nei5 gam1-jat6 ge3 wai6-hau2 dim2?)
- ▶MANDO 你今天的胃口怎么样? (nǐ jīn-tiān de wèi-kóu zěn-me-yàng?)
- ▶TAISHAN 你今日嘅胃口幾浩? (nei1 gim1-ngid5 ge1 vei3-heu2 gei2-hao52?)

I can't stop talking about …
- ▶CANTO 我一味唔停噉講… (ngo5 jat1-mei2 m4 ting4 gam2 gong2 …)
- ▶MANDO 我一直不停地讲… (wǒ yì-zhí bù tíng de jiǎng …)
- ▶TAISHAN 我一味唔停靠講… (ngoi1 yid2-mei32 m4 hen4 kao52 gong2 …)

I can't stop talking about an event.
- ▶CANTO 我一味唔停噉講一個活動。
  (ngo5 jat1-mei2 m4 ting4 gam2 gong2 jat1-go3 wut6-dung6)
- ▶MANDO 我一直不停地讲一个活动。
  (wǒ yì-zhí bù tíng de jiǎng yí-gè huó-dòng)
- ▶TAISHAN 我一味唔停靠講一個活動。
  (ngoi1 yid2-mei32 m4 hen4 kao52 gong2 yid2-goi1 vod3-ung3)

QUESTION

- ▶CANTO 你一味唔停噉講咩? (nei5 jat1-mei2 m4 ting4 gam2 gong2 me1?)
- ▶MANDO 你一直不停地讲什么? (nǐ yì-zhí bù tíng de jiǎng shén-me?)
- ▶TAISHAN 你一味唔停靠講乜? (nei1 yid2-mei32 m4 hen4 kao52 gong2 mod2?)

My last text message was sent to ...
- **CANTO** 我上一條短信係發畀... (ngo5 soeng6 jat1-tiu4 dyun2-seon3 hai6 faat3 bei2 ...)
- **MANDO** 我上一条短信是发给... (wǒ shàng yì-tiáo duǎn-xìn shì fā gěi ...)
- **TAISHAN** 我上一條短信係發畀... (ngoi1 sieng3 yid2-hieu4 on2-lhin1 hai3 fad2 ei2 ...)

My last text message was sent to Amy.
- **CANTO** 我上一條短信係發畀Amy。
  (ngo5 soeng6 jat1-tiu4 dyun2-seon3 hai6 faat3 bei2 Amy)
- **MANDO** 我上一条短信是发给Amy。
  (wǒ shàng yì-tiáo duǎn-xìn shì fā gěi Amy)
- **TAISHAN** 我上一條短信係發畀Amy。
  (ngoi1 sieng3 yid2-hieu4 on2-lhin1 hai3 fad2 ei2 Amy)

QUESTION

- **CANTO** 你上一條短信係發畀邊個? (nei5 soeng6 jat1-tiu4 dyun2-seon3 hai6 faat3 bei2 bin1-go3?)
- **MANDO** 你上一条短信是发给谁? (nǐ shàng yì-tiáo duǎn-xìn shì fā gěi shéi?)
- **TAISHAN** 你上一條短信係發畀誰? (nei1 sieng3 yid2-hieu4 on2-lhin1 hai3 fad2 ei2 sui52?)

May

Today's ... was very unforgettable.
▶CANTO 今日嘅...好難忘。(gam1-jat6 ge3 ... hou2 naan4-mong4)
▶MANDO 今天的...很难忘。(jīn-tiān de ... hěn nán-wàng)
▶TAISHAN 今日嘅...好難忘。(gim1-ngid5 ge1 ... hao2 nan4-mong4)

My friend's wedding today was very unforgettable.
▶CANTO 我朋友今日嘅婚禮好難忘。
(ngo5 pang4-jau5 gam1-jat6 ge3 fan1-lai5 hou2 naan4-mong4)
▶MANDO 我朋友今天的婚礼很难忘。
(wǒ péng-you jīn-tiān de hūn-lí hěn nán-wàng)
▶TAISHAN 我朋友今日嘅婚禮好難忘。
(ngoi1 pang4-yiu5 gim1-ngid5 ge1 fun1-lai5 hao2 nan4-mong4)

QUESTION

▶CANTO 今日啲咩好難忘? (gam1-jat6 di1 me1 hou2 naan4-mong4?)
▶MANDO 今天的什么很难忘? (jīn-tiān de shén-me hěn nán-wàng?)
▶TAISHAN 今日尼乜好難忘? (gim1-ngid5 nai2 mod2 hao2 nan4-mong4?)

I ... owe someone money.

CANTO 我…爭人錢。(ngo5 … zaang1 jan4 cin2)

MANDO 我…欠人钱。(wǒ … qiàn rén qián)

TAISHAN 我…爭偌錢。(ngoi1 … jang1 nieg2 ten42)

I don't owe anyone money.

CANTO 我冇爭人錢。(ngo5 mou5 zaang1 jan4 cin2)

MANDO 我没欠人钱。(wǒ méi qiàn rén qián)

TAISHAN 我冇爭偌錢。(ngoi1 mao1 jang1 nieg2 ten42)

QUESTION

CANTO 你有冇爭人錢? (nei5 jau5 mou5 zaang1 jan4 cin2?)

MANDO 你有没有欠人钱? (ní yǒu méi yǒu qiàn rén qián?)

TAISHAN 你有冇爭偌錢? (nei1 yiu1 mao1 jang1 nieg2 ten42?)

I slept ...
▶CANTO 我瞓得… (ngo5 fan3 dak1 …)
▶MANDO 我睡得… (wǒ shuì de …)
▶TAISHAN 我瞓得… (ngoi1 fun1 ag2 …)

I slept pretty well.
▶CANTO 我瞓得幾好。(ngo5 fan3 dak1 gei2 hou2)
▶MANDO 我睡得挺好的。(wǒ shuì de tíng hǎo de)
▶TAISHAN 我瞓得幾好。(ngoi1 fun1 ag2 gei2 hao2)

QUESTION
▶CANTO 你瞓得好唔好? (nei5 fan3 dak1 hou2 m4 hou2?)
▶MANDO 你睡得好吗? (nǐ shuì de hǎo ma?)
▶TAISHAN 你瞓得好嗎? (nei1 fun1 ag2 hao2 ma1?)

I want to have dinner with ...

CANTO 我想同...食晚飯。(ngo5 soeng2 tung4 ... sik6 maan5-faan6)

MANDO 我想跟...吃晚饭。(wó xiǎng gēn ... chī wǎn-fàn)

TAISHAN 我想同...食晚飯。(ngoi1 lhieng2 hung4 ... hieg1 man5-fan3)

I want to have dinner with my friend (who is) in Hong Kong.

CANTO 我想同喺香港嘅朋友食晚飯。

(ngo5 soeng2 tung4 hai2 hoeng1-gong2 ge3 pang4-jau5 sik6 maan5-faan6)

MANDO 我想跟在香港的朋友吃晚饭。

(wó xiǎng gēn zài xiāng-gǎng de péng-yǒu chī wǎn-fàn)

TAISHAN 我想同到香港嘅朋友吃晚飯。

(ngoi1 lhieng2 hung4 ao1 hieng1-kong2 ge1 pang4-yiu5 hieg1 man5-fan3)

QUESTION

CANTO 你想同邊個食晚飯? (nei5 soeng2 tung4 bin1-go3 sik6 maan5-faan6?)

MANDO 你想跟谁吃晚饭? (ní xiǎng gēn shéi chī wǎn-fàn?)

TAISHAN 你想同誰吃晚飯? (nei1 lhieng2 hung4 sui52 hieg1 man5-fan3?)

I ... slouch.

CANTO 我...駝背。(ngo5 ... to4-bui3)

MANDO 我...驼背。(wǒ ... tuó-bèi)

TAISHAN 我...駝背。(ngoi1 ... huo4-boi52)

I always slouch.

CANTO 我成日都駝背。(ngo5 seng4-jat6 dou1 to4-bui3)

MANDO 我整天都驼背。(wó zhěng-tiān dōu tuó-bèi)

TAISHAN 我成日都駝背。(ngoi1 sieng4-ngid5 du2 huo4-boi52)

QUESTION

CANTO 你今日有冇駝背? (nei5 gam1-jat6 jau5 mou5 to4-bui3?)

MANDO 你今天有驼背吗? (nǐ jīn-tiān yǒu tuó-bèi ma?)

TAISHAN 你今日有冇駝背? (nei1 gim1-ngid5 yiu1 mao1 huo4-boi52?)

I have ... credit cards.

CANTO 我有...張信用卡。(ngo5 jau5 ... zoeng1 seon3-jung6 kaa1)

MANDO 我有...张信用卡。(wó yǒu ... zhāng xìn-yòng kǎ)

TAISHAN 我有...張信用卡。(ngoi1 yiu1 ... jieng1 lhin1-yung3 ka2)

I have 3 credit cards.

CANTO 我有三張信用卡。(ngo5 jau5 saam1-zoeng1 seon3-jung6 kaa1)

MANDO 我有三张信用卡。(wó yǒu sān-zhāng xìn-yòng kǎ)

TAISHAN 我有三張信用卡。(ngoi1 yiu1 lham1-jieng1 lhin1-yung3 ka2)

QUESTION

CANTO 你有幾張信用卡? (nei5 jau5 gei2-zoeng1 seon3-jung6 kaa1?)

MANDO 你有几张信用卡? (ní yóu jǐ-zhāng xìn-yòng kǎ?)

TAISHAN 你有幾張信用卡? (nei1 yiu1 gei2-jieng1 lhin1-yung3 ka2?)

I can't accept ...
▶CANTO 我接受唔到... (ngo5 zip3-sau6 m4 dou2 ...)
▶MANDO 我没法接受... (wǒ méi fǎ jiē-shòu ...)
▶TAISHAN 我冇辦法接受... (ngoi1 mao1 ban3-fad2 dieb2-siu3 ...)

I can't accept false assumptions.
▶CANTO 我接受唔到錯嘅假設。(ngo5 zip3-sau6 m4 dou2 co3 ge3 gaa2-cit3)
▶MANDO 我没法接受错的假设。(wǒ méi fǎ jiē-shòu cuò de jiǎ-shè)
▶TAISHAN 我冇辦法接受錯嘅假設。(ngoi1 mao1 ban3-fad2 dieb2-siu3 tuo1 ge1 ga2-sed2)

QUESTION
▶CANTO 你接受唔到咩? (nei5 zip3-sau6 m4 dou2 me1?)
▶MANDO 你没法接受什么? (nǐ méi fǎ jiē-shòu shén-me?)
▶TAISHAN 你冇辦法接受乜? (nei1 mao1 ban3-fad2 dieb2-siu3 mod?)

I (did) talk to my mom today.

CANTO 我今日有同我阿媽傾偈。(ngo5 gam1-jat6 jau5 tung4 ngo5 aa3-maa1 king1-gai2)

MANDO 我今天有跟我妈聊天。(wǒ jīn-tiān yǒu gēn wǒ mā liáo-tiān)

TAISHAN 我今日有同偓媽傾偈。(ngoi1 gim1-ngid5 yiu1 hung4 ngoi5 ma2 ken1-gai12)

I did not talk to my mom today.

CANTO 我今日冇同我阿媽傾偈。(ngo5 gam1-jat6 mou5 tung4 ngo5 aa3-maa1 king1-gai2)

MANDO 我今天没有跟我妈聊天。(wǒ jīn-tiān méi-yǒu gēn wǒ mā liáo-tiān)

TAISHAN 我今日冇同偓媽傾偈。(ngoi1 gim1-ngid5 mao1 hung4 ngoi5 ma2 ken1-gai12)

QUESTION

CANTO 你今日有冇同你阿媽傾偈? (nei5 gam1-jat6 jau5 mou5 tung4 nei5 aa3-maa1 king1-gai2?)

MANDO 你今天有跟你妈聊天吗? (nǐ jīn-tiān yǒu gēn nǐ mā liáo-tiān ma?)

TAISHAN 你今日有冇同偌媽傾偈? (nei1 gim1-ngid5 yiu1 mao1 hung4 nieg5 ma2 ken1-gai12?)

My room is missing …
- CANTO 我間房少咗… (ngo5 gaan1 fong2 siu2 zo2 …)
- MANDO 我的房间少了… (wǒ de fáng-jiān shǎo le …)
- TAISHAN 我間房少誒… (ngoi1 gan1 fong52 sieu2 e1 …)

My room is missing (some) bonsai.
- CANTO 我間房少咗盆栽。(ngo5 gaan1 fong2 siu2 zo2 pun4-zoi1)
- MANDO 我的房间少了盆栽。(wǒ de fáng-jiān shǎo le pén-zāi)
- TAISHAN 我間房少誒盆栽。(ngoi1 gan1 fong52 sieu2 e1 pun5-doi1)

QUESTION

- CANTO 你間房少咗咩? (nei5 gaan1 fong2 siu2 zo2 me1?)
- MANDO 你的房间少了什么? (nǐ de fáng-jiān shǎo le shén-me?)
- TAISHAN 你間房少誒乜? (nei1 gan1 fong52 sieu2 e1 mod2?)

My shopping list has ...
- **CANTO** 我嘅購物清單有… (ngo5 ge3 kau3-mat6 cing1-daan1 jau5 …)
- **MANDO** 我的购物清单有… (wǒ de gòu-wù qīng-dān yǒu …)
- **TAISHAN** 我嘅購物清單有… (ngoi1 ge1 keu1-mod3 ten1-an12 yiu1 …)

My shopping list has vegetables and skincare products.
- **CANTO** 我嘅購物清單有菜同護膚品。
  (ngo5 ge3 kau3-mat6 cing1-daan1 jau5 coi3 tung4 wu6-fu1-ban2)
- **MANDO** 我的购物清单有菜和护肤品。
  (wǒ de gòu-wù qīng-dān yǒu cài hé hù-fū-pǐn)
- **TAISHAN** 我嘅購物清單有菜同護膚品。
  (ngoi1 ge1 keu1-mod3 ten1-an12 yiu1 toi1 hung4 vu3-fu1-bin2)

QUESTION

- **CANTO** 你嘅購物清單有咩? (nei5 ge3 kau3-mat6 cing1-daan1 jau5 me1?)
- **MANDO** 你的购物清单有什么? (nǐ de gòu-wù qīng-dān yǒu shén-me?)
- **TAISHAN** 你嘅購物清單有乜? (nei1 ge1 keu1-mod3 ten1-an12 yiu1 mod2?)

My mood today is ...
CANTO 我今日嘅心情... (ngo5 gam1-jat6 ge3 sam1-cing4 ...)
MANDO 我今天的心情... (wǒ jīn-tiān de xīn-qíng ...)
TAISHAN 我今日嘅心情... (ngoi1 gim1-ngid5 ge1 lhim1-ten4 ...)

My mood today is so-so.
CANTO 我今日嘅心情麻麻哋。(ngo5 gam1-jat6 ge3 sam1-cing4 maa4-maa2-dei2)
MANDO 我今天的心情一般般。(wǒ jīn-tiān de xīn-qíng yì-bān-bān)
TAISHAN 我今日嘅心情麻麻哋。(ngoi1 gim1-ngid5 ge1 lhim1-ten4 ma4-ma42-dei2)

QUESTION

CANTO 你今日嘅心情點? (nei5 gam1-jat6 ge3 sam1-cing4 dim2?)
MANDO 你今天的心情怎样? (nǐ jīn-tiān de xīn-qíng zěn-yàng?)
TAISHAN 你今日嘅心情幾浩? (nei1 gim1-ngid5 ge1 lhim1-ten4 gei2-hao52?)

Today I want to eat …
- **CANTO** 我今日想食… (ngo5 gam1-jat6 soeng2 sik6 …)
- **MANDO** 我今天想吃… (wǒ jīn-tiān xiǎng chī …)
- **TAISHAN** 我今日想吃… (ngoi1 gim1-ngid5 lhieng2 hieg1 …)

I want to eat beef (meat) balls today.
- **CANTO** 我今日想食牛肉丸。 (ngo5 gam1-jat6 soeng2 sik6 ngau4-juk6 jyun2)
- **MANDO** 我今天想吃牛肉丸。 (wǒ jīn-tiān xiǎng chī niú-ròu wán)
- **TAISHAN** 我今日想吃牛肉丸。 (ngoi1 gim1-ngid5 lhieng2 hieg1 ngeu4-ngug3 yon52)

QUESTION

- **CANTO** 你今日想食咩點心? (nei5 gam1-jat6 soeng2 sik6 me1 dim2-sam1?)
- **MANDO** 你今天想吃什么点心? (nǐ jīn-tiān xiǎng chī shén-me diǎn-xīn?)
- **TAISHAN** 你今日想吃乜點心? (nei1 gim1-ngid5 lhieng2 hieg1 mod2 iem2-lhim12?)

I am ... hungry.

▶CANTO 我...肚餓。(ngo5 ... tou5-ngo6)

▶MANDO 我...饿。(wǒ ... è)

▶TAISHAN 我...肚飢。(ngoi1 ... u2-gei1)

I am very hungry.

▶CANTO 我好肚餓。(ngo5 hou2 tou5-ngo6)

▶MANDO 我很饿。(wó hěn è)

▶TAISHAN 我好肚飢。(ngoi1 hao2 u2-gei1)

QUESTION

▶CANTO 你肚唔肚餓? (nei5 tou5 m4 tou5-ngo6?)

▶MANDO 你饿吗? (nǐ è ma?)

▶TAISHAN 你肚飢嗎? (nei1 u2-gei1 ma1?)

I want to see … now.

CANTO 我而家想見… (ngo5 ji4-gaa1 soeng2 gin3 …)

MANDO 我现在想见… (wǒ xiàn-zài xiǎng jiàn …)

TAISHAN 我該時想見… (ngoi1 koi5-si52 lhieng2 gen1 …)

I want to see my friends now.

CANTO 我而家想見我啲朋友。(ngo5 ji4-gaa1 soeng2 gin3 ngo5 di1 pang4-jau5)

MANDO 我现在想见我的朋友。(wǒ xiàn-zài xiǎng jiàn wǒ de péng-yǒu)

TAISHAN 我該時想見我尼朋友。(ngoi1 koi5-si52 lhieng2 gen1 ngoi1 nai2 pang4-yiu5)

QUESTION

CANTO 你而家想見邊個? (nei5 ji4-gaa1 soeng2 gin3 bin1-go3?)

MANDO 你现在想见谁? (nǐ xiàn-zài xiǎng jiàn shéi?)

TAISHAN 你該時想見誰? (nei1 koi5-si52 lhieng2 gen1 sui52?)

... is a necessity for my daily life.

▶CANTO　... 係我日常生活嘅必備。(... hai6 ngo5 jat6-soeng4 sang1-wut6 ge3 bit1-bei6)

▶MANDO　...是我日常生活的必备。(... shì wǒ rì-cháng shēng-huó de bì-bèi)

▶TAISHAN　... 係我日常生活嘅必備。(... hai3 ngoi1 ngid3-sieng4 sang1-vod3 ge1 bid2-bei3)

The computer is a necessity for my daily life.

▶CANTO　電腦係我日常生活嘅必備。
　　　　　(din6-nou5 hai6 ngo5 jat6-soeng4 sang1-wut6 ge3 bit1-bei6)

▶MANDO　电脑是我日常生活的必备。
　　　　　(diàn-nǎo shì wǒ rì-cháng shēng-huó de bì-bèi)

▶TAISHAN　電腦係我日常生活嘅必備。
　　　　　(en3-nao2 hai3 ngoi1 ngid3-sieng4 sang1-vod3 ge1 bid2-bei3)

QUESTION

▶CANTO　咩係你日常生活嘅必備? (me1 hai6 nei5 jat6-soeng4 sang1-wut6 ge3 bit1-bei6?)

▶MANDO　什么是你日常生活的必备? (shén-me shì nǐ rì-cháng shēng-huó de bì-bèi?)

▶TAISHAN　乜係你日常生活嘅必備? (mod2 hai3 nei1 ngid3-sieng4 sang1-vod3 ge1 bid2-bei3?)

I am ... environmentally friendly.
- **CANTO** 我...環保。(ngo5... waan4-bou2)
- **MANDO** 我...环保。(wǒ ... huán-bǎo)
- **TAISHAN** 我...環保。(ngoi1 ... van4-bao2)

I am quite environmentally friendly.
- **CANTO** 我幾環保。(ngo5 gei2 waan4-bou2)
- **MANDO** 我挺环保。(wó tǐng huán-bǎo)
- **TAISHAN** 我幾環保。(ngoi1 gei2 van4-bao2)

QUESTION

- **CANTO** 你有幾環保? (nei5 jau5 gei2 waan4-bou2?)
- **MANDO** 你有多环保? (nǐ yǒu duō huán-bǎo?)
- **TAISHAN** 你有幾環保? (nei1 yiu1 gei2 van4-bao2?)

I listened to … today.
> CANTO 我今日聽咗…(ngo5 gam1-jat6 teng1 zo2 …)
> MANDO 我今天听了…(wǒ jīn-tiān tīng le …)
> TAISHAN 我今日聽誒… (ngoi1 gim1-ngid5 hieng1 e1 …)

I listened to jazz today.
> CANTO 我今日聽咗爵士樂。(ngo5 gam1-jat6 teng1 zo2 zoek3-si6 ngok6)
> MANDO 我今天听了爵士乐。(wǒ jīn-tiān tīng le jué-shì yuè)
> TAISHAN 我今日聽誒爵士樂。(ngoi1 gim1-ngid5 hieng1 e1 dieg2-lhu3 ngog3)

QUESTION
> CANTO 你今日聽咗咩音樂? (nei5 gam1-jat6 teng1 zo2 me1 jam1-ngok6?)
> MANDO 你今天听了什么音乐? (nǐ jīn-tiān tīng le shén-me yīn-yuè?)
> TAISHAN 你今日聽誒乜音樂? (nei1 gim1-ngid5 hieng1 e1 mod2 yim1-ngog3?)

I ... take medication.

CANTO 我...食藥。(ngo5 ... sik6 joek6)

MANDO 我...吃药。(wǒ ... chī yào)

TAISHAN 我...吃藥。(ngoi1 ... hieg1 yieg5)

I don't take any medication.

CANTO 我冇食藥。(ngo5 mou5 sik6 joek6)

MANDO 我没吃药。(wǒ méi chī yào)

TAISHAN 我冇吃藥。(ngoi1 mao1 hieg1 yieg5)

QUESTION

CANTO 你有冇食藥? (nei5 jau5 mou5 sik6 joek6?)

MANDO 你有没有吃药? (ní yǒu méi yǒu chī yào?)

TAISHAN 你有冇吃藥? (nei1 yiu1 mao1 hieg1 yieg5?)

I believe …
CANTO 我信… (ngo5 seon3 …)
MANDO 我相信… (wǒ xiāng-xìn …)
TAISHAN 我信… (ngoi1 lhin1 …)

I believe that effort will pay off.
CANTO 我信付出會有回報。(ngo5 seon3 fu6-ceot1 wui5 jau5 wui4-bou3)
MANDO 我相信付出会有回报。(wǒ xiāng-xìn fù-chū huì yǒu huí-bào)
TAISHAN 我信付出會有回報。(ngoi1 lhin1 fu3-cud2 voi5 yiu1 voi4-bao1)

QUESTION

CANTO 你信咩? (nei5 seon3 me1?)
MANDO 你相信什么? (nǐ xiāng-xìn shén-me?)
TAISHAN 你信乜? (nei1 lhin1 mod2?)

Today I … apologize to someone.

▶CANTO 我今日…同人道歉。(ngo5 gam1-jat6 … tung4 jan4 dou6-hip3)

▶MANDO 我今天…跟人道歉。(wǒ jīn-tiān … gēn rén dào-qiàn)

▶TAISHAN 我今日…同偌道歉。(ngoi1 gim1-ngid5 … hung4 nieg2 ao3-hieb2)

Today I didn't apologize to anyone.

▶CANTO 我今日冇同人道歉。(ngo5 gam1-jat6 mou5 tung4 jan4 dou6-hip3)

▶MANDO 我今天没跟人道歉。(wǒ jīn-tiān méi gēn rén dào-qiàn)

▶TAISHAN 我今日冇同偌道歉。(ngoi1 gim1-ngid5 mao1 hung4 nieg2 ao3-hieb2)

QUESTION

▶CANTO 你今日有冇同人道歉? (nei5 gam1-jat6 jau5 mou5 tung4 jan4 dou6-hip3?)

▶MANDO 你今天有跟人道歉吗? (nǐ jīn-tiān yǒu gēn rén dào-qiàn ma?)

▶TAISHAN 你今日有冇同偌道歉? (nei1 gim1-ngid5 yiu1 mao1 hung4 nieg2 ao3-hieb2?)

If I could relocate for a year, I would go to …
▶CANTO 如果我可以移居一年，我想去 …
(jyu4-gwo2 ngo5 ho2-ji5 ji4-geoi1 jat1 nin4, ngo5 soeng2 heoi3 …)
▶MANDO 如果我可以移居一年，我想去 … (rú-guó wǒ ké-yǐ yí-jū yì nián, wó xiǎng qù …)
▶TAISHAN 如果我可以移居一年，我想去 …
(ngui4-guo2 ngoi1 huo2-yi5 yi4-gui1 yid2-nen4, ngoi1 lhieng2 hui1 …)
If I could relocate for a year, I would go to Hong Kong.
▶CANTO 如果我可以移居一年，我想去香港。
(jyu4-gwo2 ngo5 ho2-ji5 ji4-geoi1 jat1 nin4, ngo5 soeng2 heoi3 hoeng1-gong2)
▶MANDO 如果我可以移居一年，我想去香港。
(rú-guó wǒ ké-yǐ yí-jū yì nián, wó xiǎng qù xiāng-gǎng)
▶TAISHAN 如果我可以移居一年，我想去香港。
(ngui4-guo2 ngoi1 huo2-yi5 yi4-gui1 yid2 nen4, ngoi1 lhieng2 hui1 hieng1-kong2)

QUESTION

▶CANTO 如果你可以移居一年，你想去邊度？
(jyu4-gwo2 nei5 ho2-ji5 ji4-geoi1 jat1 nin4, nei5 soeng2 heoi3 bin1-dou6?)
▶MANDO 如果你可以移居一年，你想去哪里？
(rú-guó nǐ ké-yǐ yí-jū yì nián, nǐ xiǎng qù ná-lǐ?)
▶TAISHAN 如果你可以移居一年，你想去乃？
(ngui4-guo2 nei1 huo2-yi5 yi4-gui1 yid2 nen4, nei1 lhieng2 hui1 nai52?)

I ... leftover food.

CANTO 我將剩餸... (ngo5 zoeng1 zing6 sung3 ...)

MANDO 我把剩菜... (wó bǎ shèng cài ...)

TAISHAN 我將剩餸... (ngoi1 dieng1 jen3 lhung5 ...)

I put today's leftover food in the fridge.

CANTO 我將剩餸放入雪柜。(ngo5 zoeng1 zing6 sung3 fong3 jap6 syut3-gwai6)

MANDO 我把剩菜放进冰箱。(wó bǎ shèng cài fàng jìn bīng-xiāng)

TAISHAN 我將剩餸放入冰箱。(ngoi1 dieng1 jen3 lhung5 fong1 yib3 ben1-lhieng1)

QUESTION

CANTO 你點處理剩餸? (nei5 dim2 cyu5-lei5 zing6 sung3?)

MANDO 你怎么处理剩菜? (ní zěn-me chú-lǐ shèng cài?)

TAISHAN 你幾浩處理剩餸? (nei1 gei2-hao52 cui2-lei5 jen3 lhung5?)

... brings me hope.

▶CANTO ... 帶畀我希望。(... daai3 bei2 ngo5 hei1-mong6)

▶MANDO ... 帶给我希望。(... dài géi wǒ xī-wàng)

▶TAISHAN ... 帶畀我希望。(... ai1 ei2 ngoi1 hei1-mong3)

Good weather brings me hope.

▶CANTO 好嘅天氣帶畀我希望。(hou2 ge3 tin1-hei3 daai3 bei2 ngo5 hei1-mong6)

▶MANDO 好的天气帶给我希望。(hǎo de tiān-qì dài géi wǒ xī-wàng)

▶TAISHAN 好嘅天氣帶畀我希望。(hao2 ge1 hen1-hei1 ai1 ei2 ngoi1 hei1-mong3)

QUESTION

▶CANTO 咩帶畀你希望? (me1 daai3 bei2 nei5 hei1-mong6?)

▶MANDO 什么帶给你希望? (shén-me dài géi nǐ xī-wàng?)

▶TAISHAN 乜帶畀你希望? (mod2 ai1 ei2 nei1 hei1-mong3)

I am learning ...

CANTO 我學緊 ... (ngo5 hok6 gan2 ...)

MANDO 我在学... (wǒ zài xué ...)

TAISHAN 我學緊 ... (ngoi1 hog3 gin2 ...)

I am learning Italian.

CANTO 我學緊意大利文。(ngo5 hok6 gan2 ji3-daai6-lei6-man2)

MANDO 我在学意大利语。(wǒ zài xué yì-dà-lì-yǔ)

TAISHAN 我學緊意大利文。(ngoi1 hog3 gin2 yi1-ai3-lei3-mun42)

QUESTION

CANTO 你有冇學緊新嘅嘢? (nei5 jau5 mou5 hok6 gan2 san1 ge3 je5?)

MANDO 你在学新的东西吗? (nǐ zài xué xīn de dōng-xi ma?)

TAISHAN 你有冇學緊新嘅嘢? (nei1 yiu1 mao1 hog3 gin2 lhin1 ge1 yie1?)

I am planning ...
CANTO 我準備緊… (ngo5 zeon2-bei6 gan2 …)
MANDO 我在准备… (wǒ zài zhǔn-bèi …)
TAISHAN 我準備緊… (ngoi1 jun2-bei3 gin2 …)

I am planning a road trip.
CANTO 我準備緊自駕遊。(ngo5 zeon2-bei6 gan2 zi6-gaa3-jau4)
MANDO 我在准备自驾游。(wǒ zài zhǔn-bèi zì-jià-yóu)
TAISHAN 我準備緊自駕遊。(ngoi1 jun2-bei3 gin2 du3-ga1-yiu4)

QUESTION
CANTO 你準備緊咩? (nei5 zeon2-bei6 gan2 me1?)
MANDO 你在准备什么? (nǐ zài zhǔn-bèi shén-me?)
TAISHAN 你準備緊乜? (nei1 jun2-bei3 gin2 mod2?)

Today I ... the dishes.

CANTO 我今日...洗碗。(ngo5 gam1-jat6 ... sai2 wun2)

MANDO 我今天...洗碗。(wǒ jīn-tiān ... xí wǎn)

TAISHAN 我今日...洗碗。(ngoi1 gim1-ngid5 ... lhai2 von2)

Today I did the dishes.

CANTO 我今日有洗碗。(ngo5 gam1-jat6 jau5 sai2 wun2)

MANDO 我今天有洗碗。(wǒ jīn-tiān yǒu xí wǎn)

TAISHAN 我今日有洗碗。(ngoi1 gim1-ngid5 yiu1 lhai2 von2)

QUESTION

CANTO 你今日有冇洗碗? (nei5 gam1-jat6 jau5 mou5 sai2 wun2?)

MANDO 你今天有洗碗吗? (nǐ jīn-tiān yǒu xí wǎn ma?)

TAISHAN 你今日有冇洗碗? (nei1 gim1-ngid5 yiu1 mao1 lhai2 von2?)

... is rewarding.

CANTO ... 係有回報嘅。(... hai6 jau5 wui4-bou3 ge3)

MANDO ... 是有回报的。(... shì yǒu huí-bào de)

TAISHAN ... 係有回報嘅。(... hai3 yiu1 voi4-bao1 ge1)

Doing what I like is rewarding.

CANTO 做我鍾意嘅嘢係有回報嘅。(zou6 ngo5 zung1-ji3 ge3 je5 hai6 jau5 wui4-bou3 ge3)

MANDO 做我喜欢的事情是有回报的。(zuò wó xǐ huān de shì-qíng shì yǒu huí-bào de)

TAISHAN 做我鍾意嘅嘢係有回報嘅。(du1 ngoi1 jung1-yi1 ge1 yie1 hai3 yiu1 voi4-bao1 ge1)

QUESTION

CANTO 做咩係有回報㗎? (zou6 me1 hai6 jau5 wui4-bou3 gaa3?)

MANDO 做什么是有回报的? (zuò shén-me shì yǒu huí bào-de?)

TAISHAN 做乜係有回報㗎? (du1 mod2 hai3 yiu1 voi4-bao1 ga1?)

My favorite outdoor activity is ....
- **CANTO** 我最鍾意嘅戶外活動係… (ngo5 zeoi3 zung1-ji3 ge3 wu6-ngoi6 wut6-dung6 hai6 …)
- **MANDO** 我最喜欢的户外活动是… (wǒ zuì xǐ-huān de hù-wài huó-dòng shì …)
- **TAISHAN** 我最鍾意嘅戶外活動係… (ngoi1 dui1 jung1-yi1 ge1 fu3-ngoi3 vod3-ung3 hai3 …)

My favorite outdoor activity is hiking.
- **CANTO** 我最鍾意嘅戶外活動係行山。
  (ngo5 zeoi3 zung1-ji3 ge3 wu6-ngoi6 wut6-dung6 hai6 haang4-saan1)
- **MANDO** 我最喜欢的户外活动是爬山。
  (wǒ zuì xǐ-huān de hù-wài huó-dòng shì pá-shān)
- **TAISHAN** 我最鍾意嘅戶外活動係爬山。
  (ngoi1 dui1 jung1-yi1 ge1 fu3-ngoi3 vod3-ung3 hai3 pa4-san1)

QUESTION

- **CANTO** 你最鍾意嘅戶外活動係咩? (nei5 zeoi3 zung1-ji3 ge3 wu6-ngoi6 wut6-dung6 hai6 me1?)
- **MANDO** 你最喜欢的户外活动是什么? (nǐ zuì xǐ-huān de hù-wài huó-dòng shì shén-me?)
- **TAISHAN** 你最鍾意嘅戶外活動係乜? (nei1 dui1 jung1-yi1 ge1 fu3-ngoi3 vod3-ung3 hai3 mod2?)

Today I made …
▶CANTO 我今日整咗… (ngo5 gam1-jat6 zing2 zo2 …)
▶MANDO 我今天做了… (wǒ jīn-tiān zuò le …)
▶TAISHAN 我今日整誒… (ngoi1 gim1-ngid5 jen2 e1 …)

Today I made tofu.
▶CANTO 我今日整咗豆腐。(ngo5 gam1-jat6 zing2 zo2 dau6-fu6)
▶MANDO 我今天做了豆腐。(wǒ jīn-tiān zuò le dòu-fu)
▶TAISHAN 我今日整誒豆腐。(ngoi1 gim1-ngid5 jen2 e1 eu3-fu3)

QUESTION

▶CANTO 你今日整咗咩? (nei5 gam1-jat6 zing2 zo2 me1?)
▶MANDO 你今天做了什么? (nǐ jīn-tiān zuò le shén-me?)
▶TAISHAN 你今日整誒乜? (nei1 gim1-ngid5 jen2 e1 mod2?)

I would describe today as …

▶CANTO 我會形容今日… (ngo5 wui5 jing4-jung4 gam1 jat6 …)

▶MANDO 我会形容今天… (wǒ huì xíng-róng jīn-tiān …)

▶TAISHAN 我會形容今日… (ngoi1 voi5 yen4-yung4 gim1-ngid5 …)

I would describe today as very relaxing, windy, and motivating.

▶CANTO 我會形容今日好輕鬆、大風、同有積極性。

(ngo5 wui5 jing4-jung4 gam1-jat6 hou2 hing1-sung1, daai6-fung1, tung4 jau5 zik1-gik6 sing3)

▶MANDO 我会形容今天很轻松、大风、跟有积极性。

(wǒ huì xíng-róng jīn-tiān hěn qīng-sōng, dà-fēng, gēn yǒu jī-jí xìng)

▶TAISHAN 我會形容今日好輕鬆、大風、同有積極性。

(ngoi1 voi5 yen4-yung4 gim1-ngid5 hao2 hen1-lhung1, ai3-fung1, hung4 yiu1 ded2-ged3 lhen1)

QUESTION

▶CANTO 你會用邊三個字嚟形容今日? (nei5 wui5 jung6 bin1 saam1-go3 zi6 lei4 jing4-jung4 gam1-jat6?)

▶MANDO 你会用哪三个字来形容今天? (nǐ huì yòng nǎ sān-gè zì lái xíng-róng jīn-tiān?)

▶TAISHAN 你會用哪三個字來形容今日? (nei1 voi5 yung3 nai5 lham1-goi1 du3 loi4 yen4-yung4 gim1-ngid5?)

I know …'s secret.

`CANTO` 我知道…嘅秘密。(ngo5 zi1-dou6 … ge3 bei3-mat6)

`MANDO` 我知道…的秘密。(wǒ zhī-dào … de mì-mì)

`TAISHAN` 我a隨…嘅秘密。(ngoi1 ei1-tui4 … ge1 bei1-mid3)

I know a good friend's secret.

`CANTO` 我知道我好朋友嘅秘密。(ngo5 zi1-dou6 ngo5 hou2 pang4-jau5 ge3 bei3-mat6)

`MANDO` 我知道我好朋友的秘密。(wǒ zhī-dào wó hǎo péng-yǒu de mì-mì)

`TAISHAN` 我a隨我好朋友嘅秘密。(ngoi1 ei1-tui4 ngoi1 hao2 pang4-yiu5 ge1 bei1-mid3)

QUESTION

`CANTO` 你知道邊個嘅秘密? (nei5 zi1-dou6 bin1-go3 ge3 bei3-mat6?)

`MANDO` 你知道谁的秘密? (nǐ zhī-dào shéi de mì-mì)

`TAISHAN` 你a隨誰嘅秘密? (nei1 ei1-tui4 sui52 ge1 bei1-mid3?)

June

I waited for … today.
- CANTO 我今日等咗… (ngo5 gam1-jat6 dang2 zo2 …)
- MANDO 我今天等了… (wǒ jīn-tiān děng le …)
- TAISHAN 我今天等誒… (ngoi1 gim1-ngid5 ang2 e1 …)

I waited for the subway today.
- CANTO 我今日等咗地鐵。(ngo5 gam1-jat6 dang2 zo2 dei6-tit3)
- MANDO 我今天等了地铁。(wǒ jīn-tiān děng le dì-tiě)
- TAISHAN 我今日等誒地鐵。(ngoi1 gim1-ngid5 ang2 e1 ei3-hed1)

QUESTION

- CANTO 你今日有冇等人或者等嘢? (nei5 gam1-jat6 jau5-mou5 dang2 jan4 waak6-ze2 dang2 je5?)
- MANDO 你今天有没有等人或者等事情?(nǐ jīn-tiān yǒu-méi-yóu děng rén huò-zhé děng shì-qíng?)
- TAISHAN 你今日有冇等人或者等嘢? (nei1 gim1-ngid5 yiu1-mao1 ang2 ngin4 vag3-jie2 ang2 yie1?)

I ... spend time with children.

CANTO 我...陪小朋友。(ngo5 ... pui4 siu2-pang4-jau5)

MANDO 我...陪小孩。(wǒ ... péi xiǎo-hái)

TAISHAN 我...陪三民仔。(ngoi1 ... poi4 lham1-min2-doi2)

I enjoy spending time with children.

CANTO 我幾鍾意陪小朋友。(ngo5 gei2 zung1-ji3 pui4 siu2-pang4-jau5)

MANDO 我喜欢陪小孩。(wó xǐ-huān péi xiǎo-hái)

TAISHAN 我幾鍾意陪三民仔。(ngoi1 gei2 jung1-yi1 poi4 lham1-min2-doi2)

QUESTION

CANTO 你鍾唔鍾意陪小朋友? (nei5 zung1 m4 zung1-ji3 pui4 siu2-pang4-jau5?)

MANDO 你喜欢陪小孩吗? (ní xǐ-huān péi xiǎo-hái ma?)

TAISHAN 你鍾唔鍾意陪三民仔? (nei1 jung1 m4 jung1-yi1 poi4 lham1-min2-doi2?)

My zongzi has …
- CANTO 我嘅粽有… (ngo5 ge3 zung2 jau5 …)
- MANDO 我的粽子有… (wǒ de zòng-zi yǒu …)
- TAISHAN 我尼粽有… (ngoi1 nai2 dung52 yiu1 …)

My zongzi has glutinous rice, dried shrimp, peanuts and Chinese sausage.
- CANTO 我嘅粽有糯米、蝦米、花生、同臘腸。
  (ngo5 ge3 zung2 jau5 no6-mai5, haa1-mai5, faa1-sang1, tung4 laap6-coeng2)
- MANDO 我的粽子有糯米、虾米、花生和腊肠。
  (wǒ de zòng-zi yǒu nuò-mǐ , xiā-mǐ, huā-shēng hé là-cháng)
- TAISHAN 我尼粽有糯米、蝦米、花生、同臘腸。
  (ngoi1 nai2 dung52 yiu1 nuo3-mai2, ha5-mai2, fa1-sang12, hung4 lab3-cieng42)

QUESTION

- CANTO 你嘅粽有咩配料? (nei5 ge3 zung2 jau5 me1 pui3-liu2?)
- MANDO 你的粽子有什么配料? (nǐ de zòng-zi yǒu shén-me pèi-liào?)
- TAISHAN 你尼粽有乜配料? (nei1 nai2 dung52 yiu1 mod2 poi1-lieu32?)

The last time I went to a protest was …

CANTO 我上一次去抗議係… (ngo5 soeng6 jat1-ci3 heoi3 kong3-ji5 hai6 …)

MANDO 我上一次去抗议是… (wǒ shàng yí-cì qù kàng-yì shì …)

TAISHAN 我上一次去抗議係… (ngoi1 sieng3 yid2-lhu1 hui1 kong1-ngei3 hai3 …)

The last time I went to a protest was a year ago.

CANTO 我上一次去抗議係一年前。
(ngo5 soeng6 jat1-ci3 heoi3 kong3-ji5 hai6 jat1 nin4 cin4)

MANDO 我上一次去抗议是一年前。
(wǒ shàng yí-cì qù kàng-yì shì yì nián qián)

TAISHAN 我上一次去抗議係一年前。
(ngoi1 sieng3 yid2-lhu1 hui1 kong1-ngei3 hai3 yid2 nen4 ten4)

QUESTION

CANTO 你上一次去抗議係幾時? (nei5 soeng6 jat1-ci3 heoi3 kong3-ji5 hai6 gei2-si4?)

MANDO 你上一次去抗议是什么时候? (nǐ shàng yí-cì qù kàng-yì shì shén-me shí-hòu?)

TAISHAN 你上一次去抗議係幾時? (nei1 sieng3 yid2-lhu1 hui1 kong1-ngei3 hai3 gei2-si52?)

I don't want to try ...
- **CANTO** 我唔想試… (ngo5 m4 soeng2 si3 …)
- **MANDO** 我不想试… (wǒ bù xiǎng shì …)
- **TAISHAN** 我唔想試… (ngoi1 m4 lhieng2 si1 …)

I don't want to try durian.
- **CANTO** 我唔想試榴槤。(ngo5 m4 soeng2 si3 lau4-lin4)
- **MANDO** 我不想试榴莲。(wǒ bù xiǎng shì liú-lián)
- **TAISHAN** 我唔想試榴槤。(ngoi1 m4 lhieng2 si1 liu4-len4)

QUESTION
- **CANTO** 你唔想試咩? (nei5 m4 soeng2 si3 me1?)
- **MANDO** 你不想试什么? (nǐ bù xiǎng shì shén-me?)
- **TAISHAN** 你唔想試乜? (nei1 m4 lhieng2 si1 mod2?)

I am guilty (about) …

CANTO 我內疚… (ngo5 noi6-gau3 …)

MANDO 我內疚… (wǒ nèi-jiù …)

TAISHAN 我內疚… (ngoi1 nui3-giu1 …)

I am guilty (about) being selfish sometimes.

CANTO 我內疚有時自私。(ngo5 noi6-gau3 jau5-si4 zi6-si1)

MANDO 我內疚有时候自私。(wǒ nèi-jiù yǒu-shí-hou zì-sī)

TAISHAN 我內疚有時自私。(ngoi1 nui3-giu1 yiu1-si52 du3-lhu1)

QUESTION

CANTO 你內疚咩? (nei5 noi6-gau3 me1?)

MANDO 你内疚什么? (nǐ nèi-jiù shén-me?)

TAISHAN 你內疚乜? (nei1 nui3-giu1 mod2?)

Today I … sweat.

CANTO 我今日…出汗。(ngo5 gam1-jat6 … ceot1 hon6)

MANDO 我今天…出汗。(wǒ jīn-tiān … chū hàn)

TAISHAN 我今日…出汗。(ngoi1 gim1-ngid5 … cud2 hon3)

Today I sweated a lot.

CANTO 我今日出咗好多汗。(ngo5 gam1-jat6 ceot1 zo2 hou2 do1 hon6)

MANDO 我今天出了很多汗。(wǒ jīn-tiān chū le hěn duō hàn)

TAISHAN 我今日出誒好多汗。(ngoi1 gim1-ngid5 cud2 e1 hao2 uo1 hon3)

QUESTION

CANTO 你今日有冇出汗? (nei5 gam1-jat6 jau5 mou5 ceot1 hon6?)

MANDO 你今天有没有出汗? (nǐ jīn-tiān yǒu méi yǒu chū hàn?)

TAISHAN 你今日有冇出汗? (nei1 gim1-ngid5 yiu1 mao1 cud2 hon3?)

... is useless.

CANTO ...冇用。(... mou5 jung6)

MANDO ...没有用。(... méi yǒu yòng)

TAISHAN ...冇用。(... mao1 yung3)

Speaking nonsense is useless.

CANTO 發噏風冇用。(faat3-ap1-fung1 mou5 jung6)

MANDO 讲废话没有用。(jiǎng fèi-huà méi yǒu yòng)

TAISHAN 講廢話冇用。(gong2 fei2-va32 mao1 yung3)

QUESTION

CANTO 做咩係冇用㗎? (zou6 me1 hai6 mou5 jung6 gaa3?)

MANDO 做什么是没有用的? (zuò shén-me shì méi-yǒu yòng de?)

TAISHAN 做乜係冇用㗎? (du1 mod2 hai3 mao1 yung3 ga1?)

I am saving money …
- CANTO 我儲緊錢… (ngo5 cou5 gan2 cin2 …)
- MANDO 我在存钱… (wǒ zài cún qián …)
- TAISHAN 我湊緊錢… (ngoi1 tiu1 gin2 ten42 …)

I am saving money for home improvement.
- CANTO 我儲緊錢做家居改善。(ngo5 cou5 gan2 cin2 zou6 gaa1-geoi1 goi2-sin6)
- MANDO 我在存钱做家居改善。(wǒ zài cún-qián zuò jiā-jū gǎi-shàn)
- TAISHAN 我湊緊錢做家居改善。(ngoi1 tiu1 gin2 ten42 du1 ga1-gui1 goi2-sen3)

QUESTION

- CANTO 你要唔要儲錢呀? (nei5 jiu3 m4 jiu3 cou5 cin2 aa3?)
- MANDO 你要存钱吗? (nǐ yào cún qián ma?)
- TAISHAN 你使唔使湊錢啊? (nei1 soi2 m4 soi2 tiu1 ten42 a1?)

My next destination is …
CANTO 我下一個目的地係… (ngo5 haa6 jat1-go3 muk6-dik1-dei6 hai6 …)
MANDO 我下一个目的地是 … (wǒ xià yí-gè mù-dì-dì shì …)
TAISHAN 我下一個目的地係… (ngoi1 ha3 yid2-goi1 mug3-ed2-ei3 hai3 …)

My next destination is San Francisco.
CANTO 我下一個目的地係三藩市。
(ngo5 haa6 jat1-go3 muk6-dik1-dei6 hai6 saam1-faan4-si5)
MANDO 我下一个目的地是三藩市。
(wǒ xià yí-gè mù-dì-dì shì sān-fán-shì)
TAISHAN 我下一個目的地係三藩市。
(ngoi1 ha3 yid2-goi1 mug3-ed2-ei3 hai3 lham1-fan4-si52)

QUESTION

CANTO 你下一個目的地係邊度? (nei5 haa6 jat1-go3 muk6-dik1-dei6 hai6 bin1-dou6?)
MANDO 你下一个目的地是哪里? (nǐ xià yí-gè mù-dì-dì shì ná-lǐ?)
TAISHAN 你下一個目的地係乃? (nei1 ha3 yid2-goi1 mug3-ed2-ei3 hai3 nai52?)

The last time I received a bonus was ...

`CANTO` 我上一次收到花紅係... (ngo5 soeng6 jat1-ci3 sau1-dou2 faa1-hung4 hai6 ...)

`MANDO` 我上一次收到花红是... (wǒ shàng yí-cì shōu-dào huā-hóng shì ...)

`TAISHAN` 我上一次收到花紅係... (ngoi1 sieng3 yid2-lhu1 siu1-ao2 fa1-hung4 hai3 ...)

I've never received a bonus.

`CANTO` 我從來冇收過花紅。(ngo5 cung4-loi4 mou5 sau1 gwo3 faa1-hung4)

`MANDO` 我从来没收过花红。(wǒ cóng-lái méi shōu-guò huā-hóng)

`TAISHAN` 我從來冇收過花紅。(ngoi1 tung4-loi4 mao1 siu1 guo1 fa1-hung4)

QUESTION

`CANTO` 你上一次收到花紅係幾時? (nei5 soeng6 jat1-ci3 sau1 dou2 faa1-hung4 hai6 gei2-si4?)

`MANDO` 你上一次收到花红是什么时候? (nǐ shàng yí-cì shōu-dào huā-hóng shì shén-me shí-hòu?)

`TAISHAN` 你上一次收到花紅係幾時? (nei1 sieng3 yid2-lhu1 siu1 ao2 fa1-hung4 hai3 gei2-si52?)

I like to travel ...
- **CANTO** 我鍾意…旅遊。(ngo5 zung1-ji3 … leoi5-jau4)
- **MANDO** 我喜欢…旅游。(wó xǐ-huān … lǚ-yóu)
- **TAISHAN** 我鍾意…旅遊。(ngoi1 jung1-yi1 … lui5-yiu4)

I like to travel alone.
- **CANTO** 我鍾意自己去旅遊。(ngo5 zung1-ji3 zi6-gei2 heoi3 leoi5-jau4)
- **MANDO** 我喜欢自己去旅游。(wó xǐ-huān zì-jǐ qù lǚ-yóu)
- **TAISHAN** 我鍾意自己去旅遊。(ngoi1 jung1-yi1 du3-gei2 hui1 lui5-yiu4)

QUESTION

- **CANTO** 你鍾意自己去旅遊定係同人去?
  (nei5 zung1-ji3 zi6-gei2 heoi3 leoi5-jau4 ding6-hai6 tung4 jan4 heoi3?)
- **MANDO** 你喜欢自己去旅游还是跟别人去?
  (ní xǐ-huān zì-jǐ qù lǚ-yóu hái-shì gēn bié-rén qù?)
- **TAISHAN** 你鍾意自己去旅遊還係同偌去?
  (nei1 jung1-yi1 du3-gei2 hui1 lui5-yiu4 van4-hai3 hung4 nieg2 hui1?)

The boldest thing today was ...
▶CANTO 我今日最大膽係… (ngo5 gam1-jat6 zeoi3 daai6 daam2 hai6 …)
▶MANDO 我今天最大胆是… (wǒ jīn-tiān zuì dà-dǎn shì …)
▶TAISHAN 我今日最大膽係… (ngoi1 gim1-ngid5 dui1 ai3-am2 hai3 …)

The boldest thing today was watching a horror movie.
▶CANTO 我今日最大膽係睇咗恐怖片。
        (ngo5 gam1-jat6 zeoi3 daai6-daam2 hai6 tai2 zo2 hung2-bou3 pin2)
▶MANDO 我今天最大胆是看了恐怖片。
        (wǒ jīn-tiān zuì dà-dǎn shì kàn le kǒng-bù-piàn)
▶TAISHAN 我今日最大膽係睇誒恐怖片。
        (ngoi1 gim1-ngid5 dui1 ai3-am2 hai3 hai2 e1 hung2-bu1 pen12)

QUESTION
▶CANTO 你今日最大膽係做咗咩? (nei5 gam1-jat6 zeoi3 daai6-daam2 hai6 zou6 zo2 me1?)
▶MANDO 你今天最大胆是做了什么? (nǐ jīn-tiān zuì dà-dǎn shì zuò le shén-me?)
▶TAISHAN 你今日最大膽係做誒乜? (nei1 gim1-ngid5 dui1 ai3-am2 hai3 du1 e1 mod2?)

I have been binge-watching … dramas recently.

CANTO 我最近煲…劇。(ngo5 zeoi3-gan6 bou1 … kek6)

MANDO 我最近追…剧。(wǒ zuì-jìn zhuī … jù)

TAISHAN 我最近追劇。(ngoi1 dui1-gin3 jui1 … kieg2)

I have been binge-watching Korean dramas recently.

CANTO 我最近煲緊韓劇。(ngo5 zeoi3-gan6 bou1 gan2 hon4-kek6)

MANDO 我最近在追韩剧。(wǒ zuì-jìn zài zhuī hán-jù)

TAISHAN 我最近追緊韓劇。(ngoi1 dui1-gin3 jui1 gin2 hon4 kieg2)

QUESTION

CANTO 你最近有冇煲劇? (nei5 zeoi3-gan6 jau5 mou5 bou1 kek6?)

MANDO 你最近有追剧吗? (nǐ zuì-jìn yǒu zhuī jù ma?)

TAISHAN 你最近有冇追劇? (nei1 dui1-gin3 yiu1 mao1 jui1 kieg2?)

... irritated me today.

> CANTO ...激到我。(... gik1 dou2 ngo5)

> MANDO ...气到我了。(... qì dào wǒ le)

> TAISHAN ...激到我。(... ged2 ao2 ngoi1)

The subway delay irritated me today.

> CANTO 地鐵延誤激到我。(dei6-tit3 jin4-ng6 gik1 dou2 ngo5)

> MANDO 地铁延迟气到我了。(dì-tiě yán-chí qì dào wǒ le)

> TAISHAN 地鐵延遲激到我。(ei3-hed1 yen4-ci4 ged2 ao2 ngoi1)

QUESTION

> CANTO 今日咩事激到你? (gam1-jat6 me1 si6 gik1 dou2 nei5?)

> MANDO 今天什么事气到你了? (jīn-tiān shén-me shì qì dào nǐ le?)

> TAISHAN 今日乜事激到你? (gim1-ngid5 mod2 lhu3 ged2 ao2 nei1?)

I opened a new ... account recently.

▶CANTO 我最近開咗新嘅...賬號。(ngo5 zeoi3-gan6 hoi1 zo2 san1 ge3 ... zoeng3-hou6)

▶MANDO 我最近开了新的...账号。(wǒ zuì-jìn kāi le xīn de ... zhàng-hào)

TAISHAN 我最近開誒新嘅...賬號。(ngoi1 dui1-gin3 hoi1 e1 lhin1 ge1 ... jieng1-hao3)

I opened a new RED account recently.

▶CANTO 我最近開咗新嘅小紅書賬號。

(ngo5 zeoi3-gan6 hoi1 zo2 san1 ge3 siu2-hung4-syu1 zoeng3-hou6)

▶MANDO 我最近开了新的小红书账号。

(wǒ zuì-jìn kāi le xīn de xiǎo-hóng-shū zhàng-hào)

TAISHAN 我最近開誒新嘅小紅書賬號。

(ngoi1 dui1-gin3 hoi1 e1 lhin1 ge1 lhieu2-hung4-si1 jieng1-hao3)

QUESTION

▶CANTO 你最近有冇開新嘅賬號? (nei5 zeoi3-gan6 jau5 mou5 hoi1 san1 ge3 zoeng3-hou6?)

MANDO 你最近有开新的账号吗? (nǐ zuì-jìn yǒu kāi xīn de zhàng-hào ma?)

TAISHAN 你最近有冇開新嘅賬號? (nei1 dui1-gin3 yiu1 mao1 hoi1 lhin1 ge1 jieng1-hao3?)

... is very hard.

CANTO ...好難。(... hou2 naan4)

MANDO ...很难。(... hěn nán)

TAISHAN ...好難。(... hao2 nan4)

Long-distance relationships are very hard.

CANTO 異地戀好難。(ji6-dei6 lyun2 hou2 naan4)

MANDO 异地恋很难。(yì-dì-liàn hěn nán)

TAISHAN 異地戀好難。(yi3-ei3 lun2 hao2 nan4)

QUESTION

CANTO 咩好難? (me1 hou2 naan4?)

MANDO 什么很难? (shén-me hěn nán?)

TAISHAN 乜好難? (mod2 hao2 nan4?)

I can take ... risks.

CANTO 我可以冒...險。(ngo5 ho2-ji5 mou6 ... him2)

MANDO 我可以冒...险。(wó ké-yǐ mào ... xiǎn)

TAISHAN 我可以冒...險。(ngoi1 huo2-yi5 mao3 ... hiem2)

I can take a little risk.

CANTO 我可以冒少少險。(ngo5 ho2-ji5 mou6 siu2 siu2 him2)

MANDO 我可以冒一点点险。(wó ké-yǐ mào yì-dián-dián xiǎn)

TAISHAN 我可以冒少少險。(ngoi1 huo2-yi5 mao3 sieu2-sieu2 hiem2)

QUESTION

CANTO 你可唔可以冒險? (nei5 ho2 m4 ho2-ji5 mou6-him2?)

MANDO 你可以冒险吗? (nǐ ké-yǐ mào-xiǎn ma?)

TAISHAN 你可唔可以冒險? (nei1 huo2 m4 huo2-yi5 mao3-hiem2?)

I was ... lucky today.
- **CANTO** 我今日…好彩。(ngo5 gam1-jat6 … hou2-coi2)
- **MANDO** 我今天…好运。(wǒ jīn-tiān … hǎo-yùn)
- **TAISHAN** 我今日…好彩。(ngoi1 gim1-ngid5 … hao2-toi2)

I was very lucky today.
- **CANTO** 我今日好好彩。(ngo5 gam1-jat6 hou2 hou2-coi2)
- **MANDO** 我今天很好运。(wǒ jīn-tiān hén hǎo-yùn)
- **TAISHAN** 我今日好好彩。(ngoi1 gim1-ngid5 hao2 hao2-toi2)

QUESTION

- **CANTO** 你今日好唔好彩? (nei5 gam1-jat6 hou2 m4 hou2-coi2?)
- **MANDO** 你今天好运吗? (nǐ jīn-tiān hǎo-yùn ma?)
- **TAISHAN** 你今日好唔好彩? (nei1 gim1-ngid5 hao2 m4 hao2-toi2?)

I will …

▶ CANTO 我會… (ngo5 wui5 …)

▶ MANDO 我会… (wǒ huì …)

▶ TAISHAN 我會… (ngoi1 voi5 …)

I will learn food names from other countries.

▶ CANTO 我會學其他國家嘅食物名。

(ngo5 wui5 hok6 kei4-taa1 gwok3-gaa1 ge3 sik6-mat6 meng2)

▶ MANDO 我会学其他国家的食物的名称。

(wǒ huì xué qí-tā guó-jiā de shí-wù de míng-chēng)

▶ TAISHAN 我會學其他國家尼食物名。

(ngoi1 voi5 hog3 kei4-ha1 gog2-ga1 nai2 sed3-mod3 mieng42)

QUESTION

▶ CANTO 你點樣去包容其他文化? (nei5 dim2-joeng2 heoi3 baau1-jung4 kei4-taa1 man4-faa3?)

▶ MANDO 你怎样去包容其他文化? (ní zěn-yàng qù bāo-róng qí-tā wén-huà?)

▶ TAISHAN 你幾浩去包容其他文化? (nei1 gei2-hao52 hui1 bao1-yung4 kei4-ha1 mun4-fa1?)

My relationship with my dad is ...
- **CANTO** 我同我阿爸嘅關係... (ngo5 tung4 ngo5 aa3-baa4 ge3 gwaan1-hai6 ...)
- **MANDO** 我跟我爸的关系... (wǒ gēn wǒ bà de guān-xì ...)
- **TAISHAN** 我同偓爸嘅關係... (ngoi1 hung4 ngoi5 ba2 ge1 gan1-hai3 ...)

My relationship with my dad is very close.
- **CANTO** 我同我阿爸嘅關係好好。(ngo5 tung4 ngo5 aa3-baa4 ge3 gwaan1-hai6 hou2 hou2)
- **MANDO** 我跟我爸的关系很好。(wǒ gēn wǒ bà de guān-xì hén hǎo)
- **TAISHAN** 我同偓爸嘅關係好好。(ngoi1 hung4 ngoi5 ba2 ge1 gan1-hai3 hao2 hao2)

QUESTION

- **CANTO** 你同你阿爸嘅關係點? (nei5 tung4 nei5 aa3-baa4 ge3 gwaan1-hai6 dim2?)
- **MANDO** 你跟你爸的关系怎样? (nǐ gēn nǐ bà de guān-xì zěn-yàng?)
- **TAISHAN** 你同偌爸嘅關係幾浩? (nei hung4 nieg5 ba2 ge1 gan1-hai3 gei2-hao52?)

My pronouns are ...

CANTO 我嘅代詞係...(ngo5 ge3 doi6-ci4 hai6 ...)

MANDO 我的代词是...(wǒ de dài-cí shì ...)

TAISHAN 我嘅代詞係... (ngoi1 ge1 oi3-lhu4 hai3 ...)

My pronouns are she/her.

CANTO 我嘅代詞係"佢"。(ngo5 ge3 doi6-ci4 hai6" keoi5")

MANDO 我的代词是"她"。(wǒ de dài-cí shì "tā")

TAISHAN 我嘅代詞係"佢"。(ngoi1 ge1 oi3-lhu4 hai3 "kui1")

> A fun fact is that pronouns in Cantonese are gender neutral. In Mandarin, many online media sites often use the Roman letters "ta" to represent a gender-neutral third-person pronoun since all pronouns in Mandarin have the same pronunciations: tā. Therefore, you won't know a person's gender until you see its written character on paper.

QUESTION

CANTO 你嘅代詞係咩? (nei5 ge3 doi6-ci4 hai6 me1?)

MANDO 你的代词是什么? (nǐ de dài-cí shì shén-me?)

TAISHAN 你嘅代詞係乜? (nei1 ge1 oi3-lhu4 hai3 mod2?)

I am using a ... pen to journal.

CANTO 我用緊...筆寫日記。(ngo5 jung6 gan2 ... bat1 se2 jat6-gei3)

MANDO 我在用...笔写日记。(wǒ zài yòng ... bí xiě rì-jì)

TAISHAN 我用緊...筆寫日記。(ngoi1 yung3 gin2 ... bid2 lhie2 ngid3-gei12)

I am using a green pen to journal.

CANTO 我用緊綠色筆寫日記。(ngo5 jung6 gan2 luk6-sik1 bat1 se2 jat6-gei3)

MANDO 我在用绿色笔写日记。(wǒ zài yòng lǜ-sè bí xiě rì-jì)

TAISHAN 我用緊綠色筆寫日記。(ngoi1 yung3 gin2 lug3 sed2 bid2 lhie2 ngid3-gei12)

QUESTION

CANTO 你用緊咩顏色筆寫日記? (nei5 jung6 gan2 me1 ngaan4-sik1 bat1 se2 jat6-gei3?)

MANDO 你在用什么颜色笔写日记? (nǐ zài yòng shén-me yán-sè bí xiě rì-jì?)

TAISHAN 你用緊乜顏色筆寫日記? (nei1 yung3 gin2 mod2 ngan4-sed2 bid2 lhie2 ngid3-gei12?)

I ... to alleviate stress.

CANTO 我...嚟減壓。(ngo5 ... lei4 gaam2-aat3)

MANDO 我...来减压。(wǒ ... lái jiǎn-yā)

TAISHAN 我...來減壓。(ngoi1 ... loi4 gam2-ad2)

I (do) exercise to alleviate stress.

CANTO 我做運動嚟減壓。(ngo5 zou6 wan6-dung6 lei4 gaam2-aat3)

MANDO 我做运动来减压。(wǒ zuò yùn-dòng lái jiǎn-yā)

TAISHAN 我做運動來減壓。(ngoi1 du1 vun3-ung3 loi4 gam2-ad2)

QUESTION

CANTO 你做咩嚟減壓? (nei5 zou6 me1 lei4 gaam2-aat3?)

MANDO 你做什么来减压? (nǐ zuò shén-me lái jiǎn-yā?)

TAISHAN 你做乜來減壓? (nei1 du1 mod2 loi4 gam2-ad2?)

Today's flavor is …

CANTO 今日嘅味道係… (gam1-jat6 ge3 mei6-dou6 hai6 …)

MANDO 今天的味道是… (jīn-tiān de wèi-dào shì …)

TAISHAN 今日嘅味道係… (gim1-ngid5 ge1 mei3-ao3 hai3 …)

> In Western culture, the five basic tastes include umami, which replaces "spicy" from the five basic tastes in Chinese.

Today's flavor is: spicy.

CANTO 今日嘅味道係:辣。(gam1-jat6 ge3 mei6-dou6 hai6: laat6)

MANDO 今天的味道是:辣。(jīn-tiān de wèi-dào shì: là)

TAISHAN 今日嘅味道係:辣。(gim1-ngid5 ge1 mei3-ao3 hai3: lad3)

QUESTION

CANTO 選擇你今日嘅味道:甜、酸、苦、辣、或者鹹。

(syun2-zaak6 nei5 gam1-jat6 ge3 mei6-dou6: tim4, syun1, fu2, laat6, waak6-ze2 haam4)

MANDO 选择你今天的味道:甜、酸、苦、辣、或者咸。

(xuǎn-zé nǐ jīn-tiān de wèi-dào: tián, suān, kǔ, là, huò-zhě xián)

TAISHAN 選擇你今日嘅味道:甜、酸、苦、辣、或者鹹。

(lhun2-jag3 nei1 gim1-ngid5 ge1 mei3-ao3: hiem4, lhon1, fu2, lad3, vag3-jie2 ham4)

If I didn't have to worry about finding a job, I would study …

CANTO 如果唔使擔心搵工, 我會學… (jyu4-gwo2 m4 sai2 daam1-sam1 wan2-gung1, ngo5 wui5 hok6 …)

MANDO 如果不用担心找工作, 我会学… (rú-guǒ bú yòng dān-xīn zhǎo gōng-zuò, wǒ huì xué …)

TAISHAN 如果唔使擔心搵工, 我會學… (ngui4-guo2 m4 soi2 am1-lhim1 vun2-gung1, ngoi1 voi5 hog3 …)

If I didn't have to worry about finding a job, I would study vocal music.

CANTO 如果唔使擔心搵工, 我會學聲樂。

(jyu4-gwo2 m4 sai2 daam1-sam1 wan2-gung1, ngo5 wui5 hok6 sing1-ngok6)

MANDO 如果不用担心找工作, 我会学声乐。

(rú-guǒ bú-yòng dān-xīn zhǎo gōng-zuò, wǒ huì xué shēng-yuè)

TAISHAN 如果唔使擔心搵工, 我會學聲樂。

(ngui4-guo2 m4 soi2 am1-lhim1 vun2-gung1, ngoi1 voi5 hog3 sen1-ngog3)

QUESTION

CANTO 如果唔使擔心搵工, 你會學咩? (jyu4-gwo2 m4 sai2 daam1-sam1 wan2-gung1, nei5 wui5 hok6 me1?)

MANDO 如果不用担心找工作, 你会学什么? (rú-guǒ bú yòng dān-xīn zhǎo gōng-zuò, nǐ huì xué shén-me?)

TAISHAN 如果唔使擔心搵工, 你會學乜? (ngui4-guo2 m4 soi2 am1-lhim1 vun2-gung1, nei1 voi5 hog3 mod2?)

I ... for a person I love.

▸CANTO 我為咗鍾意嘅人… (ngo5 wai6 zo2 zung1-ji3 ge3 jan4 …)

▸MANDO 我为了喜欢的人… (wǒ wèi le xǐ-huān de rén …)

▸TAISHAN 我為誒鍾意嘅人… (ngoi1 vei3 e1 jung1-yi1 ge1 ngin4 …)

I wrote books for the people I love.

▸CANTO 我為咗鍾意嘅人寫咗書。(ngo5 wai6 zo2 zung1-ji3 ge3 jan4 se2 zo2 syu1)

▸MANDO 我为了喜欢的人写了书。(wǒ wèi le xǐ-huān de rén xiě le shū)

▸TAISHAN 我為誒鍾意嘅人寫誒書。(ngoi1 vei3 e1 jung1-yi1 ge1 ngin4 lhie2 e1 si1)

QUESTION

▸CANTO 你為咗鍾意嘅人做過咩傻嘢? (nei5 wai6 zo2 zung1-ji3 ge3 jan4 zou6 gwo3 me1 so4 je5?)

▸MANDO 你为了喜欢的人做过什么傻事情? (nǐ wèi le xǐ-huān de rén zuò guò shén-me shǎ shì-qíng?)

▸TAISHAN 你為誒鍾意嘅人做過乜傻嘢? (nei1 vei3 e1 jung1-yi1 ge1 ngin4 du1 guo1 mod2 suo5 yie1?)

I talked to … this week.

CANTO 我呢個禮拜同…傾偈。(ngo5 ni1-go3 lai5-baai3 tung4 … king1-gai2)

MANDO 我这个礼拜跟…聊天。(wǒ zhè-gè lǐ-bài gēn … liáo-tiān)

TAISHAN 我該個禮拜同…傾偈。(ngoi1 koi5-goi1 lai5-bai1 hung4 … ken1-gai12)

I talked to my (paternal) grandma this week.

CANTO 我呢個禮拜同嫲嫲傾偈。(ngo5 ni1-go3 lai5-baai3 tung4 maa4-maa4 king1-gai2)

MANDO 我这个礼拜跟奶奶聊天。(wǒ zhè-gè lǐ-bài gēn nǎi-nai liáo-tiān)

TAISHAN 我該個禮拜同阿人傾偈。(ngoi1 koi5-goi1 lai5-bai1 hung4 a1-ngin4 ken1-gai12)

QUESTION

CANTO 你呢個禮拜有冇同爺爺嫲嫲、公公婆婆傾偈?

(nei5 ni1-go3 lai5-baai3 jau5 mou5 tung4 je4-je2 maa4-maa4, gung4-gung1 po4-po2 king1-gai2?)

MANDO 你这个礼拜有跟爷爷奶奶、外公外婆聊天吗?

(nǐ zhè-gè lǐ-bài yǒu gēn yé-ye nǎi-nai, wài-gōng wài-pó liáo-tiān ma?)

TAISHAN 你該個禮拜有冇同阿爺阿人、公公婆婆傾偈?

(nei1 koi5-goi1 lai5-bai1 yiu1 mao1 hung4 a1-yie4 a1-ngin4, gung1-gung1 puo4-puo42 ken1-gai12?)

I want to speak … language.

CANTO　我想講…嘅語言。(ngo5 soeng2 gong2 … ge3 jyu5-jin4)

MANDO　我想说…的语言。(wó xiǎng shuō … de yǔ-yán)

TAISHAN　我想講…嘅語言。(ngoi1 lhieng2 gong2 … ge1 ngui5-ngun4)

I want to speak dog language.

CANTO　我想講狗仔嘅語言。(ngo5 soeng2 gong2 gau2-zai2 ge3 jyu5-jin4)

MANDO　我想说狗狗的语言。(wó xiǎng shuō gǒu-gou de yǔ-yán)

TAISHAN　我想講狗仔嘅語言。(ngoi1 lhieng2 gong2 geu2-doi2 ge1 ngui5-ngun4)

QUESTION

CANTO　你想講邊種動物嘅語言? (nei5 soeng2 gong2 bin1-zung2 dung6-mat6 ge3 jyu5-jin4?)

MANDO　你想说哪种动物的语言? (ní xiǎng shuō ná-zhǒng dòng-wù de yǔ-yán?)

TAISHAN　你想講哪種動物嘅語言? (nei1 lhieng2 gong2 nai5-jung2 ung3-mod3 ge1 ngui5-ngun4)

I think my June was …

`CANTO` 我覺得我嘅六月… (ngo5 gok3-dak1 ngo5 ge3 luk6-jyut6 …)

`MANDO` 我觉得我的六月… (wǒ jué-de wǒ de liù-yuè …)

`TAISHAN` 我覺得我嘅六月… (ngoi1 gog1-ag2 ngoi1 ge1 lug3-ngud32 …)

I think my June was very refreshing.

`CANTO` 我覺得我嘅六月好清新。(ngo5 gok3-dak1 ngo5 ge3 luk6-jyut6 hou2 cing1-san1)

`MANDO` 我觉得我的六月很清新。(wǒ jué-de wǒ de liù-yuè hěn qīng-xīn)

`TAISHAN` 我覺得我嘅六月好清新。(ngoi1 gog1-ag2 ngoi1 ge1 lug3-ngud32 hao2 ten1-lhin1)

QUESTION

`CANTO` 你覺得你嘅六月點樣? (nei5 gok3-dak1 nei5 ge3 luk6-jyut6 dim2-joeng2?)

`MANDO` 你觉得你的六月怎么样? (nǐ jué-de nǐ de liù-yuè zěn-me-yàng?)

`TAISHAN` 你覺得你嘅六月幾浩? (nei1 gog1-ag2 nei1 ge1 lug3-ngud32 gei2-hao52?)

July

I would rather ...

CANTO 我寧願… (ngo5 ning4-jyun2 …)

MANDO 我宁愿… (wǒ nìng-yuàn …)

TAISHAN 我情願… (ngoi1 ten4-ngun42 …)

I would rather go take a walk.

CANTO 我寧願去散步。(ngo5 ning4-jyun2 heoi3 saan3-bou6)

MANDO 我宁愿去散步。(wǒ nìng-yuàn qù sàn-bù)

TAISHAN 我情願去散步。(ngoi1 ten4-ngun42 hui1 lhan2-bu32)

QUESTION

CANTO 你寧願去慢跑定係散步? (nei5 ning4-jyun2 heoi3 maan6-paau2 ding6-hai6 saan3- bou6?)

MANDO 你宁愿去慢跑还是散步? (nǐ nìng-yuàn qù màn-pǎo hái-shì sàn-bù?)

TAISHAN 你情願去慢跑還係散步? (nei1 ten4-ngun42 hui1 man3-pao2 van4-hai3 lhan2-bu32?)

I ... read manga.

CANTO 我...睇漫畫。(ngo5 ... tai2 maan6-waa2)

MANDO 我...看漫画。(wǒ ... kàn màn-huà)

TAISHAN 我...睇漫畫。(ngoi1 ... hai2 man3-va32)

I don't mind reading manga.

CANTO 我可以睇漫畫。(ngo5 ho2-ji5 tai2 maan6-waa2)

MANDO 我可以看漫画。(wó ké-yǐ kàn màn-huà)

TAISHAN 我可以睇漫畫。(ngoi1 huo2-yi5 hai2 man3-va32)

QUESTION

CANTO 你睇唔睇漫畫? (nei5 tai2 m4 tai2 maan6-waa2?)

MANDO 你看漫画吗? (nǐ kàn màn-huà ma?)

TAISHAN 你睇漫畫嗎? (nei1 hai2 man3-va32 ma1?)

I like ... the most.

CANTO 我最鍾意...拉麵。(ngo5 zeoi3 zung1-ji3 ... laai1-min6)

MANDO 我最喜欢...拉面。(wǒ zuì xǐ-huān ... lā-miàn)

TAISHAN 我最鍾意...拉麵。(ngoi1 dui1 jung1-yi1 ... la2-men3)

I like teriyaki chicken ramen the most.

CANTO 我最鍾意照燒雞肉拉麵。(ngo5 zeoi3 zung1-ji3 ziu3-siu1 gai1-juk6 laai1-min6)

MANDO 我最喜欢照烧鸡肉拉面。(wǒ zuì xǐ-huān zhào-shāo jī-ròu lā-miàn)

TAISHAN 我最鍾意照燒雞肉拉麵。(ngoi1 dui1 jung1-yi1 jieu1-sieu1 gai1-ngug3 la2-men3)

QUESTION

CANTO 你最鍾意邊種拉麵? (nei5 zeoi3 zung1-ji3 bin1 zung2 laai1-min6?)

MANDO 你最喜欢哪种拉面? (nǐ zuì xǐ-huān ná-zhǒng lā-miàn?)

TAISHAN 你最鍾意哪種拉麵? (nei1 dui1 jung1-yi1 nai5-jung2 la2-men3)

I sang when ... today.
- CANTO 我今日...嗰陣唱歌。(ngo5 gam1-jat6 ... go2-zan6 coeng3-go1)
- MANDO 我今天...的时候唱歌。(wǒ jīn-tiān ... de shí-hòu chàng-gē)
- TAISHAN 我今日...嘭時唱歌。(ngoi1 gim1-ngid5 ... nen5-si52 cieng1-guo52)

I sang when I showered today.
- CANTO 我今日沖涼嗰陣唱歌。(ngo5 gam1-jat6 cung1-loeng4 go2-zan6 coeng3-go1)
- MANDO 我今天洗澡的时候唱歌。(wǒ jīn-tiān xí-zǎo de shí-hòu chàng-gē)
- TAISHAN 我今日沖涼嘭時唱歌。(ngoi1 gim1-ngid5 cung1-lieng4 nen5-si52 cieng1-guo52)

QUESTION

- CANTO 你今日有冇唱歌? (nei5 gam1-jat6 jau5 mou5 coeng3-go1?)
- MANDO 你今天有唱歌吗? (nǐ jīn-tiān yǒu chàng-gē ma?)
- TAISHAN 你今日有冇唱歌? (nei1 gim1-ngid5 yiu1 mao1 cieng1-guo52?)

I treated ... to ... today.

CANTO 我今日請...食... (ngo5 gam1-jat6 ceng2 … sik6 …)

MANDO 我今天请...吃... (wǒ jīn-tiān qǐng … chī …)

TAISHAN 我今日請...吃... (ngoi1 gim-ngid5 tieng2 … hieg1 …)

I treated myself to Malaysian food today.

CANTO 我今日請我自己食馬拉菜。(ngo5 gam1-jat6 ceng2 ngo5 zi6-gei2 sik6 maa5-laai1 coi3)

MANDO 我今天请我自己吃马来菜。(wǒ jīn-tiān qǐng wǒ zì-jǐ chī mǎ-lái cài)

TAISHAN 我今日請我自己吃馬拉菜。(ngoi1 gim-ngid5 tieng2 ngoi1 du3-gei2 hieg1 ma5-lai2 toi1)

QUESTION

CANTO 你今日有冇請人食飯? (nei5 gam1-jat6 jau5 mou5 ceng2 jan4 sik6-faan6?)

MANDO 你今天有请人吃饭吗? (nǐ jīn-tiān yóu qǐng rén chī-fàn ma?)

TAISHAN 你今日有冇請人偌吃飯? (nei1 gim1-ngid5 yiu1 mao1 tieng2 ngin4-nieg2 hieg1 fan3?)

I would like ... in my (bowl of) congee.

CANTO 我碗粥想要... (ngo5 wun2 zuk1 soeng2 jiu3 ...)

MANDO 我的粥想要... (wǒ de zhōu xiǎng yào ...)

TAISHAN 我碗粥想攞... (ngoi1 von2 jug2 lhieng2 huo2 ...)

I would like preserved egg, minced pork, and scallion in my (bowl of) congee.

CANTO 我碗粥想要皮蛋、瘦肉、同蔥。

(ngo5 wun2 zuk1 soeng2-jiu3 pei4-daan2, sau3-juk6, tung4 cung1)

MANDO 我的粥想要皮蛋、瘦肉、还有葱。

(wǒ de zhōu xiǎng-yào pí-dàn, shòu-ròu, hái-yǒu cōng)

TAISHAN 我碗粥想攞皮蛋、瘦肉、同蔥。

(ngoi1 von2 jug2 lhieng2 huo2 pei4-an32, seu1-ngug3, hung4 tung52)

QUESTION

CANTO 你碗粥想要咩? (nei5 wun2 zuk1 soeng2-jiu3 me1?)

MANDO 你的粥想要什么? (nǐ de zhōu xiǎng-yào shén-me?)

TAISHAN 你碗粥想攞乜? (nei1 von2 jug2 lhieng2 huo2 mod2?)

I see … in the mirror.
- **CANTO** 我喺鏡裡面見到… (ngo5 hai2 geng3 leoi5-min6 gin3 dou2 …)
- **MANDO** 我在镜子里见到… (wǒ zài jìng-zi lǐ jiàn-dào …)
- **TAISHAN** 我到鏡入面見到… (ngoi1 ao1 gieng12 yib3-men3 gen1-ao2 …)

I see a pretty woman in the mirror.
- **CANTO** 我喺鏡裡面見到一個靚女。
  (ngo5 hai2 geng3 leoi5-min6 gin3-dou2 jat1-go3 leng3 neoi2)
- **MANDO** 我在镜子里见到一个美女。
  (wǒ zài jìng-zi lǐ jiàn-dào yí-gè méi nǚ)
- **TAISHAN** 我到鏡入面見到一個靚女。
  (ngoi1 ao1 gieng12 yib3-men3 gen1-ao2 yid2-goi1 lieng1 nui2)

QUESTION

- **CANTO** 你喺鏡裡面見到咩? (nei5 hai2 geng3 leoi5-min6 gin3-dou2 me1?)
- **MANDO** 你在镜子里见到什么?(nǐ zài jìng-zi lǐ jiàn-dào shén-me?)
- **TAISHAN** 你到鏡入面見到乜? (nei1 ao1 gieng12 yib3-men3 gen1-ao2 mod2?)

I would rather work a ... shift.

▶CANTO 我寧願上...班。(ngo5 ning4-jyun2 soeng5 ... baan1)

▶MANDO 我宁愿上...班。(wǒ nìng-yuàn shàng ... bān)

▶TAISHAN 我寧願上...班。(ngoi1 nen4-ngun42 sieng1 ... ban1)

I would rather work a day shift.

▶CANTO 我寧願上日班。(ngo5 ning4-jyun2 soeng5 jat6 baan1)

▶MANDO 我宁愿上日班。(wǒ nìng-yuàn shàng rì bān)

▶TAISHAN 我寧願上日班。(ngoi1 nen4-ngun42 sieng1 ngid5 ban1)

QUESTION

▶CANTO 你寧願上日班定係夜班? (nei5 ning4-jyun2 soeng5 jat6 baan1 ding6-hai6 je6 baan1?)

▶MANDO 你宁愿上日班还是夜班? (nǐ nìng-yuàn shàng rì bān hái-shì yè bān?)

▶TAISHAN 你寧願上日班還係夜班? (nei1 nen4-ngun42 sieng1 ngid5 ban1 van4-hai3 yie5 ban1?)

I like … ice-cream the most.

CANTO 我最鍾意…雪糕。(ngo5 zeoi3 zung1-ji3 … syut3-gou1)

MANDO 我最喜欢…冰淇淋。(wǒ zuì xǐ-huān … bīng-qí-lín)

TAISHAN 我最鍾意…雪糕。(ngoi1 dui1 jung1-yi1 … lhud2-gao1)

I like chocolate ice-cream the most.

CANTO 我最鍾意朱古力雪糕。(ngo5 zeoi3 zung1-ji3 zyu1-gu1-lik1 syut3-gou1)

MANDO 我最喜欢巧克力冰淇淋。(wǒ zuì xǐ-huān qiǎo-kè-lì bīng-qí-lín)

TAISHAN 我最鍾意朱古力雪糕。(ngoi1 dui1 jung1-yi1 ji1-gu2-led2 lhud2-gao1)

QUESTION

CANTO 你最鍾意咩雪糕? (nei5 zeoi3 zung1-ji3 me1 syut3-gou1?)

MANDO 你最喜欢什么冰淇淋? (nǐ zuì xǐ-huān shén-me bīng-qí-lín?)

TAISHAN 你最鍾意乜雪糕? (nei1 dui1 jung1-yi1 mod2 lhud2-gao1?)

... was unfortunate today.
CANTO 今日...好唔好彩。(gam1-jat6 ... hou2 m4 hou2-coi2)
MANDO 今天...很倒霉。(jīn-tiān ... hén dǎo-méi)
TAISHAN 今日...好唔好彩。(gim1-ngid5 ... hao2 m4 hao2-toi2)

Dropping my microphone in water was unfortunate today.
CANTO 今日跌咗個咪入水好唔好彩。
(gam1-jat6 dit3 zo2 go3 mai1 jap6 seoi2 hou2 m4 hou2-coi2)
MANDO 今天把麦克风掉进水里很倒霉。
(jīn-tiān bǎ mài-kè-fēng diào jìn shuí lǐ hén dǎo-méi)
TAISHAN 今日跌誒個咪入水好唔好彩。
(gim1-ngid5 ed1 e1 goi1 mai2 yib3 sui2 hao2 m4 hao2-toi2)

QUESTION

CANTO 今日有咩唔好彩? (gam1-jat6 jau5 me1 m4 hou2-coi2?)
MANDO 今天有什么倒霉事? (jīn-tiān yǒu shén-me dǎo-méi shì?)
TAISHAN 今日有乜唔好彩? (gim1-ngid5 yiu1 mod2 m4 hao2-toi2?)

I think ... is very cute.

▶CANTO 我覺得…好可愛。(ngo5 gok3-dak1 … hou2 ho2-oi3)

▶MANDO 我觉得…很可愛。(wǒ jué-de … hén kě-ài)

▶TAISHAN 我覺得…好可愛。(ngoi1 gog1-ag2 … hao2 huo2-oi1)

I think my godson is very cute.

▶CANTO 我覺得我契仔好可愛。(ngo5 gok3-dak1 ngo5 kai3-zai2 hou2 ho2-oi3)

▶MANDO 我觉得我的干儿子很可愛。(wǒ jué-de wǒ de gān ér-zi hén kě-ài)

▶TAISHAN 我覺得我嘅契仔好可愛。(ngoi1 gog1-ag2 ngoi1 ge1 kai1 doi2 hao2 huo2-oi1)

QUESTION

▶CANTO 你覺得邊個可愛? (nei5 gok3-dak1 bin1-go3 ho2-oi3?)

▶MANDO 你觉得谁可爱? (nǐ jué-de shéi kě-ài?)

▶TAISHAN 你覺得誰可愛? (nei1 gog1-ag2 sui52 huo2-oi1?)

I follow my ...
- ▶CANTO 我跟住我嘅...行。(ngo5 gan1-zyu6 ngo5 ge3 ... haang4)
- ▶MANDO 我跟着我的...走。(wǒ gēn-zhe wǒ de ... zǒu)
- ▶TAISHAN 我跟住我嘅...行。(ngoi1 gin1-ji3 ngoi1 ge1 ... hang4)

I follow my heart.
- ▶CANTO 我跟住我嘅感覺行。(ngo5 gan1-zyu6 ngo5 ge3 gam2-gok3 haang4)
- ▶MANDO 我跟着我的感觉走。(wǒ gēn-zhe wǒ de gǎn-jué zǒu)
- ▶TAISHAN 我跟住我嘅感覺行。(ngoi1 gin1-ji3 ngoi1 ge1 gam2-gog2 hang4)

QUESTION

- ▶CANTO 你跟住你嘅感覺行定係你嘅頭腦?
  (nei5 gan1-zyu6 nei5 ge3 gam2-gok3 haang4 ding6-hai6 nei5 ge3 tau4-nou5?)
- ▶MANDO 你跟着你的感觉走还是你的头脑?
  (nǐ gēn-zhe nǐ de gǎn-jué zǒu hái-shì nǐ de tóu-nǎo?)
- ▶TAISHAN 你跟住你嘅感覺行還係你嘅頭腦?
  (nei1 gin1-ji3 nei1 ge1 lhim1 hang4 van4-hai3 nei1 ge1 heu4-nao2?)

I ... keep a monthly budget.

CANTO 我每個月...預算。(ngo5 mui5-go3 jyut6... jyu6-syun3)

MANDO 我每个月...預算。(wó měi-gè yuè ... yù-suàn)

TAISHAN 我每個月...預算。(ngoi1 moi5-goi1 ngud5 ... yi3-lhon1)

I don't keep a monthly budget.

CANTO 我每個月冇預算。(ngo5 mui5-go3 jyut6 mou5 jyu6-syun3)

MANDO 我每个月没有預算。(wó měi-gè yuè méi-yǒu yù-suàn)

TAISHAN 我每個月冇預算。(ngoi1 moi5-goi1 ngud5 mao1 yi3-lhon1)

QUESTION

CANTO 你每個月有冇預算? (nei5 mui5-go3 jyut6 jau5 mou5 jyu6-syun3?)

MANDO 你每个月有預算吗? (ní měi-gè yuè yǒu yù-suàn ma?)

TAISHAN 你每個月有冇預算? (nei1 moi5-goi1 ngud5 yiu1 mao1 yi3-lhon1?)

I like to … the most on a date.
> CANTO 我拍拖最鍾意… (ngo5 paak3-to1 zeoi3 zung1-ji3 …)
> MANDO 我约会最喜欢… (wǒ yuē-huì zuì xǐ-huān …)
> TAISHAN 我拍拖最鍾意… (ngoi1 pag1-tuo2 dui1 jung1-yi1 …)

I like to go on a picnic the most on a date.
> CANTO 我拍拖最鍾意去野餐。(ngo5 paak3-to1 zeoi3 zung1-ji3 heoi3 je5-caan1)
> MANDO 我约会最喜欢去野餐。(wǒ yuē-huì zuì xǐ-huān qù yě-cān)
> TAISHAN 我拍拖最鍾意去野餐。(ngoi1 pag1-tuo2 dui1 jung1-yi1 hui1 yie5-tan12)

QUESTION
> CANTO 你拍拖最鍾意做咩? (nei5 paak3-to1 zeoi3 zung1-ji3 zou6 me1?)
> MANDO 你约会最喜欢做什么? (nǐ yuē-huì zuì xǐ-huān zuò shén-me?)
> TAISHAN 你拍拖最鍾意做乜? (nei1 pag1-tuo2 dui1 jung1-yi1 du1 mod2?)

I like to talk about ... the most.
CANTO 我最鍾意傾…(ngo5 zeoi3 zung1-ji3 king1 …)
MANDO 我最喜欢聊…(wǒ zuì xǐ-huān liáo …)
TAISHAN 我最鍾意傾… (ngoi1 dui1 jung1-yi1 ken1 …)

I like to talk about food the most.
CANTO 我最鍾意傾食嘢。(ngo5 zeoi3 zung1-ji3 king1 sik6 je5)
MANDO 我最喜欢聊吃东西。(wǒ zuì xǐ-huān liáo chī dōng-xi)
TAISHAN 我最鍾意傾吃嘢。(ngoi1 dui1 jung1-yi1 ken1 hieg1 yie1)

QUESTION

CANTO 你最鍾意傾咩話題? (nei5 zeoi3 zung1-ji3 king1 me1 waa6-tai4?)
MANDO 你最喜欢聊什么话题? (nǐ zuì xǐ-huān liáo shén-me huà-tí)
TAISHAN 你最鍾意傾乜話題? (nei1 dui1 jung1-yi1 ken1 mod2 va3-hai4?)

If I got arrested, I would call ...

CANTO 如果我畀人拉咗，我會打電話畀... (jyu4-gwo2 ngo5 bei2 jan4 laai1 zo2, ngo5 wui5 daa2 din6-waa2 bei2 ...)

MANDO 如果我被抓了，我会打电话给... (rú-guó wǒ bèi zhuā le, wǒ huì dǎ diàn-huà gěi ...)

TAISHAN 如果我畀偌拉歘，我會打電話畀... (ngui4-guo2 ngoi1 ei2 nieg2 lai1 e1, ngoi1 voi5 a2 en3-va32 ei2 ...)

If I got arrested, I would call a good friend of mine.

CANTO 如果我畀人拉咗，我會打電話畀我嘅好朋友。
(jyu4-gwo2 ngo5 bei2 jan4 laai1 zo2, ngo5 wui5 daa2 din6-waa2 bei2 ngo5 ge3 hou2 pang4-jau5)

MANDO 如果我被抓了，我会打电话给我的好朋友。
(rú-guó wǒ bèi zhuā le, wǒ huì dǎ diàn-huà géi wǒ de hǎo péng-yǒu)

TAISHAN 如果我畀偌拉歘，我會打電話畀我嘅好朋友。
(ngui4-guo2 ngoi1 ei2 nieg2 lai1 e1, ngoi1 voi5 a2 en3-va32 ei2 ngoi1 ge1 hao2 pang4-yiu5)

QUESTION

CANTO 如果你畀人拉咗，你會打電話畀邊個? (jyu4-gwo2 nei5 bei2 jan4 laai1 zo2, nei5 wui5 daa2 din6-waa2 bei2 bin1-go3?)

MANDO 如果你被抓了，你会打电话给谁? (rú-guó nǐ bèi zhuā le, nǐ huì dǎ diàn-huà gěi shéi?)

TAISHAN 如果你畀偌拉歘，你會打電話畀誰? (ngui4-guo2 nei1 ei2 nieg2 lai1 e1, nei1 voi5 a2 en3-va32 ei2 sui52?)

This month my least favorite food is …

CANTO 我呢個月最唔鍾意食… (ngo5 ni1 go3 jyut6 zeoi3 m4 zung1-ji3 sik6 …)

MANDO 我这个月最不喜欢吃… (wǒ zhè-gè yuè zuì bù xǐ-huān chī …)

TAISHAN 我該個月最唔鍾意吃… (ngoi1 koi5-goi1 ngud5 dui1 m4 jung1-yi1 hieg1 …)

This month my least favorite food is salad.

CANTO 我呢個月最唔鍾意食沙律。(ngo5 ni1 go3 jyut6 zeoi3 m4 zung1-ji3 sik6 saa1-leot2)

MANDO 我这个月最不喜欢吃沙拉。(wǒ zhè-gè yuè zuì bù xǐ-huān chī shā-lā)

TAISHAN 我該個月最唔鍾意吃沙律。(ngoi1 koi5-goi1 ngud5 dui1 m4 jung1-yi1 hieg1 sa1-lud32)

QUESTION

CANTO 你呢個月最唔鍾意食咩? (nei5 ni1-go3 jyut6 zeoi3 m4 zung1-ji3 sik6 me1?)

MANDO 你这个月最不喜欢吃什么? (nǐ zhè-gè yuè zuì bù xǐ-huān chī shén-me?)

TAISHAN 你該個月最唔鍾意吃乜? (nei1 koi5-goi1 ngud5 dui1 m4 jung1-yi1 hieg1 mod2?)

I want to retire at (the age of) …
CANTO 我想…歲退休。(ngo5 soeng2 … seoi3 teoi3-jau1)
MANDO 我想…岁退休。(wó xiǎng … suì tuì-xiū)
TAISHAN 我想…歲退休。(ngoi1 lhieng2 … lhui1 hui1-hiu1)

I want to retire at (the age of) 35.
CANTO 我想35歲退休。(ngo5 soeng2 saam1-sap6-ng5 seoi3 teoi3-jau1)
MANDO 我想35岁退休。(wó xiǎng sān-shí-wǔ suì tuì-xiū)
TAISHAN 我想35歲退休。(ngoi1 lhieng2 lham1-sib3-ng2 lhui1 hui1-hiu1)

QUESTION
CANTO 你想幾歲退休? (nei5 soeng2 gei2 seoi3 teoi3-jau1?)
MANDO 你想几岁退休? (ní xiáng jǐ suì tuì-xiū?)
TAISHAN 你想幾歲退休? (nei1 lhieng2 gei2 lhui1 hui1-hiu1?)

When I retire, I want to …
- **CANTO** 我退休想… (ngo5 teoi3-jau1 soeng2 …)
- **MANDO** 我退休想… (wǒ tuì-xiū xiǎng …)
- **TAISHAN** 我退休想… (ngoi1 hui1-hiu1 lhieng2 …)

When I retire, I want to volunteer at new places.
- **CANTO** 我退休想去新嘅地方做義工。
  (ngo5 teoi3-jau1 soeng2 heoi3 san1 ge3 dei6-fong1 zou6 ji6-gung1)
- **MANDO** 我退休想去新的地方做义工。
  (wǒ tuì-xiū xiǎng qù xīn de dì-fāng zuò yì-gōng)
- **TAISHAN** 我退休想去新嘅地方做義工。
  (ngoi1 hui1-hiu1 lhieng2 hui1 lhin1 ge1 ei3-fong12 du1 ngei3-gung12)

QUESTION

- **CANTO** 你下個月開始退休，你想做咩? (nei5 haa6-go3 jyut6 hoi1-ci2 teoi3-jau1, nei5 soeng2 zou6 me1?)
- **MANDO** 你下个月开始退休，你想做什么? (nǐ xià-gè yuè kāi-shǐ tuì-xiū, ní xiǎng zuò shén-me?)
- **TAISHAN** 你下個月開始退休，你想做乜? (nei1 ha3-goi1 ngud5 hoi1-ci2 hui1-hiu1, nei1 lhieng2 du1 mod2?)

... is my best friend.
- **CANTO** ...係我最好嘅朋友。(... hai6 ngo5 zeoi3 hou2 ge3 pang4-jau5)
- **MANDO** ...是我最好的朋友。(... shì wǒ zuì hǎo de péng-yǒu)
- **TAISHAN** ...係我最好嘅朋友。(... hai3 ngoi1 dui1 hao2 ge1 pang4-yiu5)

My diary is my best friend.
- **CANTO** 我嘅日記係我最好嘅朋友。
  (ngo5 ge3 jat6-gei3 hai6 ngo5 zeoi3 hou2 ge3 pang4-jau5)
- **MANDO** 我的日记是我最好的朋友。
  (wǒ de rì-jì shì wǒ zuì hǎo de péng-yǒu)
- **TAISHAN** 我嘅日記係我最好嘅朋友。
  (ngoi1 ge1 ngid3-gei12 hai3 ngoi1 dui1 hao2 ge1 pang4-yiu5)

QUESTION

- **CANTO** 邊個係你最好嘅朋友? (bin1-go3 hai6 nei5 zeoi3 hou2 ge3 pang4-jau5?)
- **MANDO** 谁是你最好的朋友? (shéi shì nǐ zuì hǎo de péng-yǒu?)
- **TAISHAN** 誰係你最好嘅朋友? (sui52 hai3 nei1 dui1 hao2 ge1 pang4-yiu5)

I would like … to go with my fries.

CANTO 我啲薯條想點… (ngo5 di1 syu4-tiu2 soeng2 dim2 …)

MANDO 我的薯条想点… (wǒ de shǔ-tiáo xiáng diǎn …)

TAISHAN 我尼薯條想點… (ngoi1 nai2 si4-hieu42 lhieng2 iem2 …)

I would like ketchup to go with my fries.

CANTO 我啲薯條想點茄汁。(ngo5 di1 syu4-tiu2 soeng2 dim2 ke2-zap1)

MANDO 我的薯条想点番茄酱。(wǒ de shǔ-tiáo xiáng diǎn fān-qié jiàng)

TAISHAN 我尼薯條想點茄醬。(ngoi1 nai2 si4-hieu42 lhieng2 iem2 kie5-dieng1)

QUESTION

CANTO 你啲薯條想點咩醬? (nei5 di1 syu4-tiu2 soeng2 dim2 me1 zoeng3?)

MANDO 你的薯条想点什么酱? (nǐ de shǔ-tiáo xiáng diǎn shén-me jiàng?)

TAISHAN 你尼薯條想點乜醬? (nei1 nai2 si4-hieu42 lhieng2 iem2 mod2 dieng1?)

I am ... from hometown.
- **CANTO** 我離鄉下... (ngo5 lei4 hoeng1-haa2 ...)
- **MANDO** 我离家乡... (wǒ lí jiā-xiāng ...)
- **TAISHAN** 我離鄉下... (ngoi1 lei4 hieng1-ha32 ...)

I am very far from hometown.
- **CANTO** 我離鄉下好遠。(ngo5 lei4 hoeng1-haa2 hou2 jyun5)
- **MANDO** 我离家乡很远。(wǒ lí jiā-xiāng hén yuǎn)
- **TAISHAN** 我離鄉下好遠。(ngoi1 lei4 hieng1-ha32 hao2 yon2)

QUESTION

- **CANTO** 你離鄉下遠唔遠? (nei5 lei4 hoeng1-haa2 jyun5 m4 jyun5?)
- **MANDO** 你离家乡远吗? (nǐ lí jiā-xiāng yuǎn ma?)
- **TAISHAN** 你離鄉下遠嗎? (nei1 lei4 hieng1-ha32 yon2 ma1?)

My favorite Olympic sport is …
- **CANTO** 我最鍾意嘅奧運項目係… (ngo5 zeoi3 zung1-ji3 ge3 ou3-wan6 hong6-muk6 hai6 …)
- **MANDO** 我最喜欢的奥运项目是… (wǒ zuì xǐ-huān de ào-yùn xiàng-mù shì …)
- **TAISHAN** 我最鍾意嘅奧運項目係… (ngoi1 dui1 jung1-yi1 ge1 ao1-vun3 hong3-mug3 hai3 …)

My favorite Olympics sport is ice-hockey.
- **CANTO** 我最鍾意嘅奧運項目係冰球。
  (ngo5 zeoi3 zung1-ji3 ge3 ou3-wan6 hong6-muk6 hai6 bing1-kau4)
- **MANDO** 我最喜欢的奥运项目是冰球。
  (wǒ zuì xǐ-huān de ào-yùn xiàng-mù shì bīng-qiú)
- **TAISHAN** 我最鍾意嘅奧運項目係冰球。
  (ngoi1 dui1 jung1-yi1 ge1 ao1-vun3 hong3-mug3 hai3 ben1-kiu4)

QUESTION
- **CANTO** 你最鍾意嘅奧運項目係咩? (nei5 zeoi3 zung1-ji3 ge3 ou3-wan6 hong6-muk6 hai6 me1?)
- **MANDO** 你最喜欢的奥运项目是什么? (nǐ zuì xǐ-huān de ào-yùn xiàng-mù shì shén-me?)
- **TAISHAN** 你最鍾意嘅奧運項目係乜? (nei1 dui1 jung1-yi1 ge1 ao1-vun3 hong3-mug3 hai3 mod?)

My side gig is …
- **CANTO** 我嘅副業係… (ngo5 ge3 fu3-jip6 hai6 …)
- **MANDO** 我的副业是… (wǒ de fù-yè shì …)
- **TAISHAN** 我嘅副業係… (ngoi1 ge1 fu1-ngieb3 hai3 …)

My side gig is my full-time job now.
- **CANTO** 我嘅副業係我而家嘅正職。(ngo5 ge3 fu3-jip6 hai6 ngo5 ji4-gaa1 ge3 zing3-zik1)
- **MANDO** 我的副业是我现在的正职。(wǒ de fù-yè shì wǒ xiàn-zài de zhèng-zhí)
- **TAISHAN** 我嘅副業係我該時嘅正職。(ngoi1 ge1 fu1-ngieb3 hai3 ngoi1 koi5-si52 ge1 jen1-jed2)

QUESTION

- **CANTO** 你有冇副業? (nei5 jau5 mou5 fu3-jip6?)
- **MANDO** 你有没有副业? (ní yǒu méi yǒu fù-yè?)
- **TAISHAN** 你有冇副業? (nei1 yiu1 mao1 fu1-ngieb3?)

… consumes a lot of my energy.

CANTO …好消耗我能量。(… hou2 siu1-hou3 ngo5 nang4-loeng6)

MANDO …很消耗我的能量。(… hěn xiāo-hào wǒ de néng-liàng)

TAISHAN …好消耗我能量。(… hao2 lhieu1-hao1 ngoi1 nang4-lieng3)

Video editing consumes a lot of my energy.

CANTO 剪片好消耗我能量。(zin2 pin2 hou2 siu1-hou3 ngo5 nang4-loeng6)

MANDO 做后期很消耗我的能量。(zuò hòu-qī hěn xiāo-hào wǒ de néng-liàng)

TAISHAN 剪視頻好消耗我能量。(den2 si3-pin4 hao2 lhieu1-hao1 ngoi1 nang4-lieng3)

QUESTION

CANTO 咩係好消耗你能量㗎? (me1 hai6 hou2 siu1-hou3 nei5 nang4-loeng6 gaa3?)

MANDO 什么很消耗你的能量? (shén-me hěn xiāo-hào nǐ de néng-liàng?)

TAISHAN 乜係好消耗你能量㗎? (mod2 hai3 hao2 lhieu1-hao1 nei1 nang4-lieng3 ga1?)

I ... a good boss.
- **CANTO** 我…一個好老板。(ngo5 … jat1-go3 hou2 lou5-baan2)
- **MANDO** 我…一个好老板。(wǒ … yí-gè hǎo láo-bǎn)
- **TAISHAN** 我…一個好老板。(ngoi1 … yid2-goi1 hao2 lao2-ban2)

I have a good boss.
- **CANTO** 我有一個好老板。(ngo5 jau5 jat1-go3 hou2 lou5-baan2)
- **MANDO** 我有一个好老板。(wó yǒu yí-gè hǎo láo-bǎn)
- **TAISHAN** 我有一個好老板。(ngoi1 yiu1 yid2-goi1 hao2 lao2-ban2)

QUESTION

- **CANTO** 你有冇一個好老板? (nei5 jau5 mou5 jat1-go3 hou2 lou5-baan2?)
- **MANDO** 你有没有一个好的老板? (ní yǒu méi yǒu yí-gè hǎo de láo-bǎn?)
- **TAISHAN** 你有冇一個好老板? (nei1 yiu1 mao1 yid2-goi1 hao2 lao2-ban2?)

Today I decided to …
`CANTO` 我今日決定咗要… (ngo5 gam1-jat6 kyut3-ding6 zo2 jiu3 …)
`MANDO` 我今天決定了要… (wǒ jīn-tiān jué-dìng le yào …)
`TAISHAN` 我今日誒要… (ngoi1 gim1-ngid5 kud2-en3 e1 yieu1 …)

I decided to change my profile picture today.
`CANTO` 我今日決定咗要換頭像。(ngo5 gam1-jat6 kyut3-ding6 zo2 jiu3 wun6 tau4-zoeng6)
`MANDO` 我今天決定了要換头像。(wǒ jīn-tiān jué-dìng le yào huàn tóu-xiàng)
`TAISHAN` 我今日誒要換頭像。(ngoi1 gim1-ngid5 kud2-en3 e1 yieu1 von3 heu4-dieng32)

QUESTION

`CANTO` 你今日做咗咩決定? (nei5 gam1-jat6 zou6 zo2 me1 kyut3-ding6?)
`MANDO` 你今天做了什么決定? (nǐ jīn-tiān zuò le shén-me jué-dìng?)
`TAISHAN` 你今日做誒乜決定? (nei1 gim1-ngid5 du1 e1 mod2 kud2-en3?)

... is very nosy.

▶CANTO ... 好八卦。(... hou2 baat3-gwaa3)

▶MANDO ...很八卦。(... hěn bā-guà)

▶TAISHAN ... 好八卦。(... hao2 bad2-ga1)

I am very nosy.

▶CANTO 我好八卦。(ngo5 hou2 baat3-gwaa3)

▶MANDO 我很八卦。(wó hěn bā-guà)

▶TAISHAN 我好八卦。(ngoi1 hao2 bad2-ga1)

QUESTION

▶CANTO 邊個好八卦? (bin1-go3 hou2 baat3-gwaa3?)

▶MANDO 谁很八卦? (shéi hěn bā-guà?)

▶TAISHAN 谁好八卦? (sui52 hao2 bad2-ga1?)

I am superstitious that …
- **CANTO** 我迷信… (ngo5 mai4-seon3 …)
- **MANDO** 我迷信… (wǒ mí-xìn …)
- **TAISHAN** 我迷信… (ngoi1 mai4-lhin1 …)

I am superstitious that you can't trim your nails in your bed.
- **CANTO** 我迷信唔可以喺床上面剪指甲。

  (ngo5 mai4-seon3 m4 ho2-ji5 hai2 cong4 soeng6-min6 zin2 zi2-gaap3)
- **MANDO** 我迷信不可以在床上剪指甲。

  (wǒ mí-xìn bù ké-yǐ zài chuáng shàng jiǎn zhí-jiǎ)
- **TAISHAN** 我迷信唔可以到床上面剪指甲。

  (ngoi1 mai4-lhin1 m4 huo2-yi5 ao1 cong4 sieng3-men3 den2 ji2-gab5)

QUESTION

- **CANTO** 你迷信啲咩? (nei5 mai4-seon3 di1 me1?)
- **MANDO** 你迷信些什么? (nǐ mí-xìn xiē shén-me?)
- **TAISHAN** 你迷信尼乜? (nei1 mai4-lhin1 nai2 mod2?)

I have ... pairs of shoes.

CANTO 我有...對鞋。(ngo5 jau5 ... deoi3 haai4)

MANDO 我有...双鞋子。(wó yǒu ... shuāng xié-zi)

TAISHAN 我有...對鞋。(ngoi1 yiu1 ... ui1 hai4)

I have 15 pairs of shoes.

CANTO 我有15對鞋。(ngo5 jau5 sap6-ng5 deoi3 haai4)

MANDO 我有15双鞋子。(wó yǒu shí-wǔ shuāng xié-zi)

TAISHAN 我有15對鞋。(ngoi1 yiu1 sib3-ng2 ui1 hai4)

QUESTION

CANTO 你有幾對鞋? (nei5 jau5 gei2 deoi3 haai4?)

MANDO 你有多少双鞋子? (ní yǒu duō-shǎo shuāng xié-zi?)

TAISHAN 你有幾對鞋? (nei1 yiu1 gei2 ui1 hai4?)

I like ... the most.

▶CANTO 我最鍾意… (ngo5 zeoi3 zung1-ji3 …)

▶MANDO 我最喜欢… (wǒ zuì xǐ-huān …)

▶TAISHAN 我最鍾意… (ngoi1 dui1 jung1-yi1 …)

I like Pikachu the most.

▶CANTO 我最鍾意比卡超。(ngo5 zeoi3 zung1-ji3 bei2-kaa1-ciu1)

▶MANDO 我最喜欢皮卡丘。(wǒ zuì xǐ-huān pí-kǎ-qiū)

▶TAISHAN 我最鍾意比卡超。(ngoi1 dui1 jung1-yi1 bei32-ka2-ciu2)

QUESTION

▶CANTO 你最鍾意邊個寵物小精靈? (nei5 zeoi3 zung1-ji3 bin1-go3 cung2-mat6 siu2 zing1-ling4?)

▶MANDO 你最喜欢哪个宠物小精灵? (nǐ zuì xǐ-huān nǎ-gè chǒng-wù xiǎo jīng-líng?)

▶TAISHAN 你最鍾意哪個寵物小精靈? (nei1 dui1 jung1-yi1 nai5-goi1 cung2-mod3 lhieu2 den1-len4?)

August

I ... my dream last night.

CANTO 我…琴晚發咗咩夢。(ngo5 … kam4-maan5 faat3 zo2 me1 mung6)

MANDO 我…昨晚做了什么梦。(wǒ … zuó-wǎn zuò le shén-me mèng)

TAISHAN 我…昨晚發誽乜夢。(ngoi1 … dam5-man52 fad1 e1 mod2 mung3)

I don't remember my dream last night.

CANTO 我唔記得琴晚發咗咩夢。(ngo5 m4 gei3-dak1 kam4-maan5 faat3 zo2 me1 mung6)

MANDO 我不记得昨晚做了什么梦。(wǒ bú jì-de zuó-wǎn zuò le shén-me mèng)

TAISHAN 我唔記得昨晚發誽乜夢。(ngoi1 m4 gei1-ag1 dam5-man52 fad1 e1 mod2 mung3)

QUESTION

CANTO 你記唔記得琴晚發咗咩夢? (nei5 gei3 m4 gei3-dak1 kam4-maan5 faat3 zo2 me1 mung6?)

MANDO 你记得昨晚做了什么梦吗? (nǐ jì-de zuó-wǎn zuò le shén-me mèng ma?)

TAISHAN 你記得昨晚發誽乜夢嗎? (nei1 gei1-ag1 dam5-man52 fad1 e1 mod2 mung3 ma1?)

My favorite topping is …
- **CANTO** 我最鍾意嘅配料係… (ngo5 zeoi3 zung1-ji3 ge3 pui3-liu2 hai6 …)
- **MANDO** 我最喜欢的配料是… (wǒ zuì xǐ-huān de pèi-liào shì …)
- **TAISHAN** 我最鍾意嘅配料係… (ngoi1 dui1 jung1-yi1 ge1 poi1-lieu32 hai3 …)

My favorite topping is mushroom.
- **CANTO** 我最鍾意嘅配料係蘑菇。 (ngo5 zeoi3 zung1-ji3 ge3 pui3-liu2 hai6 mo4-gu1)
- **MANDO** 我最喜欢的配料是蘑菇。 (wǒ zuì xǐ-huān de pèi-liào shì mó-gū)
- **TAISHAN** 我最鍾意嘅配料係蘑菇。 (ngoi1 dui1 jung1-yi1 ge1 poi1-lieu32 hai3 muo4-gu12)

QUESTION

- **CANTO** 你最鍾意咩披薩配料? (nei5 zeoi3 zung1-ji3 me1 pi1-saa4 pui3-liu2?)
- **MANDO** 你最喜欢什么披萨配料? (nǐ zuì xǐ-huān shén-me pī-sǎ pèi-liào)
- **TAISHAN** 你最鍾意乜披薩配料? (nei1 dui1 jung1-yi1 mod2 pi2-sa5 poi1-lieu32?)

Every day I daydream …

▶CANTO 我每日發吽豆… (ngo5 mui5-jat6 … faat3-ngau6-dau6)

▶MANDO 我每天发呆… (wó měi-tiān … fā-dāi)

▶TAISHAN 我日日發白日夢… (ngoi1 ngid1-ngid5 … fad1 bag3-ngid3-mung3)

Every day I daydream 20% of the time.

▶CANTO 我每日20%嘅時間都發吽豆。

(ngo5 mui5-jat6 baak3-fan6-zi1 ji6-sap6 ge3 si4-gaan3 dou1 faat3 ngau6-dau6)

▶MANDO 我每天20%的时间都在发呆。

(wó měi-tiān bǎi-fēn-zhī èr-shí de shí-jiān dōu zài fā-dāi)

▶TAISHAN 我日日两成時間都發白日夢 。

(ngoi1 ngid1-ngid5 lieng2 sen4 si4-gan1 du2 fad1 bag3-ngid3 mung3)

QUESTION

▶CANTO 你每日發吽豆發幾耐? (nei5 mui5-jat6 faat3-ngau6-dau6 faat3 gei2-noi6?)

▶MANDO 你每天发呆发多长时间? (ní měi-tiān fā-dāi fā duō cháng shí-jiān?)

▶TAISHAN 你日日發白日夢發幾久? (nei1 ngid1-ngid5 fad1 bag3-ngid3-mung3 fad1 gei2-giu2?)

My favorite brand is …
- **CANTO** 我最鍾意嘅牌子係… (ngo5 zeoi3 zung1-ji3 ge3 paai4-zi2 hai6 …)
- **MANDO** 我最喜欢的品牌是… (wǒ zuì xǐ-huān de pǐn-pái shì …)
- **TAISHAN** 我最鍾意嘅牌子係… (ngoi1 dui1 jung1-yi1 ge1 pai4-du2 hai3 …)

My favorite brand is …
- **CANTO** 我最鍾意嘅牌子係Inspirlang。(ngo5 zeoi3 zung1-ji3 ge3 paai4-zi2 hai6 Inspirlang)
- **MANDO** 我最喜欢的品牌是Inspirlang。(wǒ zuì xǐ-huān de pǐn-pái shì Inspirlang)
- **TAISHAN** 我最鍾意嘅牌子係Inspirlang。(ngoi1 dui1 jung1-yi1 ge1 pai4-du2 hai3 Inspirlang)

QUESTION
- **CANTO** 你最鍾意邊個牌子? (nei5 zeoi3 zung1-ji3 bin1-go3 paai4-zi2?)
- **MANDO** 你最喜欢拿个品牌? (nǐ zuì xǐ-huān nǎ-gè pǐn-pái?)
- **TAISHAN** 你最鍾意哪個牌子? (nei1 dui1 jung1-yi1 nai5-goi1 pai4-du2?)

I would like …
- **CANTO** 我想要… (ngo5 soeng2 jiu3 …)
- **MANDO** 我想要… (wó xiǎng yào …)
- **TAISHAN** 我想攞… (ngoi1 lhieng2 huo2 …)

I would like grass jelly.
- **CANTO** 我想要仙草。(ngo5 soeng2 jiu3 sin1-cou2)
- **MANDO** 我想要仙草。(wó xiǎng yào xiān-cǎo)
- **TAISHAN** 我想攞仙草。(ngoi1 lhieng2 huo2 lhen1-tao2)

QUESTION

- **CANTO** 你想要咩珍珠? (nei5 soeng2 jiu3 me1 zan1-zyu1?)
- **MANDO** 你想要什么珍珠? (ní xiǎng yào shén-me zhēn-zhū?)
- **TAISHAN** 你想攞乜珍珠? (nei1 lhieng2 huo2 mod2 jin1-ji1?)

I like … the most.

CANTO 我最鍾意… (ngo5 zeoi3 zung1-ji3 …)

MANDO 我最喜欢… (wǒ zuì xǐ-huān …)

TAISHAN 我最鍾意… (ngoi1 dui1 jung1-yi1 …)

I like to play tennis the most.

CANTO 我最鍾意打網球。(ngo5 zeoi3 zung1-ji3 daa2 mong5-kau4)

MANDO 我最喜欢打网球。(wǒ zuì xǐ-huān dá wǎng-qiú)

TAISHAN 我最鍾意打網球。(ngoi1 dui1 jung1-yi1 a2 mong2-kiu4)

QUESTION

CANTO 你最鍾意咩運動? (nei5 zeoi3 zung1-ji3 me1 wan6-dung6?)

MANDO 你最喜欢什么运动? (nǐ zuì xǐ-huān shén-me yùn-dòng?)

TAISHAN 你最鍾意乜運動? (nei1 dui1 jung1-yi1 mod2 vun3-ung3?)

I am trying out new ...

CANTO 我試新... (ngo5 si3 san1 ...)

MANDO 我试新... (wǒ shì xīn ...)

TAISHAN 我試新... (ngoi1 si1 lhin1 ...)

I am trying out new cuisine with friends.

CANTO 我同朋友試新菜。(ngo5 tung4 pang4-jau5 si3 san1-coi3)

MANDO 我跟朋友试新菜。(wǒ gēn péng-yǒu shì xīn cài)

TAISHAN 我同朋友試新菜。(ngoi1 hung4 pang4-yiu5 si1 lhin1 toi1)

QUESTION

CANTO 你有冇試新嘢? (nei5 jau5 mou5 si3 san1 je5?)

MANDO 你有试新的东西吗? (ní yǒu shì xīn de dōng-xi ma?)

TAISHAN 你有冇試新嘢? (nei1 yiu1 mao1 si1 lhin1 yie1?)

I want to rescue ...
`CANTO` 我想拯救... (ngo5 soeng2 cing2-gau3 ...)
`MANDO` 我想拯救... (wó xiáng zhěng-jiù ...)
`TAISHAN` 我想拯救... (ngoi1 lhieng2 cen2-giu1 ...)

I want to rescue my plant.
`CANTO` 我想救我棵植物。(ngo5 soeng2 gau3 ngo5 po1 zik6-mat6)
`MANDO` 我想救我的植物。(wó xiáng jiù wǒ de zhí-wù)
`TAISHAN` 我想救我棵植物。(ngoi1 lhieng2 giu1 ngoi1 puo2 jed3-mod3)

QUESTION

`CANTO` 你有冇咩想拯救㗎? (nei5 jau5 mou5 me1 soeng2 cing2-gau3 gaa3?)
`MANDO` 你有什么东西想拯救吗? (ní yǒu shén-me dōng-xi xiáng zhěng-jiù ma?)
`TAISHAN` 你有冇乜嘢想拯救㗎? (nei1 yiu1 mao1 mod2 yie1 lhieng2 cen2-giu1 ga1?)

I prefer Hong Kong-style egg tarts.

CANTO 我比較鍾意… (ngo5 bei2-gaau3 zung1-ji3 …)

MANDO 我比较喜欢… (wó bǐ-jiào xǐ-huān …)

TAISHAN 我比較鍾意… (ngoi1 bei2-gao1 jung1-yi1 …)

I prefer Hong Kong-style egg tarts.

CANTO 我比較鍾意港式蛋撻。(ngo5 bei2-gaau3 zung1-ji3 gong2-sik1 daan6-taat1)

MANDO 我比较喜欢港式蛋挞。(wó bǐ-jiào xǐ-huān gǎng-shì dàn-tǎ)

TAISHAN 我比較鍾意港式蛋撻。(ngoi1 bei2-gao1 jung1-yi1 kong2 sed2 an3-tad2)

QUESTION

CANTO 你比較鍾意港式蛋撻定係葡撻?

(nei5 bei2-gaau3 zung1-ji3 gong2-sik1 daan6-taat1 ding6-hai6 pou4-taat1?)

MANDO 你比较喜欢港式蛋挞还是葡式蛋挞?

(ní bǐ-jiào xǐ-huān gǎng-shì dàn-tà hái-shì pú-shì dàn-tǎ?)

TAISHAN 你比較鍾意港式蛋撻還係葡撻?

(nei1 bei2-gao1 jung1-yi1 kong2 sed2 an3-tad2 van4-hai3 pu4-tad2?)

My go-to restaurant in NY is …
- **CANTO** 我喺紐約必去嘅餐廳係… (ngo5 hai2 nau2-joek3 bit1 heoi3 ge3 caan1-teng1 hai6 …)
- **MANDO** 我在纽约必去的餐厅是… (wǒ zài niǔ-yuē bì qù de cān-tīng shì …)
- **TAISHAN** 我到紐約必去嘅餐廳係… (ngoi1 ao1 niu2-yieg2 bed2 hui1 ge1 tan1-hieng12 hai3 …)

My go-to restaurant in NY is Wok Wok.
- **CANTO** 我喺紐約必去嘅餐廳係Wok Wok。
  (ngo5 hai2 nau2-joek3 bit1 heoi3 ge3 caan1-teng1 hai6 Wok Wok)
- **MANDO** 我在纽约必去的餐厅是Wok Wok。
  (wǒ zài niǔ-yuē bì qù de cān-tīng shì Wok Wok)
- **TAISHAN** 我到紐約必去嘅餐廳係Wok Wok。
  (ngoi1 ao1 niu2-yieg2 bed2 hui1 ge1 tan1-hieng12 hai3 Wok Wok)

QUESTION

- **CANTO** 你喺你嘅城市必去嘅餐廳係邊間?
  (nei5 hai2 nei5 ge3 sing4-si5 bit1 heoi3 ge3 caan1- teng1 hai6 bin1-gaan1?)
- **MANDO** 你在你的城市必去的餐厅是哪个?
  (nǐ zài nǐ de chéng-shì bì-qù de cān-tīng shì nǎ-gè?)
- **TAISHAN** 你到你嘅城市必去嘅餐廳係哪間?
  (nei1 ao1 nei1 ge1 sen4-si52 bed2 hui1 ge1 tan1-hieng12 hai3 nai5-gan1?)

Today I complained …
- CANTO 我今日埋怨… (ngo5 gam1-jat6 maai4-jyun3 …)
- MANDO 我今天埋怨… (wǒ jīn-tiān mán-yuàn …)
- TAISHAN 我今日埋怨… (ngoi1 gim1-ngid5 mai4-yon1 …)

Today I complained that the subway was too slow.
- CANTO 我今日埋怨地鐵太慢喇。(ngo5 gam1-jat6 maai4-jyun3 dei6-tit3 taai3 maan6 laa3)
- MANDO 我今天埋怨地铁太慢了。(wǒ jīn-tiān mán-yuàn dì-tiě tài màn le)
- TAISHAN 我今日埋怨地鐵慢得滯。(ngoi1 gim1-ngid5 mai4-yon1 ei3-hed1 man3 ag1-dai3)

QUESTION

- CANTO 你今日有冇埋怨咩? (nei5 gam1-jat6 jau5 mou5 maai4-jyun3 me1?)
- MANDO 你今天有埋怨什么吗? (nǐ jīn-tiān yǒu mán-yuàn shén-me ma?)
- TAISHAN 你今日有冇埋怨尼乜? (nei1 gim1-ngid5 yiu1 mao1 mai4-yon1 nai2 mod2?)

… gives me goosebumps.
> CANTO …令到我毛管戙。(… ling6-dou3 ngo5 mou4-gun2-dung6)
> MANDO …让我起鸡皮疙瘩。(… ràng wó qǐ jī-pí gē-da)
> TAISHAN …令到我起雞皮米。(… len3-ao1 ngoi1 hei2 gai1-pei4-mai2)

Good music gives me goosebumps.
> CANTO 好聽嘅音樂令到我毛管戙。
  (hou2-teng1 ge3 jam1-ngok6 ling6 dou3 ngo5 mou4-gun2-dung6)
> MANDO 好听的音乐让我起鸡皮疙瘩。
  (hǎo-tīng de yīn-yuè ràng wó qǐ jī-pí gē-da)
> TAISHAN 好聽嘅音樂令到我起雞皮米。
  (hao2-hieng12 ge1 yim1-ngog3 len3-ao1 ngoi1 hei2 gai1-pei4-mai2)

QUESTION

> CANTO 咩令到你毛管戙? (me1 ling6-dou3 nei5 mou4-gun2-dung6?)
> MANDO 什么让你起鸡皮疙瘩? (shén-me ràng ní qǐ jī-pí gē-da?)
> TAISHAN 乜令到你起雞皮米? (mod2 len3-ao1 nei1 hei2 gai1-pei4-mai2?)

I want to improve …
- ▶CANTO 我想改善… (ngo5 soeng2 goi2-sin6 …)
- ▶MANDO 我想改善… (wó xiáng gǎi-shàn …)
- ▶TAISHAN 我想改善… (ngoi1 lhieng2 goi2-sen3 …)

I want to improve my Spanish.
- ▶CANTO 我想改善我嘅西班牙文。
  (ngo5 soeng2 goi2-sin6 ngo5 ge3 sai1-baan1-ngaa4-man2)
- ▶MANDO 我想改善我的西班牙语。
  (wó xiáng gǎi-shàn wǒ de xī-bān-yá-yǔ)
- ▶TAISHAN 我想改善我嘅西班牙文。
  (ngoi1 lhieng2 goi2-sen3 ngoi1 ge1 lhai1-ban1-nga4-mun42)

QUESTION

- ▶CANTO 你想改善啲咩? (nei5 soeng2 goi2-sin6 di1 me1?)
- ▶MANDO 你想改善什么? (ní xiáng gǎi-shàn shén-me?)
- ▶TAISHAN 你想改善尼乜? (nei1 lhieng2 goi2-sen3 nai2 mod2?)

... is very special to me
▸CANTO ...對我好特別 (... deoi3 ngo5 hou2 dak6-bit6)
▸MANDO ...对我很特别 (... duì wó hěn tè-bié)
▸TAISHAN ...對我好特別 (... ui1 ngoi1 hao2 ag3-bed3)

My significant other is very special to me.
▸CANTO 我嘅另一半对我好特別。(ngo5 ge3 ling6-jat1-bun3 deoi3 ngo5 hou2 dak6-bit6)
▸MANDO 我的另一半对我很特别。(wǒ de lìng-yí-bàn duì wó hěn tè-bié)
▸TAISHAN 我嘅另一半对我好特別。(ngoi1 ge1 len3-yid2-bon5 ui1 ngoi1 hao2 ag3-bed3)

QUESTION

▸CANTO 邊個對你好特別? (bin1-go3 deoi3 nei5 hou2 dak6-bit6?)
▸MANDO 谁对你很特别? (shéi duì ní hěn tè-bié?)
▸TAISHAN 誰對你好特別? (sui52 ui1 nei1 hao2 ag3-bed3?)

I would like to have a … massage.

CANTO 我想做一個…按摩。(ngo5 soeng2 zou6 jat1-go3 … on3-mo1)

MANDO 我想做一个…按摩。(wó xiǎng zuò yí-gè … àn-mó)

TAISHAN 我想做一個…按摩。(ngoi1 lhieng2 du1 yid2-goi1 … on1-mo1)

I would like to have a foot massage.

CANTO 我想做一個腳底按摩。(ngo5 soeng2 zou6 jat1-go3 goek3-dai2 on3-mo1)

MANDO 我想做一个脚底按摩。(wó xiǎng zuò yí-gè jiáo-dǐ àn-mó)

TAISHAN 我想做一個腳底按摩。(ngoi1 lhieng2 du1 yid2-goi1 gieg1-ai2 on1-mo1)

QUESTION

CANTO 你想做一個頭部、全身、定係腳底按摩?

(nei5 soeng2 zou6 jat1-go3 tau4-bou6, cyun4-san1, ding6-hai6 goek3-dai2 on3-mo1?)

MANDO 你想做一个头部、全身、还是脚底按摩?

(ní xiǎng zuò yí-gè tóu-bù, quán-shēn, hái-shì jiáo-dǐ àn-mó?)

TAISHAN 你想做一個頭部、全身、還係腳底按摩?

(nei1 lhieng2 du1 yid2-goi1 heu4-bu3, tun4-sin1, van4-hai3 gieg1-ai2 on1-mo1?)

Today my exhaustion index is …
- **CANTO** 我今日嘅疲勞指數係… (ngo5 gam1-jat6 ge3 pei4-lou4 zi2-sou3 hai6 …)
- **MANDO** 我今天的疲劳指数是… (wǒ jīn-tiān de pí-láo zhǐ-shù shì …)
- **TAISHAN** 我今日嘅疲勞指數係… (ngoi1 gim1-ngid5 ge1 pie5-lao4 ji2-su1 hai3 …)

Today my exhaustion index is 5/10.
- **CANTO** 我今日嘅疲勞指數係5分。(ngo5 gam1-jat6 ge3 pei4-lou4 zi2-sou3 hai6 ng5 fan1)
- **MANDO** 我今天的疲劳指数是5分。(wǒ jīn-tiān de pí-láo zhǐ-shù shì wǔ-fēn)
- **TAISHAN** 我今日嘅疲勞指數係5分。(ngoi1 gim1-ngid5 ge1 pie5-lao4 ji2-su1 hai3 ng2 fun1)

QUESTION

- **CANTO** 你今日嘅疲勞指數係幾多? (nei5 gam1-jat6 ge3 pei4-lou4 zi2-sou3 hai6 gei2-do1?)
- **MANDO** 你今天的疲劳指数是多少? (nǐ jīn-tiān de pí-láo zhǐ-shù shì duō-shǎo?)
- **TAISHAN** 你今日嘅疲勞指數係幾多? (nei1 gim1-ngid5 ge1 pie5-lao4 ji2-su1 hai3 gei2-uo12?)

When I watch movies, I ... subtitles.

CANTO 我睇電影...字幕。(ngo5 tai2 din6-jing2 ... zi6-mok6)

MANDO 我看电影...字幕。(wǒ kàn diàn-yǐng ... zì-mù)

TAISHAN 我睇電影...字幕。(ngoi1 hai2 en3-yen2 ... du3-mog2)

When I watch movies, I need subtitles.

CANTO 我睇電影要字幕。(ngo5 tai2 din6-jing2 jiu3 zi6-mok6)

MANDO 我看电影要字幕。(wǒ kàn diàn-yǐng yào zì-mù)

TAISHAN 我睇電影使字幕。(ngoi1 hai2 en3-yen2 soi2 du3-mog2)

QUESTION

CANTO 你睇電影要唔要字幕? (nei5 tai2 din6-jing2 jiu3 m4 jiu3 zi6-mok6?)

MANDO 你看电影要字幕吗? (nǐ kàn diàn-yǐng yào zì-mù ma?)

TAISHAN 你睇電影使唔使字幕? (nei1 hai2 en3-yen2 soi2 m4 soi2 du3-mog2?)

... is my hero today.

CANTO ...係我今日嘅英雄。(... hai6 ngo5 gam1-jat6 ge3 jing1-hung4)

MANDO ...是我今天的英雄。(... shì wǒ jīn-tiān de yīng-xióng)

TAISHAN ...係我今日嘅英雄。(... hai3 ngoi1 gim1-ngid5 ge1 yen1-hung4)

My dad is my hero today.

CANTO 我老竇係我今日嘅英雄。(ngo5 lou5-dau6 hai6 ngo5 gam1-jat6 ge3 jing1-hung4)

MANDO 我老爸是我今天的英雄。(wó lǎo-bà shì wǒ jīn-tiān de yīng-xióng)

TAISHAN 偓老竇係我今日嘅英雄。(ngoi5 lao2-deu3 hai3 ngoi1 gim1-ngid5 ge1 yen1-hung4)

QUESTION

CANTO 邊個係你今日嘅英雄? (bin1-go3 hai6 nei5 gam1-jat6 ge3 jing1-hung4?)

MANDO 谁是你今天的英雄? (shéi shì nǐ jīn-tiān de yīng-xióng?)

TAISHAN 誰係你今日嘅英雄? (sui52 hai3 nei1 gim1-ngid5 ge1 yen1-hung4?)

Today I was on my phone for …

CANTO　我今日睇手機睇咗… (ngo5 gam1-jat6 tai2 sau2-gei1 tai2 zo2 …)

MANDO　我今天看手机看了… (wǒ jīn-tiān kàn shǒu-jī kàn le …)

TAISHAN　我今日睇手機睇誒… (ngoi1 gim1-ngid5 hai2 siu2-gei12 hai2 e1 …)

Today I was on my phone for 4.5 hours.

CANTO　我今日睇手機睇咗4個半鐘。

　　　　(ngo5 gam1-jat6 tai2 sau2-gei1 tai2 zo2 sei3-go3 bun3 zung1)

MANDO　我今天看手机看了4个半小时。

　　　　(wǒ jīn-tiān kàn shǒu-jī kàn le sì-gè bàn xiǎo-shí)

TAISHAN　我今日睇手機睇誒4個半鐘。

　　　　(ngoi1 gim1-ngid5 hai2 siu2-gei12 hai2 e1 lhei1-goi1 bon1 jung12)

QUESTION

CANTO　你今日睇手機睇咗幾耐? (nei5 gam1-jat6 tai2 sau2-gei1 tai2 zo2 gei2-noi6?)

MANDO　你今天看手机看了多久? (nǐ jīn-tiān kàn shǒu-jī kàn le duō-jiǔ?)

TAISHAN　你今日睇手機睇誒幾久? (nei1 gim1-ngid5 hai2 siu2-gei12 hai2 e1 gei2-giu2?)

Today I want to be …
▶CANTO　我今日想做… (ngo5 gam1-jat6 soeng2 zou6 …)
▶MANDO　我今天想当… (wǒ jīn-tiān xiǎng dāng …)
▶TAISHAN　我今日想做… (ngoi1 gim1-ngid5 lhieng2 du1 …)

Today I want to be a fish.
▶CANTO　我今日想做一條魚。(ngo5 gam1-jat6 soeng2 zou6 jat1-tiu4 jyu2)
▶MANDO　我今天想当一条鱼。(wǒ jīn-tiān xiǎng dāng yì-tiáo yú)
▶TAISHAN　我今日想做一條魚。(ngoi1 gim1-ngid5 lhieng2 du1 yid2-hieu4 ngui52)

QUESTION

▶CANTO　你今日想做咩動物? (nei5 gam1-jat6 soeng2 zou6 me1 dung6-mat6?)
▶MANDO　你今天想当什么动物? (nǐ jīn-tiān xiǎng dāng shén-me dòng-wù?)
▶TAISHAN　你今日想做乜動物? (nei1 gim1-ngid5 lhieng2 du1 mod2 ung3-mod3?)

I want to know … better.

CANTO　我想瞭解…多啲。(ngo5 soeng2 liu5-gaai2 … do1-di1)

MANDO　我想多了解… (wó xiǎng duō liáo-jiě …)

TAISHAN　我想瞭解…多尼。(ngoi1 lhieng2 lieu2-gai2 … uo1-nai2)

I want to know my (paternal) grandpa better.

CANTO　我想瞭解我爺爺多啲。(ngo5 soeng2 liu5-gaai2 ngo5 je4-je2 do1-di1)

MANDO　我想多了解我爷爷。(wó xiǎng duō liáo-jié wǒ yé-ye)

TAISHAN　我想瞭解偓爺爺多尼。(ngoi1 lhieng2 lieu2-gai2 ngoi5 yie4-yie42 uo1-nai2)

QUESTION

CANTO　你想瞭解邊個多啲? (nei5 soeng2 liu5-gaai2 bin1-go3 do1-di1?)

MANDO　你想多了解谁? (ní xiǎng duō liáo-jiě shéi?)

TAISHAN　你想瞭解誰多尼? (nei1 lhieng2 lieu2-gai2 sui52 uo1-nai2?)

I ... take an (afternoon) nap.

CANTO 我今日…瞓晏覺。(ngo5 gam1-jat6 … fan3 aan3-gaau3)

MANDO 我今天…睡午觉。(wǒ jīn-tiān … shuì wǔ-jiào)

TAISHAN 我今日…瞓晏晝。(ngoi1 gim1-ngid5 … fun1 an1-jiu52)

I wanted to take an (afternoon) nap.

CANTO 我今日想瞓晏覺。(ngo5 gam1-jat6 soeng2 fan3 aan3-gaau3)

MANDO 我今天想睡午觉。(wǒ jīn-tiān xiǎng shuì wǔ-jiào)

TAISHAN 我今日想瞓晏晝。(ngoi1 gim1-ngid5 lhieng2 fun1 an1-jiu52)

QUESTION

CANTO 你今日有冇瞓晏覺? (nei5 gam1-jat6 jau5 mou5 fan3 aan3-gaau3?)

MANDO 你今天有没有睡午觉? (nǐ jīn-tiān yǒu méi yǒu shuì wǔ-jiào?)

TAISHAN 你今日有冇瞓晏晝? (nei1 gim1-ngid5 yiu1 mao1 fun1 an1-jiu52?)

... was very embarrassing.

CANTO ...好尷尬。(... hou2 gaam3-gaai3)

MANDO ...很尷尬。(... hěn gān-gà)

TAISHAN ...好尷尬。(... hao2 gam1-gai1)

Saying hi to someone who didn't see me was very embarrassing.

CANTO 同睇唔到我嘅人打招呼好尷尬。

(tung4 tai2 m4 dou2 ngo5 ge3 jan4 daa2-ziu1-fu1 hou2 gaam3-gaai3)

MANDO 跟看不到我的人打招呼很尷尬。

(gēn kàn bú dào wǒ de rén dǎ-zhāo-hū hěn gān-gà)

TAISHAN 同睇唔到我嘅人打招呼好尷尬。

(hung4 hai2 m4 ao2 ngoi1 ge1 ngin4 a2-jieu1-fu1 hao2 gam1-gai1)

QUESTION

CANTO 咩係好尷尬㗎? (me1 hai6 hou2 gaam3-gaai3 gaa3?)

MANDO 什么事情很尷尬? (shén-me shì-qíng hěn gān-gà?)

TAISHAN 乜係好尷尬㗎? (mod2 hai3 hao2 gam1-gai1 ga1?)

Yesterday you should've ...

CANTO 你琴日應該... (nei5 kam4-jat6 jing1-goi1 ...)

MANDO 你昨天应该... (nǐ zuó-tiān yīng-gāi ...)

TAISHAN 你昨晚應該... (nei1 dam5-man52 yen1-goi1 ...)

Yesterday you should've slept earlier.

CANTO 你琴日應該早啲瞓。(nei5 kam4-jat6 jing1-goi1 zou2 di1 fan3)

MANDO 你昨天应该早点睡。(nǐ zuó-tiān yīng-gāi záo diǎn shuì)

TAISHAN 你昨晚應該早尼瞓。(nei1 dam5-man52 yen1-goi1 dao2 nai2 fun1)

QUESTION

CANTO 你想畀琴日嘅自己咩建議? (nei5 soeng2 bei2 kam4-jat6 ge3 zi6-gei2 me1 gin3-ji5?)

MANDO 你想给昨天的自己什么建议? (nǐ xiáng gěi zuó-tiān de zì-jǐ shén-me jiàn-yì?)

TAISHAN 你想畀昨晚嘅自己乜建議? (nei1 lhieng2 ei2 dam5-man52 ge1 du3-gei2 mod2 gen3-ngei3?)

Today's scent is ...
- CANTO 今日嘅香味係... (gam1-jat6 ge3 hoeng1-mei6 hai6 ...)
- MANDO 今天的香味是... (jīn-tiān de xiāng-wèi shì ...)
- TAISHAN 今日嘅香味係... (gim1-ngid5 ge1 hieng1-mei3 hai3 ...)

Today's scent is the fragrance of tea.
- CANTO 今日嘅香味係茶香。(gam1-jat6 ge3 hoeng1-mei6 hai6 caa4 hoeng1)
- MANDO 今天的香味是茶香。(jīn-tiān de xiāng-wèi shì chá xiāng)
- TAISHAN 今日嘅香味係茶香。(gim1-ngid5 ge1 hieng1-mei3 hai3 ca4 hieng1)

QUESTION
- CANTO 今日嘅香味係咩? (gam1-jat6 ge3 hoeng1-mei6 hai6 me1?)
- MANDO 今天的香味是什么? (jīn-tiān de xiāng-wèi shì shén-me?)
- TAISHAN 今日嘅香味係乜? (gim1-ngid5 ge1 hieng1-mei3 hai3 mod2?)

I like ....'s videos the most.

`▶CANTO` 我最鍾意…嘅影片。(ngo5 zeoi3 zung1-ji3 … ge3 jing2-pin2)

`▶MANDO` 我最喜欢…的视频。(wǒ zuì xǐ-huān … de shì-pín)

`▶TAISHAN` 我最鍾意…嘅视频。(ngoi1 dui1 jung1-yi1 … ge1 si3-pin4)

I like Liziqi's videos the most.

`▶CANTO` 我最鍾意李子柒嘅影片。(ngo5 zeoi3 zung1-ji3 lei5-zi2-cat1 ge3 jing2-pin2)

`▶MANDO` 我最喜欢李子柒的视频。(wǒ zuì xǐ-huān lí-zǐ-qī de shì-pín)

`▶TAISHAN` 我最鍾意李子柒嘅视频。(ngoi1 dui1 jung1-yi1 lei2-du2-tid2 ge1 si3-pin4)

QUESTION

`▶CANTO` 你最鍾意邊個YouTube頻道? (nei5 zeoi3 zung1-ji3 bin1-go3 YouTube pan4-dou6?)

`▶MANDO` 你最喜欢哪个YouTube频道? (nǐ zuì xǐ-huān nǎ-gè YouTube pín-dào?)

`▶TAISHAN` 你最鍾意哪個YouTube頻道? (nei1 dui1 jung1-yi1 nai5-goi1 YouTube pin4-ao3?)

Today I … ride a bicycle.

▶CANTO 我今日…踩單車。(ngo5 gam1-jat6 … jaai2 daan1-ce1)

▶MANDO 我今天…骑自行车。(wǒ jīn-tiān … qí zì-xíng-chē)

▶TAISHAN 我今日…踩單車。(ngoi1 gim1-ngid5 … cai2 an1-cie12)

Today I really wanted to ride a bicycle.

▶CANTO 我今日好想踩單車。(ngo5 gam1-jat6 hou2 soeng2 jaai2 daan1-ce1)

▶MANDO 我今天很想骑自行车。(wǒ jīn-tiān hén xiǎng qí zì-xíng-chē)

▶TAISHAN 我今日好想踩單車。(ngoi1 gim1-ngid5 hao2 lhieng2 cai2 an1-cie12)

QUESTION

▶CANTO 你今日想唔想踩單車? (nei5 gam1-jat6 soeng2 m4 soeng2 jaai2 daan1-ce1?)

▶MANDO 你今天想骑自行车吗? (nǐ jīn-tiān xiǎng qí zì-xíng-chē ma?)

▶TAISHAN 你今日想唔想踩單車? (nei1 gim1-ngid5 lhieng2 m4 lhieng2 cai2 an1-cie12?)

I can't live without …
- **CANTO** 我唔可以冇… (ngo5 m4 ho2-ji5 mou5 …)
- **MANDO** 我不能没有… (wǒ bù néng méi yǒu …)
- **TAISHAN** 我唔可以冇… (ngoi1 m4 huo2-yi5 mao1 …)

I can't live without my glasses.
- **CANTO** 我唔可以冇眼鏡。(ngo5 m4 ho2-ji5 mou5 ngaan5-geng2)
- **MANDO** 我不能没有眼镜。(wǒ bù néng méi yóu yǎn-jìng)
- **TAISHAN** 我唔可以冇眼鏡。(ngoi1 m4 huo2-yi5 mao1 ngan2-gieng12)

QUESTION

- **CANTO** 你唔可以冇咩? (nei5 m4 ho2-ji5 mou5 me1?)
- **MANDO** 你不能没有什么? (nǐ bù néng méi yǒu shén-me?)
- **TAISHAN** 你唔可以冇乜? (nei1 m4 huo2-yi5 mao1 mod2?)

Today I ate …

▶CANTO 我今日食得… (ngo5 gam1-jat6 sik6 dak1 …)

▶MANDO 我今日吃得… (wǒ jīn-tiān chī de …)

▶TAISHAN 我今日吃得… (ngoi1 gim1-ngid5 hieg1 ag2 …)

Today I ate just right.

▶CANTO 我今日食得啱啱好。(ngo5 gam1-jat6 sik6 dak1 ngaam1-ngaam1 hou2)

▶MANDO 我今天吃得刚刚好。(wǒ jīn-tiān chī de gāng-gāng hǎo)

▶TAISHAN 我今日吃得啱啱好。(ngoi1 gim1-ngid5 hieg1 ag2 ngam2-ngam2 hao2)

QUESTION

▶CANTO 你今日有冇食得太飽? (nei5 gam1-jat6 jau5 mou5 sik6 dak1 taai3 baau2?)

▶MANDO 你今天有没有吃得太饱? (nǐ jīn-tiān yǒu méi yǒu chī de tài bǎo?)

▶TAISHAN 你今日有冇吃得飽得滯? (nei1 gim1-ngid5 yiu1 mao1 hieg1 ag2 bao2 ag1-dai3?)

Today I wanted to avoid ...

CANTO 我今日想避開... (ngo5 gam1-jat6 soeng2 bei6-hoi1 ...)

MANDO 我今天想避开... (wǒ jīn-tiān xiǎng bì-kāi ...)

TAISHAN 我今日想避開... (ngoi1 gim1-ngid5 lhieng2 bei3-hoi1 ...)

Today I wanted to avoid working overtime.

CANTO 我今日想避開開OT。(ngo5 gam1-jat6 soeng2 bei6-hoi1 hoi1 OT)

MANDO 我今天想避开加班。(wǒ jīn-tiān xiǎng bì-kāi jiā-bān)

TAISHAN 我今日想避開加班。(ngoi1 gim1-ngid5 lhieng2 bei3-hoi1 ga1-ban1)

QUESTION

CANTO 你今日想避開咩? (nei5 gam1-jat6 soeng2 bei6-hoi1 me1?)

MANDO 你今天想避开什么? (nǐ jīn-tiān xiǎng bì-kāi shén-me?)

TAISHAN 你今日想避開乜? (nei1 gim1-ngid5 lhieng2 bei3-hoi1 mod2?)

When I went out today, I ... an umbrella.

▶CANTO 我今日出門口...遮。(ngo5 gam1-jat6 ceot1 mun4-hau2 ... ze1)

▶MANDO 我今天出门...伞。(wǒ jīn-tiān chū mén ... sǎn)

▶TAISHAN 我今日出門口...遮。(ngoi1 gim1-ngid5 cud2 mon4-heu2 ... jie12)

When I went out today, I carried an umbrella.

▶CANTO 我今日出門口有帶遮。(ngo5 gam1-jat6 ceot1 mun4-hau2 jau5 daai3 ze1)

▶MANDO 我今天出门有带伞。(wǒ jīn-tiān chū mén yǒu dài sǎn)

▶TAISHAN 我今日出門口有帶遮。(ngoi1 gim1-ngid5 cud2 mon4-heu2 yiu1 ai1 jie12)

QUESTION

▶CANTO 你今日出門口有冇帶遮? (nei5 gam1-jat6 ceot1 mun4-hau2 jau5 mou5 daai3 ze1?)

▶MANDO 你今天出门有没有带伞? (nǐ jīn-tiān chū mén yǒu méi yǒu dài sǎn?)

▶TAISHAN 你今日出門口有冇帶遮? (nei1 gim1-ngid5 cud2 mon4-heu2 yiu1 mao1 ai1 jie12?)

September

These days everyone is talking about …
- ▶CANTO 而家個個都講緊… (ji4-gaa1 go3-go3 dou1 gong2-gan2 …)
- ▶MANDO 现在大家都在说… (xiàn-zài dà-jiā dōu zài shuō …)
- ▶TAISHAN 該時個個都講緊… (koi5-si52 goi1-goi1 du2 gong2 gin2 …)

These days everyone is talking about Van Gogh's exhibition.
- ▶CANTO 而家個個都講緊梵高嘅展覽。
  (ji4-gaa1 go3-go3 dou1 gong2 gan2 faan4-gou1 ge3 zin2-laam5)
- ▶MANDO 现在大家都在说梵高的展览。
  (xiàn-zài dà-jiā dōu zài shuō fán-gāo de zhán-lǎn)
- ▶TAISHAN 該時個個都講緊梵高嘅展覽。
  (koi5-si52 goi1-goi1 du2 gong2 gin2 fan4-gao1 ge1 jin2-lam5)

QUESTION

- ▶CANTO 而家個個都講緊咩? (ji4-gaa1 go3-go3 dou1 gong2 gan2 me1?)
- ▶MANDO 现在大家都在说什么? (xiàn-zài dà-jiā dōu zài shuō shén-me?)
- ▶TAISHAN 該時個個都講緊乜? (koi5-si52 goi1-goi1 du2 gong2 gin2 mod2?)

I looked up ... today
- CANTO 我今日查咗... (ngo5 gam1-jat6 caa4 zo2 ...)
- MANDO 我今天查了... (wǒ jīn-tiān chá le ...)
- TAISHAN 我今日查誒... (ngoi1 gim1-ngid5 ca4 e1 ...)

I looked up the bank's phone number today.
- CANTO 我今日查咗銀行嘅電話號碼。
  (ngo5 gam1-jat6 caa4 zo2 ngan4-hong4 ge3 din6-waa2 hou6-maa5)
- MANDO 我今天查了银行的电话号码。
  (wǒ jīn-tiān chá le yín-háng de diàn-huà hào-mǎ)
- TAISHAN 我今日查誒銀行嘅電話號碼。
  (ngoi1 gim1-ngid5 ca4 e1 ngan4-hong4 ge1 en3-va3 hao3-ma52)

QUESTION

- CANTO 你今日查咗咩電話號碼? (nei5 gam1-jat6 caa4 zo2 me1 din6-waa2 hou6-maa5?)
- MANDO 你今天查了什么电话号码? (nǐ jīn-tiān chá le shén-me diàn-huà hào-mǎ?)
- TAISHAN 你今日查誒乜電話號碼? (nei1 gim1-ngid5 ca4 e1 mod2 en3-va3 hao3-ma52?)

I am subscribed to ...

CANTO 我訂閱咗... (ngo5 deng6-jyut6 zo2 ...)

MANDO 我订阅了... (wǒ dìng-yuè le ...)

TAISHAN 我訂誒... (ngoi1 ieng3-yon3 e1 ...)

I am subscribed to ABC's membership.

CANTO 我訂閱咗ABC嘅會員。 (ngo5 deng6-jyut6 zo2 ABC ge3 wui2-jyun4)

MANDO 我订阅了ABC的会员。 (wǒ dìng-yuè le ABC de huì-yuán)

TAISHAN 我訂閱誒ABC嘅會員。 (ngoi1 ieng3-yon3 e1 ABC ge1 voi3-yon4)

QUESTION

CANTO 你有冇訂閱乜嘢? (nei5 jau5 mou5 deng6-jyut6 mat1 je5?)

MANDO 你有订阅什么东西吗? (ní yǒu dìng-yuè shén-me dōng-xi ma?)

TAISHAN 你有冇訂閱尼乜? (nei1 yiu1 mao1 ieng3-yon3 nai2 mod2?)

Recently, I tried ...
▶CANTO 我最近試咗... (ngo5 zeoi3-gan6 si3 zo2 ...)
▶MANDO 我最近试了... (wǒ zuì-jìn shì le ...)
▶TAISHAN 我最近試誃... (ngoi1 dui1-gin3 si1 e1 ...)

Recently, I tried Qingtuan (mugwort mochi).
▶CANTO 我最近試咗青團。(ngo5 zeoi3-gan6 si3 zo2 cing1-tyun4)
▶MANDO 我最近试了青团。(wǒ zuì-jìn shì le qīng-tuán)
▶TAISHAN 我最近試誃青團。(ngoi1 dui1-gin3 si1 e1 ten1-hon4)

QUESTION

▶CANTO 你最近試咗咩新嘢食? (nei5 zeoi3-gan6 si3 zo2 me1 san1 je5-sik6?)
▶MANDO 你最近试了什么新的食物? (nǐ zuì-jìn shì le shén-me xīn de shí-wù?)
▶TAISHAN 你最近試誃乜新嘅好吃? (nei1 dui1-gin3 si1 e1 mod2 lhin1 ge1 hao2-hieg12?)

I am worried ...

CANTO 我擔心… (ngo5 daam1-sam1 …)

MANDO 我担心… (wǒ dān-xīn …)

TAISHAN 我擔心… (ngoi1 am1-lhim1 …)

I am worried (that) the weather isn't good tomorrow.

CANTO 我擔心聽日天氣唔好。(ngo5 daam1-sam1 ting1-jat6 tin1-hei3 m4 hou2)

MANDO 我担心明天天气不好。(wǒ dān-xīn míng-tiān tiān-qì bù hǎo)

TAISHAN 我擔心天早天氣唔好。(ngoi1 am1-lhim1 hen4-dao2 hen1-hei1 m4 hao2)

QUESTION

CANTO 你擔心咩? (nei5 daam1-sam1 me1?)

MANDO 你担心什么? (nǐ dān-xīn shén-me?)

TAISHAN 你擔心乜? (nei1 am1-lhim1 mod2?)

I would like a Tsingtao beer.

CANTO 我想飲杯… (ngo5 soeng2 jam2 bui1 …)

MANDO 我想喝杯… (wó xiǎng hē bēi …)

TAISHAN 我想飲杯… (ngoi1 lhieng2 ngim2 boi1 …)

I would like a Tsingtao beer.

CANTO 我想飲杯青島啤酒。(ngo5 soeng2 jam2 bui1 cing1-dou2 be1-zau2)

MANDO 我想喝杯青岛啤酒。(wó xiǎng hē bēi qīng-dǎo pí-jiǔ)

TAISHAN 我想飲杯青島啤酒。(ngoi1 lhieng2 ngim2 boi1 ten1-ao2 pie2-diu2)

QUESTION

CANTO 你想飲杯咩? (nei5 soeng2 jam2 bui1 me1?)

MANDO 你想喝杯什么? (ní xiǎng hē bēi shén-me?)

TAISHAN 你想飲杯乜? (nei1 lhieng2 ngim2 boi1 mod2?)

My phone has … power.

▶CANTO 我嘅手機有….嘅電。(ngo5 ge3 sau2-gei1 jau5 … ge3 din6)

▶MANDO 我的手机有…的电。(wǒ de shǒu-jī yǒu … de diàn)

▶TAISHAN 我嘅手機有….嘅電。(ngoi1 ge1 siu2-gei1 yiu1 … ge1 en3)

My phone has … power.

▶CANTO 我嘅手機有67%嘅電。

(ngo5 ge3 sau2-gei1 jau5 baak3-fan6-zi1 luk6-sap6-cat1 ge3 din6)

▶MANDO 我的手机有67%的电。

(wǒ de shǒu-jī yóu bǎi-fēn-zhī liù-shí-qī de diàn)

▶TAISHAN 我嘅手機有67%嘅電。

(ngoi1 ge1 siu2-gei1 yiu1 bag1-fun3-ji1 lug3-sib3-tid2 ge1 en3)

QUESTION

▶CANTO 你嘅手機有幾多電? (nei5 ge3 sau2-gei1 jau5 gei2-do1 din6?)

▶MANDO 你的手机有多少电? (nǐ de shǒu-jī yǒu duō-shǎo diàn?)

▶TAISHAN 你嘅手機有幾多電? (nei1 ge1 siu2-gei1 yiu1 gei2-uo1 en3?)

... got canceled.

CANTO ...取消咗。(... ceoi2-siu1 zo2)

MANDO ...取消了。(... qǔ-xiāo le)

TAISHAN ...取消誒。(... tui2-lhieu1 e1)

My train got canceled.

CANTO 我嘅火車取消咗。(ngo5 ge3 fo2-ce1 ceoi2-siu1 zo2)

MANDO 我的火车取消了。(wǒ de huǒ-chē qǔ-xiāo le)

TAISHAN 我嘅火車取消誒。(ngoi1 ge1 fuo2-cie1 tui2-lhieu1 e1)

QUESTION

CANTO 今日有咩取消咗? (gam1-jat6 jau5 me1 ceoi2-siu1 zo2?)

MANDO 今天有什么取消了? (jīn-tiān yǒu shén-me qǔ-xiāo le?)

TAISHAN 今日有乜取消誒? (gim1-ngid5 yiu1 mod2 tui2-lhieu1 e1?)

If you were a brand ambassador, what brand would that be?

If I were a brand ambassador, that brand would be …
▶ CANTO 如果我係一個品牌大使，嗰個品牌會係…
(jyu4-gwo2 ngo5 hai6 jat1-go3 ban2-paai4 daai6-si5, go2-go3 ban2-paai4 wui5 hai6 …)
▶ MANDO 如果我是一个品牌大使，那个品牌会是…
(rú-guó wǒ shì yí-gè pǐn-pái dà-shǐ, nà-gè pǐn-pái huì shì …)
▶ TAISHAN 如果我係一個品牌大使，啡個品牌會係…
(ngui4-guo2 ngoi1 hai3 yid2-goi1 bin2-pai4 ai3-lhu2, nen5-goi1 bin2-pai4 voi5 hai3 …)

If I am a brand ambassador, that brand would be Patagonia.
▶ CANTO 如果我係一個品牌大使，嗰個品牌會係Patagonia。
(jyu4-gwo2 ngo5 hai6 jat1-go3 ban2-paai4 daai6-si5, go2-go3 ban2-paai4 wui5 hai6 Patagonia)
▶ MANDO 如果我是一个品牌大使，那个品牌会是Patagonia。
(rú-guó wǒ shì yí-gè pǐn-pái dà-shǐ, nà-gè pǐn-pái huì shì Patagonia)
▶ TAISHAN 如果我係一個品牌大使，啡個品牌會係Patagonia。
(ngui4-guo2 ngoi1 hai3 yid2-goi1 bin2-pai4 ai3-lhu2, nen5-goi1 bin2-pai4 voi5 hai3 Patagonia)

QUESTION

▶ CANTO 如果你係一個品牌大使，嗰個會係咩品牌？
(jyu4-gwo2 nei5 hai6 jat1-go3 ban2-paai4 daai6-si5, go2-go3 wui5 hai6 me1 ban2-paai4?)

▶ MANDO 如果你是一个品牌大使，那个会是什么品牌？
(rú-guó nǐ shì yí-gè pǐn-pái dà-shǐ, nà-gè huì shì shén-me pǐn-pái?)

▶ TAISHAN 如果你係一個品牌大使，啡個會係乜品牌？
(ngui4-guo2 nei1 hai3 yid2-goi1 bin2-pai4 ai3-lhu2, nen5-goi1 voi5 hai3 mod2 bin2-pai4?)

Today I … talk to a stranger.

▶CANTO 我今日…同陌生人講嘢。(ngo5 gam1-jat6 … tung4 mak6-sang1-jan4 gong2 je5)

▶MANDO 我今天…跟陌生人说话。(wǒ jīn-tiān … gēn mò-shēng-rén shuō-huà)

▶TAISHAN 我今日…同陌生人講話。(ngoi1 gim1-ngid5 … hung4 mag2-sang1-ngin4 gong2-va32)

Today I did talk to a stranger.

▶CANTO 我今日有同陌生人講嘢。

(ngo5 gam1-jat6 jau5 tung4 mak6-sang1-jan4 gong2 je5)

▶MANDO 我今天有跟陌生人说话。

(wǒ jīn-tiān yǒu gēn mò-shēng-rén shuō-huà)

▶TAISHAN 我今日有同陌生人講話。

(ngoi1 gim1-ngid5 yiu1 hung4 mag2-sang1-ngin4 gong2-va32)

QUESTION

▶CANTO 你今日有冇同陌生人講嘢? (nei5 gam1-jat6 jau5 mou5 tung4 mak6-sang1-jan4 gong2-je5?)

▶MANDO 你今天有跟陌生人说话吗? (nǐ jīn-tiān yǒu gēn mò-shēng-rén shuō huà-ma?)

▶TAISHAN 你今日有冇同陌生人講嘢? (nei1 gim1-ngid5 yiu1 mao1 hung4 mag2-sang1-ngin4 gong2-va32?)

I cry ....

CANTO 我…喊。(ngo5 … haam3)

MANDO 我…哭。(wǒ … kū)

TAISHAN 我…哭。(ngoi1 … hug1)

I cry very easily.

CANTO 我好易喊。(ngo5 hou2 ji6 haam3)

MANDO 我很爱哭。(wó hěn ài kū)

TAISHAN 我好易哭。(ngoi1 hao2 yi3 hug1)

QUESTION

CANTO 你易唔易喊? (nei5 ji6 m4 ji6 haam3?)

MANDO 你爱哭吗? (nǐ ài kū ma1?)

TAISHAN 你易哭嗎? (nei1 yi3 hug1 ma?)

Today I … new movie.

CANTO 我今日…新電影。(ngo5 gam1-jat6 … san1 din6-jing2)

MANDO 我今天…新电影。(wǒ jīn-tiān … xīn diàn-yǐng)

TAISHAN 我今日…新電影。(ngoi1 gim1-ngid5 … lhin1 en3-yen2)

Today I saw a new movie.

CANTO 我今日睇咗新電影。(ngo5 gam1-jat6 tai2 zo2 san1 din6-jing2)

MANDO 我今天看了新电影。(wǒ jīn-tiān kàn le xīn diàn-yǐng)

TAISHAN 我今日睇誒新電影。(ngoi1 gim1-ngid5 hai2 e1 lhin1 en3-yen2)

QUESTION

CANTO 你今日有冇睇新電影? (nei5 gam1-jat6 jau5 mou5 tai2 san1 din6-jing2?)

MANDO 你今天有没有看新电影? (nǐ jīn-tiān yǒu méi yǒu kàn xīn diàn-yǐng?)

TAISHAN 你今日有冇睇新電影? (nei1 gim1-ngid5 yiu1 mao1 hai2 lhin1 en3-yen2?)

Today I forgot …
- **CANTO** 我今日唔記得咗… (ngo5 gam1-jat6 m4 gei3-dak1 zo2 …)
- **MANDO** 我今天忘记了… (wǒ jīn-tiān wàng-jì le …)
- **TAISHAN** 我今日唔記得誒… (ngoi1 gim1-ngid5 m4 gei1-ag1 e1 …)

Today I forgot I had a class.
- **CANTO** 我今日唔記得咗有一堂課。(ngo5 gam1-jat6 m4 gei3-dak1 zo2 jau5 jat1-tong4 fo3)
- **MANDO** 我今天忘记了有一堂课。(wǒ jīn-tiān wàng-jì le yǒu yì-táng kè)
- **TAISHAN** 我今日唔記得誒有一堂課。(ngoi1 gim1-ngid5 m4 gei1-ag1 e1 yiu1 yid2-hong4 fuo1)

QUESTION

- **CANTO** 你今日唔記得咗咩? (nei5 gam1-jat6 m4 gei3-dak1 zo2 me1?)
- **MANDO** 你今天忘记了什么? (nǐ jīn-tiān wàng-jì le shén-me?)
- **TAISHAN** 你今日唔記得誒乜? (nei1 gim1-ngid5 m4 gei1-ag1 e1 mod2?)

I live in …

CANTO 我住喺… (ngo5 zyu6 hai2 …)

MANDO 我住在… (wǒ zhù zài …)

TAISHAN 我住到… (ngoi1 ji32 ao1 …)

I live in a city.

CANTO 我住喺市區。(ngo5 zyu6 hai2 si5-keoi1)

MANDO 我住在市区。(wǒ zhù zài shì-qū)

TAISHAN 我住到市區。(ngoi1 ji32 ao1 si5-kui12)

QUESTION

CANTO 你住喺郊區定係市區? (nei5 zyu6 hai2 gaau1-keoi1 ding6-hai6 si5-keoi1?)

MANDO 你住在郊区还是市区? (nǐ zhù zài jiāo-qū hái-shì shì-qū?)

TAISHAN 你住到郊區還係市區? (nei1 ji32 ao1 gao1-kui12 van4-hai3 si5-kui12?)

I missed …'s call.

CANTO 我冇聽…嘅電話。(ngo5 mou5 teng1 … ge3 din6-waa2)

MANDO 我没听…的电话。(wǒ méi tīng … de diàn-huà)

TAISHAN 我冇聽…嘅電話。(ngoi1 mao1 hieng1 … ge1 en3-va32)

I missed a spam call.

CANTO 我冇聽垃圾電話。(ngo5 mou5 teng1 laap6-saap3 din6-waa2)

MANDO 我没听垃圾电话。(wǒ méi tīng lā-jī diàn-huà)

TAISHAN 我冇聽垃圾電話。(ngoi1 mao1 hieng1 leb3-lheb2 en3-va32)

QUESTION

CANTO 你冇聽邊個嘅電話? (nei5 mou5 teng1 bin1-go3 ge3 din6-waa2?)

MANDO 你没听谁的电话? (nǐ méi tīng shéi de diàn-huà?)

TAISHAN 你冇聽誰嘅電話? (nei1 mao1 hieng1 sui52 ge1 en3-va32?)

My favorite breakfast is …
- CANTO 我最鍾意嘅早餐係… (ngo5 zeoi3 zung1-ji3 ge3 zou2-caan1 hai6 …)
- MANDO 我最喜欢的早餐是… (wǒ zuì xǐ-huān de zǎo-cān shì …)
- TAISHAN 我最鍾意嘅早餐係… (ngoi1 dui1 jung1-yi1 ge1 dao2-tan12 hai3 …)

My favorite breakfast is rice noodle rolls and soy milk.
- CANTO 我最鍾意嘅早餐係腸粉同豆漿。
  (ngo5 zeoi3 zung1-ji3 ge3 zou2-caan1 hai6 coeng4-fan2 tung4 dau6-zoeng1)
- MANDO 我最喜欢的早餐是肠粉和豆浆。
  (wǒ zuì xǐ-huān de zǎo-cān shì cháng-fěn hé dòu-jiāng)
- TAISHAN 我最鍾意嘅早餐係腸粉同豆漿。
  (ngoi1 dui1 jung1-yi1 ge1 dao2-tan12 hai3 cieng4-fun2 hung4 eu3-dieng1)

QUESTION
- CANTO 你最鍾意咩早餐? (nei5 zeoi3 zung1-ji3 me1 zou2-caan1?)
- MANDO 你最喜欢什么早餐? (nǐ zuì xǐ-huān shén-me zǎo-cān?)
- TAISHAN 你最鍾意乜早餐? (nei1 dui1 jung1-yi1 mod2 dao2-tan12?)

I ... roommate.

CANTO 我…同屋主。(ngo5 … tung4-uk1-zyu2)

MANDO 我…室友。(wǒ … shì-yǒu)

TAISHAN 我…室友。(ngoi1 … sid2-yiu52)

My roommates are my family members.

CANTO 我嘅同屋主係我嘅屋企人。(ngo5 ge3 tung4-uk1-zyu2 hai6 ngo5 ge3 uk1-kei2-jan4)

MANDO 我的室友是我的家人。(wǒ de shì-yǒu shì wǒ de jiā-rén)

TAISHAN 我嘅室友係我嘅屋企人。(ngoi1 ge1 sid2-yiu52 hai3 ngoi1 ge1 ug2-kei2-ngin4)

QUESTION

CANTO 你有冇同屋主? (nei5 jau5 mou5 tung4-uk1-zyu2?)

MANDO 你有室友吗? (ní yǒu shì-yǒu ma?)

TAISHAN 你有冇室友? (nei1 yiu1 mao1 sid2-yiu52?)

My favorite band is ...
- CANTO 我最鍾意嘅樂隊係… (ngo5 zeoi3 zung1-ji3 ge3 ngok6-deoi2 hai6 …)
- MANDO 我最喜欢的乐队是… (wǒ zuì xǐ-huān de yuè-duì shì …)
- TAISHAN 我最鍾意嘅樂隊係… (ngoi1 dui1 jung1-yi1 ge1 ngog3-dui32 hai3 …)

My favorite band is The ___ Experiment.
- CANTO 我最鍾意嘅樂隊係The ___ Experiment。
  (ngo5 zeoi3 zung1-ji3 ge3 ngok6-deoi2 hai6 The ___ Experiment)
- MANDO 我最喜欢的乐队是The ___ Experiment。
  (wǒ zuì xǐ-huān de yuè-duì shì The ___ Experiment)
- TAISHAN 我最鍾意嘅樂隊係The ___ Experiment。
  (ngoi1 dui1 jung1-yi1 ge1 ngog3-dui32 hai3 The ___ Experiment)

QUESTION
- CANTO 你最鍾意咩樂隊? (nei5 zeoi3 zung1-ji3 me1 ngok6-deoi2?)
- MANDO 你最喜欢什么乐队? (ní zuì xǐ-huān shén-me yuè-duì?)
- TAISHAN 你最鍾意乜樂隊? (nei1 dui1 jung1-yi1 mod2 ngog3-dui32?)

Today I … picture.

▶CANTO 我今日…影相。(ngo5 gam1-jat6 … jing2 soeng2)

▶MANDO 我今天…拍照。(wǒ jīn-tiān … pāi zhào)

▶TAISHAN 我今日…影相。(ngoi1 gim1-ngid5 … yen2 lhieng12)

Today I took one picture.

▶CANTO 我今日影咗一張相。(ngo5 gam1-jat6 jing2 zo2 jat1-zoeng1 soeng2)

▶MANDO 我今天拍了一张照。(wǒ jīn-tiān pāi le yì-zhāng zhào)

▶TAISHAN 我今日影誒一張相。(ngoi1 gim1-ngid5 yen2 e1 yid2-jieng1 lhieng12)

QUESTION

▶CANTO 你今日有冇影相? (nei5 gam1-jat6 jau5 mou5 jing2-soeng2?)

▶MANDO 你今天有没有拍照? (nǐ jīn-tiān yǒu méi yǒu pāi-zhào?)

▶TAISHAN 你今日有冇影相? (nei1 gim1-ngid5 yiu1 mao1 yen2-lhieng12?)

I walked ... steps today.
- **CANTO** 我今日行咗...步。(ngo5 gam1-jat6 haang4 zo2 ... bou6)
- **MANDO** 我今天走了...步。(wǒ jīn-tiān zǒu le ... bù)
- **TAISHAN** 我今日行誒...步。(ngoi1 gim1-ngid5 hang4 e1 ... bu3)

I walked 15,559 steps today.
- **CANTO** 我今日行咗15,559步。

  (ngo5 gam1-jat6 haang4 zo2 jat1-maan6 ng5-cin1 ng5-baak3 ng5-sap6-gau2 bou6)
- **MANDO** 我今天走了15,559步。

  (wǒ jīn-tiān zǒu le yí-wàn wǔ-qiān wú-bái wǔ-shí-jiǔ bù)
- **TAISHAN** 我今日行誒15,559步。

  (ngoi1 gim1-ngid5 hang4 e1 yid2-man3 ng2-ten1 ng2-bag1 ng2-sib3-giu2 bu3)

QUESTION

- **CANTO** 你今日行咗幾多步? (nei5 gam1-jat6 haang4 zo2 gei2-do1 bou6?)
- **MANDO** 你今天走了多少步? (nǐ jīn-tiān zǒu le duō-shǎo bù?)
- **TAISHAN** 你今日行誒幾多步? (nei1 gim1-ngid5 hang4 e1 gei2-uo1 bu3?)

I ... the Mid-autumn Festival.

CANTO　我...中秋節。(ngo5 ... zung1-cau1 zit3)

MANDO　我...中秋节。(wǒ ... zhōng-qiū jié)

TAISHAN　我...中秋節。(ngoi1 ... jung1-tiu1 ded2)

I observe the Mid-autumn Festival.

CANTO　我過中秋節。(ngo5 gwo3 zung1-cau1 zit3)

MANDO　我过中秋节。(wǒ guò zhōng-qiū jié)

TAISHAN　我過中秋節。(ngoi1 guo1 jung1-tiu1 ded2)

QUESTION

CANTO　你過唔過中秋節? (nei5 gwo3 m4 gwo3 zung1-cau1 zit3?)

MANDO　你过中秋节吗? (nǐ guò zhōng-qiū jié ma?)

TAISHAN　你過唔過中秋節? (nei1 guo1 m4 guo1 jung1-tiu1 ded2?)

Tonight's moonlight is …

CANTO 今晚嘅月色… (gam1-maan5 ge3 jyut6-sik1 …)

MANDO 今晚的月色… (jīn-wǎn de yuè-sè …)

TAISHAN 今晚嘅月色… (gim1-man5 ge1 ngud3-sed2 …)

Tonight's moonlight is very beautiful.

CANTO 今晚嘅月色好靚。(gam1-maan5 ge3 jyut6-sik1 hou2 leng3)

MANDO 今晚的月色很美。(jīn-wǎn de yuè-sè hén měi)

TAISHAN 今晚嘅月色好靚 。(gim1-man5 ge1 ngud3-sed2 hao2 lieng1)

QUESTION

CANTO 今晚嘅月色點樣? (gam1-maan5 ge3 jyut6-sik1 dim2-joeng2?)

MANDO 今晚的月色怎么样? (jīn-wǎn de yuè-sè zěn-me-yàng?)

TAISHAN 今晚嘅月色幾浩? (gim1-man5 ge1 ngud3-sed2 gei2-hao52?)

I want to ... more.

CANTO 我想多啲… (ngo5 soeng2 do1-di1 …)

MANDO 我想多些… (wó xiǎng duō-xiē …)

TAISHAN 我想多尼… (ngoi1 lhieng2 uo1-nai2 …)

I want to exercise more.

CANTO 我想多啲運動。(ngo5 soeng2 do1-di1 wan6-dung6)

MANDO 我想多些运动。(wó xiǎng duō-xiē yùn-dòng)

TAISHAN 我想多尼運動。(ngoi1 lhieng2 uo1-nai2 vun3-ung3)

QUESTION

CANTO 你想做多啲咩? (nei5 soeng2 zou6 do1-di1 me1?)

MANDO 你想多做些什么? (ní xiǎng duō zuò xiē shén-me?)

TAISHAN 你想做多尼乜? (nei1 lhieng2 du1 uo1-nai2 mod2?)

My newest task is to …
- ▶CANTO 我最新嘅任務係… (ngo5 zeoi3 san1 ge3 jam6-mou6 hai6 …)
- ▶MANDO 我最新的任务是… (wǒ zuì xīn de rèn-wù shì …)
- ▶TAISHAN 我最新嘅任務係 (ngoi1 dui1 lhin1 ge1 ngim3-mu3 hai3 …)

My newest task is to take care of plants.
- ▶CANTO 我最新嘅任務係打理植物。
  (ngo5 zeoi3 san1 ge3 jam6-mou6 hai6 daa2-lei5 zik6-mat6)
- ▶MANDO 我最新的任务是打理植物。
  (wǒ zuì xīn de rèn-wù shì dá-lǐ zhí-wù)
- ▶TAISHAN 我最新嘅任務係打理植物。
  (ngoi1 dui1 lhin1 ge1 ngim3-mu3 hai3 a2-lei5 jed3-mod3)

QUESTION

- ▶CANTO 你最新嘅任務係咩? (nei5 zeoi3 san1 ge3 jam6-mou6 hai6 me1?)
- ▶MANDO 你最新的任务是什么? (nǐ zuì xīn de rèn-wù shì shén-me?)
- ▶TAISHAN 你最新嘅任務係乜? (nei1 dui1 lhin1 ge1 ngim3-mu3 hai3 mod2?)

I ... oversleep.

CANTO 我...瞓過龍。(ngo5 ... fan3 gwo3 lung4)

MANDO 我...睡过头。(wǒ ... shuì guò tóu)

TAISHAN 我...瞓過龍。(ngoi1 ... fun1 guo1 lung4)

I overslept by 25 minutes.

CANTO 我瞓過龍25分鐘。(ngo5 fan3 gwo3 lung4 ji6-sap6-ng5 fan1-zung1)

MANDO 我睡过头25分钟。(wǒ shuì guò tóu èr-shí-wǔ fēn-zhōng)

TAISHAN 我瞓過龍25分鐘。(ngoi1 fun1 guo1 lung4 ngei3-sib3-ng2 fun1-jung12)

QUESTION

CANTO 你有冇瞓過龍? (nei5 jau5 mou5 fan3 gwo3 lung4?)

MANDO 你有没有睡过头? (ní yǒu méi yǒu shuì guò tóu?)

TAISHAN 你有冇瞓過龍? (nei1 yiu1 mao1 fun1 guo1 lung4?)

I spoke to ... in ...

CANTO 我同…講… (ngo5 tung4 … gong2 …)

MANDO 我跟…说… (wǒ gēn … shuō …)

TAISHAN 我同…講… (ngoi1 hung4 … gong2 …)

I spoke to a janitor in Spanish.

CANTO 我同清潔工講西班牙文。
(ngo5 tung4 cing1-git3-gung1 gong2 sai1-baan1-ngaa4-man2)

MANDO 我跟清洁工说西班牙语。
(wǒ gēn qīng-jié-gōng shuō xī-bān-yá-yǔ)

TAISHAN 我同清潔工講西班牙文。
(ngoi1 hung4 ten1-ged2-gung1 gong2 lhai1-ban1-nga4-mun42)

QUESTION

CANTO 你有冇同人講外語? (nei5 jau5 mou5 tung4 jan4 gong2 ngoi6-jyu5?)

MANDO 你有没有跟别人说外语? (ní yǒu méi yǒu gēn bié-rén shuō wài-yǔ?)

TAISHAN 你有冇同偌講外語? (nei1 yiu1 mao hung4 nieg2 gong2 ngoi3-ngui52?)

I see ... stars tonight.

CANTO 我今晚睇到...粒星星。(ngo5 gam1-maan5 tai2 dou2 ... lap1 sing1-sing1)

MANDO 我今晚看到...顆星星。(wǒ jīn-wǎn kàn dào ... kē xīng-xing)

TAISHAN 我今晚睇到...粒星星。(ngoi1 gim1-man5 hai2 ao2 ... lib1 lhen1-lhen12)

I can't see any stars tonight.

CANTO 我今晚睇唔到星星。(ngo5 gam1-maan5 tai2 m4 dou2 sing1-sing1)

MANDO 我今晚看不到星星。(wǒ jīn-wǎn kàn bú dào xīng-xing)

TAISHAN 我今晚睇唔到星星。(ngoi1 gim1-man5 hai2 m2-ao2 lhen1-lhen12)

QUESTION

CANTO 你今晚睇到幾粒星星? (nei5 gam1-maan5 tai2 dou2 gei2-lap1 sing1-sing1?)

MANDO 你今晚看到多少顆星星? (nǐ jīn-wǎn kàn dào duō-shǎo-kē xīng-xing?)

TAISHAN 你今晚睇到幾粒星星? (nei1 gim1-man5 hai2 ao2 gei2-lib1 lhen1-lhen12?)

I need to reply to …
- CANTO 我要回覆… (ngo5 jiu3 wui4-fuk1 …)
- MANDO 我要回覆… (wǒ yào huí-fù …)
- TAISHAN 我要回覆… (ngoi1 yieu1 voi4-fug2 …)

I need to reply to a partner.
- CANTO 我要回覆一個拍檔。(ngo5 jiu3 wui4-fuk1 jat1-go3 paak3-dong3)
- MANDO 我要回覆一个搭档。(wǒ yào huí fù yí-gè dā-dàng)
- TAISHAN 我要回覆一個拍檔。(ngoi1 yieu1 voi4-fug2 yid2-goi1 pag1-dong1)

QUESTION
- CANTO 你要回覆邊個? (nei5 jiu3 wui4-fuk1 bin1-go3?)
- MANDO 你要回覆谁? (nǐ yào huí-fù shéi?)
- TAISHAN 你要回覆誰? (nei1 yieu1 voi4-fug2 sui52?)

I am preparing for …
CANTO 我準備緊… (ngo5 zeon2-bei6 gan2 …)
MANDO 我在准备… (wǒ zài zhǔn-bèi …)
TAISHAN 我準備緊… (ngoi1 jun2-bei3 gin2 …)

I am preparing for (a) half marathon.
CANTO 我準備緊半馬拉松。(ngo5 zeon2-bei6 gan2 bun3 maa5-laai1-cung4)
MANDO 我在准备半马拉松。(wǒ zài zhǔn-bèi bàn mǎ-lā-sōng)
TAISHAN 我準備緊半馬拉松。(ngoi1 jun2-bei3 gin2 bon5 ma5-lai2-tung4)

QUESTION
CANTO 你準備緊咩? (nei5 zeon2-bei6 gan2 me1?)
MANDO 你在准备什么? (nǐ zài zhǔn-bèi shén-me?)
TAISHAN 你準備緊乜? (nei1 jun2-bei3 gin2 mod2?)

I want to surprise ...

`▶CANTO` 我想畀個驚喜... (ngo5 soeng2 bei2 go3 ging1-hei2 ...)

`▶MANDO` 我想给...一个惊喜。(wó xiáng gěi ... yí-gè jīng-xǐ)

`▶TAISHAN` 我想畀個驚喜... (ngoi1 lhieng2 ei2 goi1 gieng1-hei2 ...)

I want to surprise my mom.

`▶CANTO` 我想畀個驚喜我媽咪。(ngo5 soeng2 bei2 go3 ging1-hei2 ngo5 maa1-mi4)

`▶MANDO` 我想给我妈妈一个惊喜。(wó xiáng gěi wǒ mā-ma yí-gè jīng-xǐ)

`▶TAISHAN` 我想畀個驚喜偌媽咪。(ngoi1 lhieng2 ei2 goi1 gieng1-hei2 ngoi5 ma2-mi5)

QUESTION

`▶CANTO` 你想畀個驚喜邊個? (nei5 soeng2 bei2 go3 ging1-hei2 bin1-go3?)

`▶MANDO` 你想给谁一个惊喜? (ní xiáng gěi shéi yí-gè jīng-xǐ?)

`▶TAISHAN` 你想畀個驚喜誰? (nei1 lhieng2 ei2 goi1 gieng1-hei2 sui52?)

October

I appreciate ...
CANTO 我欣賞… (ngo5 jan1-soeng2 …)
MANDO 我欣赏… (wǒ xīn-shǎng …)
TAISHAN 我欣賞… (ngoi1 him1-sieng2 …)

I appreciate the culture and freedom of my countries.
CANTO 我欣賞我嘅國家嘅文化同自由。
(ngo5 jan1-soeng2 ngo5 ge3 gwok3-gaa1 ge3 man4-faa3 tung4 zi6-jau4)
MANDO 我欣赏我的国家的文化和自由。
(wǒ xīn-sháng wǒ de guó-jiā de wén-huà hé zì-yóu)
TAISHAN 我欣賞我嘅國家嘅文化同自由。
(ngoi1 him1-sieng2 ngoi1 ge1 gog2-ga1 ge1 mun4-fa1 hung4 du3-yiu4)

QUESTION

CANTO 你欣賞你嘅國家啲咩? (nei5 jan1-soeng2 nei5 ge3 gwok3-gaa1 di1 me1?)
MANDO 你欣赏你的国家的什么? (nǐ xīn-sháng nǐ de guó-jiā de shén me?)
TAISHAN 你欣賞你嘅國家尼乜? (nei1 him1-sieng2 nei1 ge1 gog2-ga1 nai2 mod2?)

My mascot is ...

`▶CANTO` 我嘅吉祥物係... (ngo5 ge3 gat1-coeng4-mat6 hai6 ...)

`▶MANDO` 我的吉祥物是... (wǒ de jí-xiáng-wù shì ...)

`▶TAISHAN` 我嘅吉祥物係... (ngoi1 ge1 gid2-tieng4-mod3 hai3 ...)

My mascot is Tubby Nugget.

`▶CANTO` 我嘅吉祥物係Tubby Nugget。(ngo5 ge3 gat1-coeng4-mat6 hai6 Tubby Nugget)

`▶MANDO` 我的吉祥物是Tubby Nugget。(wǒ de jí-xiáng-wù shì Tubby Nugget)

`▶TAISHAN` 我嘅吉祥物係Tubby Nugget。(ngoi1 ge1 gid2-tieng4-mod3 hai3 Tubby Nugget)

QUESTION

`▶CANTO` 你有冇吉祥物? (nei5 jau5 mou5 gat1-coeng4-mat6?)

`▶MANDO` 你有吉祥物吗? (ní yǒu jí-xiáng-wù ma?)

`▶TAISHAN` 你有冇吉祥物? (nei1 yiu1 mao1 gid2-tieng4-mod3?)

Today I feel ...

CANTO 我今日覺得... (ngo5 gam1-jat6 gok3-dak1 ...)

MANDO 我今天觉得... (wǒ jīn-tiān jué-de ...)

TAISHAN 我今日覺得... (ngoi1 gim1-ngid5 gog1-ag2 ...)

Today I feel very tired.

CANTO 我今日覺得好劫。(ngo5 gam1-jat6 gok3-dak1 hou2 gui6)

MANDO 我今天觉得很累。(wǒ jīn-tiān jué-de hěn lèi)

TAISHAN 我今日覺得好劫。(ngoi1 gim1-ngid5 gog1-ag2 hao2 gui3)

QUESTION

CANTO 你今日覺得點樣? (nei5 gam1-jat6 gok3-dak1 dim2-joeng2?)

MANDO 你今天觉得怎样? (nǐ jīn-tiān jué-de zěn-yàng?)

TAISHAN 你今日覺得幾浩? (nei1 gim1-ngid5 gog1-ag2 gei2-hao52?)

My go-to song at karaoke is …
- **CANTO** 我唱k必唱… (ngo5 coeng3-kei1 bit1 coeng3 …)
- **MANDO** 我唱k必唱… (wǒ chàng-kēi bì chàng …)
- **TAISHAN** 我唱k必唱… (ngoi1 cieng1-kei2 bid2 cieng1 …)

My go-to songs at karaoke are songs by Twins.
- **CANTO** 我唱k必唱Twins嘅歌。(ngo5 coeng3-kei1 bit1 coeng3 Twins ge3 go1)
- **MANDO** 我唱k必唱Twins的歌。(wǒ chàng-kēi bì chàng Twins de gē)
- **TAISHAN** 我唱k必唱Twins嘅歌。(ngoi1 cieng1-kei2 bid2 cieng1 Twins ge1 guo52)

QUESTION
- **CANTO** 你唱k必唱咩歌? (nei5 coeng3-kei1 bit1 coeng3 me1 go1?)
- **MANDO** 你唱k必唱什么歌? (nǐ chàng-kēi bì chàng shén-me gē?)
- **TAISHAN** 你唱k必唱乜歌? (nei1 cieng1-kei2 bid2 cieng1 mod2 guo52?)

I ... dependent on social media.
- **CANTO** 我…依賴社交媒體。(ngo5 … ji1-laai6 se5-gaau1 mui4-tai2)
- **MANDO** 我…依賴社交媒体。(wǒ … yī-lài shè-jiāo méi-tǐ)
- **TAISHAN** 我…依賴社交媒體。(ngoi1 … yi2-lai3 sie5-gao1 moi4-hai2)

I'm very dependent on social media.
- **CANTO** 我好依賴社交媒體。(ngo5 hou2 ji1-laai6 se5-gaau1 mui4-tai2)
- **MANDO** 我很依賴社交媒体。(wó hěn yī-lài shè-jiāo méi-tǐ)
- **TAISHAN** 我好依賴社交媒體。(ngoi1 hao2 yi2-lai3 sie5-gao1 moi4-hai2)

QUESTION

- **CANTO** 你有幾依賴社交媒體? (nei5 jau5 gei2 ji1-laai6 se5-gaau1 mui4-tai2?)
- **MANDO** 你有多依賴社交媒体? (ní yǒu duō yī-lài shè-jiāo méi-tǐ?)
- **TAISHAN** 你有幾依賴社交媒體? (nei1 yiu1 gei2 yi2-lai3 sie5-gao1 moi4-hai2?)

I miss … messages.

CANTO 我錯過…短信。(ngo5 co3-gwo3 … dyun2-seon3)

MANDO 我错过…信息。(wǒ cuò-guò … xìn-xī)

TAISHAN 我錯過…短信。(ngoi1 tuo1-guo1 … on2-lhin1)

I missed a few messages.

CANTO 我錯過咗幾條短信。(ngo5 co3-gwo3 zo2 gei2-tiu4 dyun2-seon3)

MANDO 我错过了几条信息。(wǒ cuò-guò le jǐ-tiáo xìn-xī)

TAISHAN 我錯過誒幾條短信。(ngoi1 tuo1-guo1 e1 gei2-hieu4 on2-lhin1)

QUESTION

CANTO 你有冇錯過短信? (nei5 jau5 mou5 co3-gwo3 dyun2-seon3?)

MANDO 你有没有错过信息? (ní yǒu méi yǒu cuò-guò xìn-xī?)

TAISHAN 你有冇錯過短信? (nei1 yiu1 mao tuo1-guo1 on2-lhin1?)

I work ... a week.
- CANTO 我一個星期返工… (ngo5 jat1-go3 sing1-kei4 faan1-gung1 …)
- MANDO 我一个星期工作… (wǒ yí-gè xīng-qī gōng-zuò …)
- TAISHAN 我一個星期返工… (ngoi1 yid2-goi1 lhen1-kei4 fan1-gung1 …)

I work 45 hours a week.
- CANTO 我一個星期返工返45個鐘。
  (ngo5 jat1-go3 sing1-kei4 faan1-gung1 faan1 sei3-sap6-ng5-go3 zung1)
- MANDO 我一个星期工作45个小时。
  (wǒ yí-gè xīng-qī gōng-zuò sì-shí-wǔ-gè xiǎo-shí)
- TAISHAN 我一個星期返工返45個鐘。
  (ngoi1 yid2-goi1 lhen1-kei4 fan1-gung1 fan1 lhei1-sib3-ng2-goi1 jung12)

QUESTION

- CANTO 你一個星期返工返幾個鐘? (nei5 jat1-go3 sing1-kei4 faan1-gung1 faan1 gei2-go3 zung1?)
- MANDO 你一个星期工作多少个小时? (nǐ yí-gè xīng-qī gōng-zuò duō-shǎo gè xiǎo-shí?)
- TAISHAN 你一個星期返工返幾個鐘? (nei1 yid2-goi1 lhen1-kei4 fan1-gung1 fan1 gei2-goi1 jung12?)

My fridge has …
▶CANTO　我嘅雪櫃有… (ngo5 ge3 syut3-gwai6 jau5 …)
▶MANDO　我的冰箱有… (wǒ de bīng-xiāng yǒu …)
▶TAISHAN　我嘅冰箱有… (ngoi1 ge1 ben1-lhieng1 yiu1 …)

My fridge has soda, water, and yogurt.
▶CANTO　我嘅雪櫃有汽水、水、同酸奶。
　　　　(ngo5 ge3 syut3-gwai6 jau5 hei3-seoi2, seoi2, tung4 syun1-naai5)
▶MANDO　我的冰箱有汽水、水、跟酸奶。
　　　　(wǒ de bīng-xiāng yǒu qì-shuǐ, shuǐ, gēn suān-nǎi)
▶TAISHAN　我嘅冰箱有汽水、水、同酸奶。
　　　　(ngoi1 ge1 ben1-lhieng1 yiu1 hei1-sui2, sui2, hung4 lhon1-nai5)

QUESTION

▶CANTO　你嘅雪櫃有咩? (nei5 ge3 syut3-gwai6 jau5 me1?)
▶MANDO　你的冰箱有什么? (nǐ de bīng-xiāng yǒu shén me?)
▶TAISHAN　你嘅冰箱有乜? (nei1 ge1 ben1-lhieng1 yiu1 mod2?)

My room …
- **CANTO** 我間房… (ngo5 gaan1 fong2 …)
- **MANDO** 我的房间… (wǒ de fáng-jiān …)
- **TAISHAN** 我間房… (ngoi1 gan1 fong52 …)

My room is a little messy.
- **CANTO** 我間房有少少亂。(ngo5 gaan1 fong2 jau5 siu2-siu2 lyun6)
- **MANDO** 我的房间有一点点乱。(wǒ de fáng-jiān yǒu yì-dián-diǎn luàn)
- **TAISHAN** 我間房有少少亂。(ngoi1 gan1 fong52 yiu1 sieu2-sieu2 lon3)

QUESTION
- **CANTO** 你間房有幾亂? (nei5 gaan1 fong2 jau5 gei2 lyun6?)
- **MANDO** 你的房间有多乱? (nǐ de fáng-jiān yǒu duō luàn?)
- **TAISHAN** 你間房有幾亂? (nei1 gan1 fong52 yiu1 gei2 lon3?)

Today I ... lie.
- **CANTO** 我今日…講大話。(ngo5 gam1-jat6 ... gong2 daai6-waa6)
- **MANDO** 我今天…说谎。(wǒ jīn-tiān ... shuō-huǎng)
- **TAISHAN** 我今日…講大話。(ngoi1 gim1-ngid5 ... gong2 ai3-va32)

Today I didn't lie.
- **CANTO** 我今日冇講大話。(ngo5 gam1-jat6 mou5 gong2 daai6-waa6)
- **MANDO** 我今天没有说谎。(wǒ jīn-tiān méi-yǒu shuō-huǎng)
- **TAISHAN** 我今日冇講大話。(ngoi1 gim1-ngid5 mao1 gong2 ai3-va32)

QUESTION

- **CANTO** 你今日有冇講大話? (nei5 gam1-jat6 jau5 mou5 gong2 daai6-waa6?)
- **MANDO** 你今天有说谎吗? (nǐ jīn-tiān yǒu shuō-huǎng ma?)
- **TAISHAN** 你今日有冇講大話? (nei1 gim1-ngid5 yiu1 mao1 gong2 ai3-va32?)

I want …

CANTO 我想要… (ngo5 soeng2 jiu3 …)

MANDO 我想要… (wó xiǎng yào …)

TAISHAN 我想要… (ngoi1 lhieng2 yieu1 …)

I want stability.

CANTO 我想要穩定。(ngo5 soeng2 jiu3 wan2-ding6)

MANDO 我想要稳定。(wó xiǎng yào wěn-dìng)

TAISHAN 我想要穩定。(ngoi1 lhieng2 yieu1 vun2-en3)

QUESTION

CANTO 你想要咩? (nei5 soeng2 jiu3 me1?)

MANDO 你想要什么? (ní xiǎng yào shén-me?)

TAISHAN 你想要乜? (nei1 lhieng2 yieu1 mod2?)

I demand ...
▶CANTO 我要求... (ngo5 jiu1-kau4 ...)
▶MANDO 我要求... (wǒ yāo-qiú ...)
▶TAISHAN 我要求... (ngoi1 yieu1-kiu4 ...)

I demand more sunshine.
▶CANTO 我要求多啲陽光。(ngo5 jiu1-kau4 do1 di1 joeng4-gwong1)
▶MANDO 我要求多些阳光。(wǒ yāo-qiú duō xiē yáng-guāng)
▶TAISHAN 我要求多尼陽光。(ngoi1 yieu1-kiu4 uo1-nai2 yieng4-gong1)

QUESTION
▶CANTO 你要求咩? (nei5 jiu1-kau4 me1?)
▶MANDO 你要求什么? (nǐ yāo-qiú shén-me?)
▶TAISHAN 你要求乜? (nei1 yieu1-kiu4 mod2?)

Today I have ... missed calls.
- CANTO 我今日有…未接來電。(ngo5 gam1-jat6 jau5 … mei6-zip3 loi4-din6)
- MANDO 我今天有…未接来电。(wǒ jīn-tiān yǒu … wèi-jiē lái-diàn)
- TAISHAN 我今日有…未接來電。(ngoi1 gim1-ngid5 yiu1 … mei3-dieb1 loi4-en32)

Today I have three missed calls.
- CANTO 我今日有三個未接來電。(ngo5 gam1-jat6 jau5 saam1-go3 mei6-zip3 loi4-din6)
- MANDO 我今天有三个未接来电。(wǒ jīn-tiān yǒu sān-gè wèi-jiē lái-diàn)
- TAISHAN 我今日有三個未接來電。(ngoi1 gim1-ngid5 yiu1 lham1-goi1 mei3-dieb1 loi4-en32)

QUESTION
- CANTO 你今日有冇未接來電? (nei5 gam1-jat6 jau5 mou5 mei6-zip3 loi4-din6?)
- MANDO 你今天有没有未接来电? (nǐ jīn-tiān yǒu méi yǒu wèi-jiē lái-diàn?)
- TAISHAN 你今日有冇未接來電? (nei1 gim1-ngid5 yiu1 mao1 mei3-dieb1 loi4-en32?)

... needs an update.

▶CANTO ...需要更新。(... seoi1-jiu3 gang1-san1)

▶MANDO ...需要更新。(... xū-yào gēng-xīn)

▶TAISHAN ...需要更新。(... lhui1-yieu1 gang1-lhin1)

My computer needs an update.

▶CANTO 我部電腦需要更新。(ngo5 bou6 din6-nou5 seoi1-jiu3 gang1-san1)

▶MANDO 我的电脑需要更新。(wǒ de diàn-nǎo xū-yào gēng-xīn)

▶TAISHAN 我部電腦需要更新。(ngoi1 bu3 en3-nao2 lhui1-yieu1 gang1-lhin1)

QUESTION

▶CANTO 你需要更新啲咩? (nei5 seoi1-jiu3 gang1-san1 di1 me1?)

▶MANDO 你需要更新什么? (nǐ xū-yào gēng-xīn shén-me?)

▶TAISHAN 你需要更新尼乜? (nei1 lhui1-yieu1 gang1-lhin1 nai2 mod2?)

I ... dance today.

▶CANTO 我今日…跳舞。(ngo5 gam1-jat6 … tiu3-mou5)

▶MANDO 我今天…跳舞。(wǒ jīn-tiān … tiào-wǔ)

▶TAISHAN 我今日…跳舞。(ngoi1 gim1-ngid5 … hieu1-mu2)

I will dance today.

▶CANTO 我今日會跳舞。(ngo5 gam1-jat6 wui5 tiu3-mou5)

▶MANDO 我今天会跳舞。(wǒ jīn-tiān huì tiào-wǔ)

▶TAISHAN 我今日會跳舞。(ngoi1 gim1-ngid5 voi5 hieu1-mu2)

QUESTION

▶CANTO 你今日跳唔跳舞? (nei5 gam1-jat6 tiu3 m4 tiu3-mou5?)

▶MANDO 你今天会跳舞吗? (nǐ jīn-tiān huì tiào-wǔ ma?)

▶TAISHAN 你今日跳唔跳舞? (nei1 gim1-ngid5 hieu1 m4 hieu1-mu2?)

I like to eat … the most.

▶CANTO 我最鍾意食… (ngo5 zeoi3 zung1-ji3 sik6 …)

▶MANDO 我最喜欢吃… (wǒ zuì xǐ-huān chī …)

▶TAISHAN 我最鍾意吃… (ngoi1 dui1 jung1-yi1 hieg1 …)

I like to eat honeydew the most.

▶CANTO 我最鍾意食哈密瓜。(ngo5 zeoi3 zung1-ji3 sik6 haa1-mat6-gwaa1)

▶MANDO 我最喜欢吃哈密瓜。(wǒ zuì xǐ-huān chī hā-mì-guā)

▶TAISHAN 我最鍾意吃哈密瓜。(ngoi1 dui1 jung1-yi1 hieg1 ha2-mid3-ga12)

QUESTION

▶CANTO 你最鍾意食咩生果? (nei5 zeoi3 zung1-ji3 sik6 me1 saang1-gwo2?)

▶MANDO 你最喜欢吃什么水果? (nǐ zuì xǐ-huān chī shén-me shuí-guǒ?)

▶TAISHAN 你最鍾意吃乜生果? (nei1 dui1 jung1-yi1 hieg1 mod2 sang1-guo2?)

I watch ... on Youtube.
- CANTO 我喺Youtube睇… (ngo5 hai2 Youtube tai2 …)
- MANDO 我在Youtube上看… (wǒ zài Youtube shàng kàn …)
- TAISHAN 我到Youtube睇… (ngoi1 ao1 Youtube hai2 …)

I watch TVB on Youtube.
- CANTO 我喺Youtube睇TVB。(ngo5 hai2 Youtube tai2 TVB)
- MANDO 我在Youtube上看TVB。(wǒ zài Youtube shàng kàn TVB)
- TAISHAN 我到Youtube睇TVB。(ngoi1 ao1 Youtube hai2 TVB)

QUESTION

- CANTO 你喺Youtube睇咩? (nei5 hai2 Youtube tai2 me1?)
- MANDO 你在Youtube上看什么? (nǐ zài Youtube shàng kàn shén-me?)
- TAISHAN 你到Youtube睇乜? (nei1 ao1 Youtube hai2 mod2?)

Today I received … emails.
CANTO 我今日收到…封郵件。(ngo5 gam1-jat6 sau1-dou2 … fung1 jau4-gin2)
MANDO 我今天收到…封邮件。(wǒ jīn-tiān shōu-dào … fēng yóu-jiàn)
TAISHAN 我今日收到…封郵件。(ngoi1 gim1-ngid5 siu1-ao2 … fung1 yiu4-gen32)

Today I received about 20 emails.
CANTO 我今日收到20封郵件左右。
(ngo5 gam1-jat6 sau1-dou2 ji6-sap6 fung1 jau4-gin2 zo2-jau6)
MANDO 我今天收到大概20封邮件。
(wǒ jīn-tiān shōu-dào dà-gài èr-shí fēng yóu-jiàn)
TAISHAN 我今日收到20封郵件該上下。
(ngoi1 gim1-ngid5 siu1-ao2 ngei3-sib3 fung1 yiu4-gen32 koi5 sieng3-ha32)

QUESTION

CANTO 你今日收到幾封郵件? (nei5 gam1-jat6 sau1-dou2 gei2-fung1 jau4-gin2?)
MANDO 你今天收到多少封邮件? (nǐ jīn-tiān shōu-dào duō-shǎo fēng yóu-jiàn?)
TAISHAN 你今日收到幾封郵件? (nei1 gim1-ngid5 siu1-ao2 gei2-fung1 yiu4-gen32)

Date: 10 / 19 /

What kind of chores did you do today?

Today I ...

CANTO 我今日... (ngo5 gam1-jat6 ...)

MANDO 我今天... (wǒ jīn-tiān ...)

TAISHAN 我今日... (ngoi1 gim1-ngid5 ...)

Today I made coffee.

CANTO 我今日煮咗咖啡。(ngo5 gam1-jat6 zyu2 zo2 gaa3-fe1)

MANDO 我今天煮了咖啡。(wǒ jīn-tiān zhǔ le kā-fēi)

TAISHAN 我今日煲誒咖啡。(ngoi1 gim1-ngid5 bao1 e1 ga1-fie2)

QUESTION

CANTO 你今日做咗咩淋瀋嘢? (nei5 gam1-jat6 zou6 zo2 me1 lam4-sam2-je5?)

MANDO 你今天做了什么杂务? (nǐ jīn-tiān zuò le shén-me zá-wù?)

TAISHAN 你今日做誒乜瑣碎嘢? (nei1 gim1-ngid5 du1 e1 mod2 lheb2-lhui1 yie1?)

I like to read …
- **CANTO** 我鍾意睇… (ngo5 zung1-ji3 tai2 …)
- **MANDO** 我喜欢看… (wó xǐ-huān kàn …)
- **TAISHAN** 我鍾意睇… (ngoi1 jung1-yi1 hai2 …)

I like to read novels.
- **CANTO** 我鍾意睇小說。(ngo5 zung1-ji3 tai2 siu2-syut3)
- **MANDO** 我喜欢看小说。(wó xǐ-huān kàn xiǎo-shuō)
- **TAISHAN** 我鍾意睇小說。(ngoi1 jung1-yi1 hai2 lhieu2-sod2)

QUESTION

- **CANTO** 你鍾意睇咩書? (nei5 zung1-ji3 tai2 me1 syu1?)
- **MANDO** 你喜欢看什么书? (ní xǐ-huān kàn shén-me shū?)
- **TAISHAN** 你鍾意睇乜書? (nei1 jung1-yi1 hai2 mod2 si1?)

I go to .... to buy groceries.

▶CANTO 我去...買餸。(ngo5 heoi3 ... maai5 sung3)

▶MANDO 我去...买菜。(wǒ qù ... mǎi cài)

▶TAISHAN 我去...買餸。(ngoi1 hui1 ... mai1 lhung5)

I go to 8th Avenue to buy groceries.

▶CANTO 我去8大道買餸。(ngo5 heoi3 baat3 daai6-dou6 maai5 sung3)

▶MANDO 我去8大道买菜。(wǒ qù bā dà-dào mǎi cài)

▶TAISHAN 我去8大道買餸。(ngoi1 hui1 bad1 ai3-ao3 mai1 lhung5)

QUESTION

▶CANTO 你去邊度買餸? (nei5 heoi3 bin1-dou6 maai5 sung3?)

▶MANDO 你去哪买菜? (nǐ qù ná mǎi cài?)

▶TAISHAN 你去乃買餸? (nei1 hui1 nai52 mai1 lhung5?)

I like ... the most.
- **CANTO** 我最鍾意… (ngo5 zeoi3 zung1-ji3 …)
- **MANDO** 我最喜欢… (wǒ zuì xǐ-huān …)
- **TAISHAN** 我最鍾意… (ngoi1 dui1 jung1-yi1 …)

I like curry fish balls the most.
- **CANTO** 我最鍾意咖喱魚蛋。(ngo5 zeoi3 zung1-ji3 gaa3-lei1 jyu4-daan2)
- **MANDO** 我最喜欢咖喱鱼丸。(wǒ zuì xǐ-huān gā-lí yú-wán)
- **TAISHAN** 我最鍾意咖喱魚丸。(ngoi1 dui1 jung1-yi1 ga1-lei2 ngui5-yon52)

QUESTION

- **CANTO** 你最鍾意咩街邊小食? (nei5 zeoi3 zung1-ji3 me1 gaai1-bin1 siu2-sik6?)
- **MANDO** 你最喜欢什么街边小吃? (nǐ zuì xǐ-huān shén-me jiē-biān xiǎo-chī?)
- **TAISHAN** 你最鍾意乜街邊小吃? (nei1 dui1 jung1-yi1 mod2 gai5-ben1 lhieu2-hieg1?)

Today I traveled …
CANTO 我今日行咗… (ngo5 gam1-jat6 haang4 zo2 …)
MANDO 我今天走了… (wǒ jīn-tiān zǒu le …)
TAISHAN 我今日行誒… (ngoi1 gim1-ngid5 hang4 e1 …)

Today I traveled 8 miles.
CANTO 我今日行咗8英里。(ngo5 gam1-jat6 haang4 zo2 baat3 jing1-lei5)
MANDO 我今天走了8英里。(wǒ jīn-tiān zǒu le bā yīng-lǐ)
TAISHAN 我今日行誒8英里。(ngoi1 gim1-ngid5 hang4 e1 bad1 yen1-lei5)

QUESTION
CANTO 你今日行咗幾英里? (nei5 gam1-jat6 haang4 zo2 gei2 jing1-lei5?)
MANDO 你今天走了多少英里? (nǐ jīn-tiān zǒu le duō-shǎo yīng-lǐ?)
TAISHAN 你今日行誒幾英里? (nei1 gim1-ngid5 hang4 e1 gei2 yen1-lei5?)

I play/pluck …

CANTO 我彈… (ngo5 taan4 …)

MANDO 我弹… (wǒ tán …)

TAISHAN 我彈… (ngoi1 han4 …)

I play electronic keyboard.

CANTO 我彈電子琴。(ngo5 taan4 din6-zi2-kam4)

MANDO 我弹电子琴。(wǒ tán diàn-zǐ-qín)

TAISHAN 我彈電子琴。(ngoi1 han4 en3-du2-kim4)

QUESTION

CANTO 你玩唔玩樂器? (nei5 waan2 m4 waan2 ngok6-hei3?)

MANDO 你玩乐器吗? (nǐ wán yuè-qì ma?)

TAISHAN 你玩唔玩樂器? (nei1 van2 m4 van2 ngog3-hei1?)

I ... pumpkin spice latte.
- **CANTO** 我...南瓜鮮奶咖啡。(ngo5 ... naam4-gwaa1 sin1 naai5 gaa3-fe1)
- **MANDO** 我...南瓜拿铁。(wǒ ... nán-guā ná-tiě)
- **TAISHAN** 我...南瓜鮮奶咖啡。(ngoi1 ... nam4-ga1 lhen1 nai5 ga1-fie2)

I would like a pumpkin spice latte.
- **CANTO** 我想要一杯南瓜鮮奶咖啡。
  (ngo5 soeng2-jiu3 jat1-bui1 naam4-gwaa1 sin1 naai5 gaa3-fe1)
- **MANDO** 我想要一杯南瓜拿铁。
  (wó xiǎng-yào yì-bēi nán-guā ná-tiě)
- **TAISHAN** 我想攞一杯南瓜鮮奶咖啡。
  (ngoi1 lhieng2 huo2 yid2-boi1 nam4-ga1 lhen1 nai5 ga1-fie2)

QUESTION

- **CANTO** 你想唔想要一杯南瓜鮮奶咖啡?
  (nei5 soeng2 m4 soeng2 jiu3 jat1-bui1 naam4-gwaa1 sin1 naai5 gaa3-fe1?)
- **MANDO** 你想要一杯南瓜拿铁吗?
  (ní xiǎng-yào yì-bēi nán-guā ná-tiě ma?)
- **TAISHAN** 你想攞一杯南瓜鮮奶咖啡嗎?
  (nei1 lhieng2 huo2 yid2-boi1 nam4-ga1 lhen1 nai5 ga1-fie2 ma1?)

Helping others makes me feel …
CANTO 幫到人令我覺得… (bong1 dou2 jan4 ling6 ngo5 gok3-dak1 …)
MANDO 帮助别人让我觉得… (bāng-zhù bié-rén ràng wǒ jué-de …)
TAISHAN 幫到偌令我覺得… (bong1 ao2 nieg2 len3 ngoi1 gog1-ag2 …)

Helping others makes me feel very good.
CANTO 幫到人令我覺得好好。(bong1 dou2 jan4 ling6 ngo5 gok3-dak1 hou2 hou2)
MANDO 帮助别人让我觉得很好。(bāng-zhù bié-rén ràng wǒ jué-de hén hǎo)
TAISHAN 幫到偌令我覺得好好。(bong1 ao2 nieg2 len3 ngoi1 gog1-ag2 hao2 hao2)

QUESTION

CANTO 幫到人令你覺得點? (bong1 dou2 jan4 ling6 nei5 gok3-dak1 dim2?)
MANDO 帮助别人让你觉得怎么样? (bāng-zhù bié-rén ràng nǐ jué-de zěn-me-yàng?)
TAISHAN 幫到偌令你覺得幾浩? (bong1 ao2 nieg2 len3 nei1 gog1-ag2 gei2-hao52?)

I ... paint.
CANTO 我...畫畫。(ngo5 ... waak6-waa2)
MANDO 我...画画。(wǒ ... huà-huà)
TAISHAN 我...畫畫。(ngoi1 ... vag3-va32)

I like to paint.
CANTO 我鍾意畫畫。(ngo5 zung1-ji3 waak6-waa2)
MANDO 我喜欢画画。(wó xǐ-huān huà-huà)
TAISHAN 我鍾意畫畫。(ngoi1 jung1-yi1 vag3-va32)

QUESTION

CANTO 你鍾唔鍾意畫畫? (nei5 zung1 m4 zung1-ji3 waak6-waa2?)
MANDO 你喜欢画画吗? (ní xǐ-huān huà-huà ma?)
TAISHAN 你鍾唔鍾意畫畫? (nei1 jung1 m4 jung1-yi1 vag3-va32?)

Today I ... a museum.
- CANTO 我今日...博物館。(ngo5 gam1-jat6 ... bok3-mat6-gun2)
- MANDO 我今天...博物馆。(wǒ jīn-tiān ... bó-wù-guǎn)
- TAISHAN 我今日...博物館。(ngoi1 gim1-ngid5 ... bog2-mod3-gon2)

Today I didn't go to a museum.
- CANTO 我今日冇去博物館。(ngo5 gam1-jat6 mou5 heoi3 bok3-mat6-gun2)
- MANDO 我今天没有去博物馆。(wǒ jīn-tiān méi-yǒu qù bó-wù-guǎn)
- TAISHAN 我今日冇去博物館。(ngoi1 gim1-ngid5 mao1 hui1 bog2-mod3-gon2)

QUESTION
- CANTO 你今日有冇去博物館? (nei5 gam1-jat6 jau5 mou5 heoi3 bok3-mat6-gun2?)
- MANDO 你今天有去博物馆吗? (nǐ jīn-tiān yǒu qù bó-wù-guǎn ma?)
- TAISHAN 你今日有冇去博物館? (nei1 gim1-ngid5 yiu1 mao1 hui1 bog2-mod3-gon2?)

I ... eat candies.
CANTO 我...食糖。(ngo5 ... sik6 tong2)
MANDO 我...吃糖。(wǒ ... chī táng)
TAISHAN 我...吃糖。(ngoi1 ... hieg1 hong42)

I don't really like to eat candies.
CANTO 我唔係好鍾意食糖。(ngo5 m4 hai6 hou2 zung1-ji3 sik6 tong2)
MANDO 我不是很喜欢吃糖。(wǒ bú-shì hén xǐ-huān chī táng)
TAISHAN 我唔係好鍾意吃糖。(ngoi1 m4 hai3 hao2 jung1-yi1 hieg1 hong42)

QUESTION
CANTO 你鍾唔鍾意食糖? (nei5 zung1 m4 zung1-ji3 sik6 tong2?)
MANDO 你喜欢吃糖吗? (ní xǐ-huān chī táng ma?)
TAISHAN 你鍾意吃糖嗎? (nei1 jung1-yi1 hieg1 hong42 ma1?)

I ... treats for Halloween.
- **CANTO** 我…萬聖節嘅糖果。(ngo5 ... maan6-sing3-zit3 ge3 tong4-gwo2)
- **MANDO** 我…万圣节的糖果。(wǒ ... wàn-shèng-jié de táng-guǒ)
- **TAISHAN** 我…萬聖節嘅糖果。(ngoi1 ... man3-sen1-ded2 ge1 hong4-guo2)

I have treats ready for Halloween.
- **CANTO** 我準備好萬聖節嘅糖果喇。
  (ngo5 zeon2-bei6 hou2 maan6-sing3-zit3 ge3 tong4-gwo2 laa3)
- **MANDO** 我准备好万圣节的糖果了。
  (wó zhǔn-bèi hǎo wàn-shèng-jié de táng-guǒ le)
- **TAISHAN** 我準備好萬聖節嘅糖果囉。
  (ngoi1 jun2-bei3 hao2 man3-sen1-ded2 ge1 hong4-guo2 lo1)

QUESTION

- **CANTO** 你準備好萬聖節嘅糖果未? (nei5 zeon2-bei6 hou2 maan6-sing3-zit3 ge3 tong4-gwo2 mei6?)
- **MANDO** 你准备好万圣节的糖果了吗? (ní zhǔn-bèi hǎo wàn-shèng-jié de táng-guǒ le ma?)
- **TAISHAN** 你準備好萬聖節嘅糖果未? (nei1 jun2-bei3 hao2 man3-sen1-ded2 ge1 hong4-guo2 mei3?)

For Halloween I will dress up as …
▶CANTO 我萬聖節會扮… (ngo5 maan6-sing3-zit3 wui5 baan6 …)
▶MANDO 我万圣节会扮… (wǒ wàn-shèng-jié huì bàn …)
▶TAISHAN 我萬聖節會扮… (ngoi1 man3-sen1-ded2 voi5 ban3 …)

For Halloween I will dress up as a traffic cone.
▶CANTO 我萬聖節會扮雪糕筒。(ngo5 maan6-sing3-zit3 wui5 baan6 syut3-gou1 tung2)
▶MANDO 我万圣节会扮三角锥。(wǒ wàn-shèng-jié huì bàn sān-jiǎo-zhuī)
▶TAISHAN 我萬聖節會扮雪糕筒。(ngoi1 man3-sen1-ded2 voi5 ban3 lhud2-gao1 hung52)

QUESTION

▶CANTO 你萬聖節會扮咩? (nei5 maan6-sing3-zit3 wui5 baan6 me1?)
▶MANDO 你万圣节会扮什么? (nǐ wàn-shèng-jié huì bàn shén-me?)
▶TAISHAN 你萬聖節會扮乜? (nei1 man3-sen1-ded2 voi5 ban3 mod2?)

November

I like to …

> CANTO 我鍾意… (ngo5 zung1-ji3 …)

> MANDO 我喜歡… (wó xǐ-huān …)

> TAISHAN 我鍾意… (ngoi1 jung1-yi1 …)

I like to give out food.

> CANTO 我鍾意派嘢食。(ngo5 zung1-ji3 paai3 je5-sik6)

> MANDO 我喜歡派吃的。(wó xǐ-huān pài chī-de)

> TAISHAN 我鍾意派嘢吃。(ngoi1 jung1-yi1 pai1 yie1-hieg1)

QUESTION

> CANTO 你鍾意做咩義工? (nei5 zung1-ji3 zou6 me1 ji6-gung1?)

> MANDO 你喜欢做什么义工? (ní xǐ-huān zuò shén-me yì-gōng?)

> TAISHAN 你鍾意做乜義工? (nei1 jung1-yi1 du1 mod2 ngei3-gung12?)

I ... ride a roller coaster.

▶CANTO 我…坐過山車。(ngo5 ... co5 gwo3-saan1-ce1)

▶MANDO 我…坐过山车。(wǒ ... zuò guò-shān-chē)

▶TAISHAN 我…坐過山車。(ngoi1 ... tuo1 guo1-san1-cie1)

I don't really want to ride a roller coaster.

▶CANTO 我唔係好想坐過山車。(ngo5 m4 hai6 hou2 soeng2 co5 gwo3-saan1-ce1)

▶MANDO 我不是很想坐过山车。(wǒ bú-shì hén xiǎng zuò guò-shān-chē)

▶TAISHAN 我唔係幾想坐過山車。(ngoi1 m4 hai3 gei2 lhieng2 tuo1 guo1-san1-cie1)

QUESTION

▶CANTO 你想唔想坐過山車? (nei5 soeng2 m4 soeng2 co5 gwo3-saan1-ce1?)

▶MANDO 你想坐过山车吗? (ní xiǎng zuò guò shān-chē-ma?)

▶TAISHAN 你想唔想坐過山車? (nei1 lhieng2 m4 lhieng2 tuo1 guo1-san1-cie1?)

I ... roller skate.
▶CANTO 我...滾軸溜冰。(ngo5 ... gwan2-zuk6 lau4-bing1)
▶MANDO 我...溜旱冰。(wǒ ... liū hàn bīng)
▶TAISHAN 我...溜干冰。(ngoi1 ... liu4 gon1 ben1)

I tried roller skating once.
▶CANTO 我有試過一次滾軸溜冰。(ngo5 jau5 si3 gwo3 jat1-ci3 gwan2-zuk6 lau4-bing1)
▶MANDO 我有试过一次溜旱冰。(wó yǒu shì guò yí-cì liū hàn bīng)
▶TAISHAN 我有試過一次溜乾冰。(ngoi1 yiu1 si1 guo1 yid2-lhu1 liu4 gon1 ben1)

QUESTION
▶CANTO 你有冇試過滾軸溜冰? (nei5 jau5 mou5 si3 gwo3 gwan2-zuk6 lau4-bing1?)
▶MANDO 你有试过溜旱冰吗? (ní yǒu shì guò liū hàn-bīng ma?)
▶TAISHAN 你有冇試過溜乾冰? (nei1 yiu1 mao1 si1 guo1 liu4 gon1 ben1?)

If the light bulb wasn't invented, I would … at night.

CANTO 如果冇發明電燈膽，我夜晚會… (jyu4-gwo2 mou5 faat3-ming4 din6-dang1-daam2, ngo5 je6-maan5 wui5 …)

MANDO 如果没有发明电灯泡，我晚上会… (rú-guǒ méi-yǒu fā-míng diàn-dēng-pào, wó wǎn-shàng huì …)

TAISHAN 如果冇發明電燈泡，我晚黑會… (ngui4-guo2 mao1 fad2-men4 en3-ang1-pog2, ngoi1 man5-hag2 voi5 …)

If the light bulb wasn't invented, I would sleep earlier at night.

CANTO 如果冇發明電燈膽，我夜晚會早啲瞓覺。

(jyu4-gwo2 mou5 faat3-ming4 din6-dang1-daam2, ngo5 je6-maan5 wui5 zou2 di1 fan3-gaau3)

MANDO 如果没有发明电灯泡，我晚上会早点睡觉。

(rú-guǒ méi-yǒu fā-míng diàn-dēng-pào, wó wǎn-shàng huì záo diǎn shuì-jiào)

TAISHAN 如果冇發明電燈泡，我晚黑會早尼瞓覺。

(ngui4-guo2 mao1 fad2-men4 en3-ang1-pog2, ngoi1 man5-hag2 voi5 dao2 nai2 fun1-gao1)

QUESTION

CANTO 如果冇發明電燈膽，你夜晚會做咩? (jyu4-gwo2 mou5 faat3-ming4 din6-dang1-daam2, nei5 je6-maan5 wui5 zou6 me1?)

MANDO 如果没有发明电灯泡，你晚上会做什么? (rú-guǒ méi-yǒu fā-míng diàn-dēng-pào, ní wǎn-shàng huì zuò shén-me?)

TAISHAN 如果冇發明電燈泡，你晚黑會做乜? (ngui4-guo2 mao1 fad2-men4 en3-ang1-pog2, nei1 man5-hag2 voi5 du1 mod2?)

... tree leaves change color.

▶CANTO …樹葉變色。(… syu6-jip6 bin3 sik1)

▶MANDO …树叶换颜色了。(… shù-yè huàn yán-sè le)

▶TAISHAN …樹葉變色。(… si3-yieb5 ben1 sed2)

I already saw the tree leaves change color.

▶CANTO 我已經見到樹葉變色。(ngo5 ji5-ging1 gin3 dou2 syu6-jip6 bin3 sik1)

▶MANDO 我已经看到树叶换颜色了。(wó yǐ-jīng kàn dào shù-yè huàn yán-sè le)

▶TAISHAN 我已經見到樹葉變色。(ngoi1 yi5-gen1 gen1 ao2 si3-yieb5 ben1 sed2)

QUESTION

▶CANTO 你見到樹葉變色未? (nei5 gin3 dou2 syu6-jip6 bin3 sik1 mei6?)

▶MANDO 你看到树叶换颜色了吗? (nǐ kàn dào shù-yè huàn yán-sè le ma?)

▶TAISHAN 你見到樹葉變色未? (nei1 gen1 ao2 si3-yieb5 ben1 sed2 mei3?)

My home … fall decorations.

CANTO 我屋企…秋季裝飾。(ngo5 uk1-kei2 … cau1-gwai3 zong1-sik1)

MANDO 我家里…秋季装饰。(wǒ jiā-lǐ … qiū-jì zhuāng-shì)

TAISHAN 偓企…秋季裝飾。(ngoi5 kei2 … tiu1-gei1 jong1-sed2)

My home has some fall decorations.

CANTO 我屋企有啲秋季裝飾。(ngo5 uk1-kei2 jau5 di1 cau1-gwai3 zong1-sik1)

MANDO 我家里有一些秋季装饰。(wǒ jiā-lí yǒu yì-xiē qiū-jì zhuāng-shì)

TAISHAN 偓企有尼秋季裝飾。(ngoi5 kei2 yiu1 nai2 tiu1-gei1 jong1-sed2)

QUESTION

CANTO 你屋企有冇秋季裝飾呀? (nei5 uk1-kei2 jau5 mou5 cau1-gwai3 zong1-sik1 aa3?)

MANDO 你家里有没有秋季装饰? (nǐ jiā-lí yǒu méi yǒu qiū-jì zhuāng-shì?)

TAISHAN 偌企有冇秋季裝飾啊? (nieg5 kei2 yiu1 mao1 tiu1-gei1 jong1-sed2 a1?)

I ... try a marathon.
- **CANTO** 我...試馬拉松。(ngo5 ... si3 maa5-laai1-cung4)
- **MANDO** 我...试马拉松。(wǒ ... shì mǎ-lā-sōng)
- **TAISHAN** 我...試馬拉松。(ngoi1 ... si1 ma5-lai2-tung4)

I dared to try a half marathon.
- **CANTO** 我敢試半馬拉松。(ngo5 gam2 si3 bun3 maa5-laai1-cung4)
- **MANDO** 我敢试半马拉松。(wó gǎn shì bàn mǎ-lā-sōng)
- **TAISHAN** 我敢試半馬拉松。(ngoi1 gam2 si1 bon5 ma5-lai2-tung4)

QUESTION

- **CANTO** 你敢唔敢試馬拉松? (nei5 gam2 m4 gam2 si3 maa5-laai1-cung4?)
- **MANDO** 你敢试马拉松吗? (ní gǎn shì mǎ-lā-sōng ma?)
- **TAISHAN** 你敢試馬拉松嗎? (nei1 gam2 si1 ma5-lai2-tung4 ma1?)

I have ... fluffy plushies.

CANTO 我有...毛公仔。(ngo5 jau5 ... mou4-gung1-zai2)

MANDO 我有...毛绒玩具。(wó yǒu ... máo-róng wán-jù)

TAISHAN 我有...公仔。(ngoi1 yiu1 ... gung5-doi2)

I have six fluffy plushies.

CANTO 我有6個毛公仔。(ngo5 jau5 luk6-go3 mou4-gung1-zai2)

MANDO 我有6个毛绒玩具。(wó yǒu liù-gè máo-róng wán-jù)

TAISHAN 我有6個公仔。(ngoi1 yiu1 lug3-goi1 gung5-doi2)

QUESTION

CANTO 你有幾個毛公仔? (nei5 jau5 gei2-go3 mou4-gung1-zai2?)

MANDO 你有几个毛融玩具? (ní yóu jǐ-gè máo-róng wán-jù?)

TAISHAN 你有幾個公仔? (nei1 yiu1 gei2-goi1 gung5-doi2?)

... eating ice-cream in the winter.

CANTO ...冬天食雪糕。(... dung1-tin1 sik6 syut3-gou1)

MANDO ...冬天吃冰淇淋。(... dōng-tiān chī bīng-qí-lín)

TAISHAN ...冷天吃雪糕。(... lang1-hen52 hieg1 lhud2-gao1)

I don't like eating ice-cream in the winter.

CANTO 我唔鍾意冬天食雪糕。(ngo5 m4 zung1-ji3 dung1-tin1 sik6 syut3-gou1)

MANDO 我不喜欢冬天吃冰淇淋。(wǒ bù xǐ-huān dōng-tiān chī bīng-qí-lín)

TAISHAN 我唔鍾意冷天吃雪糕。(ngoi1 m4 jung1-yi1 lang1-hen52 hieg1 lhud2-gao1)

QUESTION

CANTO 你鍾唔鍾意冬天食雪糕? (nei5 zung1 m4 zung1-ji3 dung1-tin1 sik6 syut3-gou1?)

MANDO 你喜欢冬天吃冰淇淋吗? (ní xǐ-huān dōng-tiān chī bīng-qí-lín ma?)

TAISHAN 你鍾唔鍾意冷天吃雪糕? (nei1 jung1 m4 jung1-yi1 lang1-hen52 hieg1 lhud2-gao1?)

... ready to go out for a walk.

CANTO ...準備好出去行下。(... zeon2-bei6 hou2 ceot1-heoi3 haang4 haa5)

MANDO ...准备好出去走一下。(... zhǔn-bèi hǎo chū-qù zǒu yí-xià)

TAISHAN ...準備好出去行下。(... jun2-bei3 hao2 cud2-hui1 hang4 ha5)

I am ready to go out for a walk.

CANTO 我準備好出去行下喇。(ngo5 zeon2-bei6 hou2 ceot1-heoi3 haang4 haa5 laa3)

MANDO 我准备好出去走一下了。(wó zhǔn-bèi hǎo chū-qù zǒu yí-xià le)

TAISHAN 我準備好出去行下囉。(ngoi1 jun2-bei3 hao2 cud2-hui1 hang4 ha5 lo1)

QUESTION

CANTO 你準備好出去行下未? (nei5 zeon2-bei6 hou2 ceot1-heoi3 haang4 haa5 mei6?)

MANDO 你准备好出去走一下了吗? (ní zhǔn-bèi hǎo chū-qù zǒu yí-xià le ma?)

TAISHAN 你準備好出去行下未? (nei1 jun2-bei3 hao2 cud2-hui1 hang4 ha5 mei3?)

... electric scooter.

CANTO ...電動滑板車。(... din6-dung6 waat6-baan2 ce1)

MANDO ...电动滑板车。(... diàn-dòng huá-bǎn chē)

TAISHAN ...電動滑板車。(... en3-ung3 vad3-ban2 cie1)

I don't have an electric scooter.

CANTO 我冇電動滑板車。(ngo5 mou5 din6-dung6 waat6-baan2 ce1)

MANDO 我没有电动滑板车。(wǒ méi yǒu diàn-dòng huá-bǎn chē)

TAISHAN 我冇電動滑板車。(ngoi1 mao1 en3-ung3 vad3-ban2 cie1)

QUESTION

CANTO 你有冇電動滑板車? (nei5 jau5 mou5 din6-dung6 waat6-baan2 ce1?)

MANDO 你有电动滑板车吗? (ní yǒu diàn-dòng huá-bǎn chē ma?)

TAISHAN 你有冇電動滑板車? (nei1 yiu1 mao1 en3-ung3 vad3-ban2 cie1?)

I ... to shop.
- **CANTO** 我...買嘢。(ngo5 ... maai5 je5)
- **MANDO** 我...买东西。(wǒ ... mǎi dōng-xi)
- **TAISHAN** 我...買嘢。(ngoi1 ... mai1 yie1)

I go online to shop.
- **CANTO** 我上網買嘢。(ngo5 soeng5 mong5 maai5 je5)
- **MANDO** 我上网买东西。(wǒ shàng-wáng mǎi dōng-xi)
- **TAISHAN** 我上網買嘢。(ngoi1 sieng1 mong2 mai1 yie1)

QUESTION

- **CANTO** 你去邊度買嘢? (nei5 heoi3 bin1-dou6 maai5 je5?)
- **MANDO** 你去哪里买东西? (nǐ qù ná-lí mǎi dōng-xi?)
- **TAISHAN** 你去乃買嘢? (nei1 hui1 nai52 mai1 yie1?)

I listen to ... podcasts.

CANTO 我聽…電台。(ngo5 teng1 … din6-toi4)

MANDO 我听…电台。(wǒ tīng … diàn-tái)

TAISHAN 我聽…電台。(ngoi1 hieng1 … en3-hoi4)

I listen to news podcasts.

CANTO 我聽新聞電台。(ngo5 teng1 san1-man4 din6-toi4)

MANDO 我听新闻电台。(wǒ tīng xīn-wén diàn-tái)

TAISHAN 我聽新聞電台。(ngoi1 hieng1 lhin1-mun42 en3-hoi4)

QUESTION

CANTO 你聽咩電台? (nei5 teng1 me1 din6-toi4?)

MANDO 你听什么电台? (nǐ tīng shén-me diàn-tái?)

TAISHAN 你聽乜電台? (nei1 hieng1 mod2 en3-hoi4?)

Winter is almost here. I am ... excited.

CANTO 冬天好快到喇, 我...興奮。(dung1-tin1 hou2 faai3 dou3 laa3, ngo5 ... hing1-fan5)

MANDO 冬天快到了, 我...兴奋。(dōng-tiān kuài dào le, wǒ ... xīng-fèn)

TAISHAN 冷天快到囉, 我...興奮。(lang1-hen52 hao2 fai1 ao1 lo1, ngoi1 ... hen1-fun52)

Winter is almost here. I am a little excited.

CANTO 冬天好快到喇, 我有少少興奮。

(dung1-tin1 hou2 faai3 dou3 laa3, ngo5 jau5 siu2-siu2 hing1-fan5)

MANDO 冬天快到了, 我有一点点兴奋。

(dōng-tiān kuài dào le, wó yǒu yì-dián-diǎn xīng-fèn)

TAISHAN 冷天好快到囉, 我有少少興奮。

(lang1-hen52 hao2 fai1 ao1 lo1, ngoi1 yiu1 sieu2-sieu2 hen1-fun52)

QUESTION

CANTO 冬天好快到喇, 你興唔興奮呀?

(dung1-tin1 hou2 faai3 dou3 laa3, nei5 hing1 m4 hing1-fan5 aa3?)

MANDO 冬天快到了, 你兴奋吗?

(dōng-tiān kuài dào le, nǐ xīng-fèn ma?)

TAISHAN 冷天好快到囉, 你興唔興奮啊?

(lang1-hen52 hao2 fai1 ao1 lo1, nei1 hen1 m4 hen1-fun52 a1?)

I ... buy winter clothes.
- **CANTO** 我...買冬天衫。(ngo5 ... maai5 dung1-tin1 saam1)
- **MANDO** 我...买冬天衣服。(wǒ ... mǎi dōng-tiān yī-fú)
- **TAISHAN** 我...買冷天衫。(ngoi1 ... mai1 lang1-hen52 sam5)

I shouldn't buy winter clothes.
- **CANTO** 我唔應該買冬天衫。(ngo5 m4 jing1-goi1 maai5 dung1-tin1 saam1)
- **MANDO** 我不应该买冬天衣服。(wǒ bù yīng-gāi mǎi dōng-tiān yī-fú)
- **TAISHAN** 我唔應該買冷天衫。(ngoi1 m4 yen1-goi12 mai1 lang1-hen52 sam5)

QUESTION

- **CANTO** 我應唔應該買冬天衫? (ngo5 jing1 m4 jing1-goi1 maai5 dung1-tin1 saam1?)
- **MANDO** 我应该买冬天衣服吗? (wǒ yīng-gāi mǎi dōng-tiān yī-fú ma?)
- **TAISHAN** 我應唔應該買冷天衫? (ngoi1 yen1 m4 yen1-goi12 mai1 lang1-hen52 sam5?)

I ... take care of pets.

CANTO 我...照顧寵物。(ngo5 ... ziu3-gu3 cung2-mat6)

MANDO 我...照顾宠物。(wǒ ... zhào-gù chǒng-wù)

TAISHAN 我....照顧寵物。(ngoi1 ... jieu1-gu1 cung2-mod3)

I love taking care of pets.

CANTO 我好鍾意照顧寵物。(ngo5 hou2 zung1-ji3 ziu3-gu3 cung2-mat6)

MANDO 我很喜欢照顾宠物。(wǒ hén xǐ-huān zhào-gù chǒng-wù)

TAISHAN 我好鍾意照顧寵物。(ngoi1 hao2 jung1-yi1 jieu1-gu1 cung2-mod3)

QUESTION

CANTO 你鍾唔鍾意照顧寵物? (nei5 zung1 m4 zung1-ji3 ziu3-gu3 cung2-mat6?)

MANDO 你喜欢照顾宠物吗? (ní xǐ-huān zhào-gù chǒng-wù ma?)

TAISHAN 你鍾唔鍾意照顧寵物? (nei1 jung1 m4 jung1-yi1 jieu1-gu1 cung2-mod3?)

How much was the cheapest pumpkin you've ever purchased?

The cheapest I've paid for a pumpkin was…

CANTO 我買過最平嘅南瓜係… (ngo5 maai5 gwo3 zeoi3 peng4 ge3 naam4-gwaa1 hai6 …)

MANDO 我买过最便宜的南瓜是… (wó mǎi guò zuì pián-yí de nán-guā shì …)

TAISHAN 我買過最平嘅南瓜係… (ngoi1 mai1 guo1 dui1 pieng4 ge1 nam4-ga1 hai3 …)

The cheapest I've paid for a pumpkin was $7.

CANTO 我買過最平嘅南瓜係7蚊。

(ngo5 maai5 gwo3 zeoi3 peng4 ge3 naam4-gwaa1 hai6 cat1 man1)

MANDO 我买过最便宜的南瓜是7块。

(wó mǎi guò zuì pián-yí de nán-guā shì qī kuài)

TAISHAN 我買過最平嘅南瓜係7蚊。

(ngoi1 mai1 guo1 dui1 pieng4 ge1 nam4-ga1 hai3 tid2 mun2)

QUESTION

CANTO 你買過最平嘅南瓜係幾錢? (nei5 maai5 gwo3 zeoi3 peng4 ge3 naam4-gwaa1 hai6 gei2- cin2?)

MANDO 你买过最便宜的南瓜多少钱? (ní mǎi guò zuì pián-yí de nán-guā duō-shǎo qián?)

TAISHAN 你買過最平嘅南瓜係幾錢? (nei1 mai1 guo1 dui1 pieng4 ge1 nam4-ga1 hai3 gei2-ten42?)

I ... donate to charities.

▶CANTO 我…捐去慈善機構。(ngo5 … gyun1 heoi3 ci4-sin6 gei1-kau3)

▶MANDO 我…捐给慈善机构。(wǒ … juān gěi cí-shàn jī-gòu)

▶TAISHAN 我…捐畀慈善機構。(ngoi1 … gun1 ei2 lhu4-sen3 gei1-keu1)

I sometimes donate to charities.

▶CANTO 我有時捐去慈善機構。(ngo5 jau5-si4 gyun1 heoi3 ci4-sin6 gei1-kau3)

▶MANDO 我有时候捐给慈善机构。(wó yǒu-shí-hòu juān gěi cí-shàn jī-gòu)

▶TAISHAN 我有時捐畀慈善機構。(ngoi1 yiu1-si52 gun1 ei2 lhu4-sen3 gei1-keu1)

QUESTION

▶CANTO 你有冇經常捐去慈善機構? (nei5 jau5 mou5 ging1-soeng4 gyun1 heoi3 ci4-sin6 gei1-kau3?)

▶MANDO 你有经常捐给慈善机构吗? (ní yǒu jīng-cháng juān gěi cí-shàn jī-gòu ma?)

▶TAISHAN 你有冇經常捐畀慈善機構? (nei1 yiu1 mao1 gen1-sieng4 gun1 ei2 lhu4-sen3 gei1-keu1?)

This year I … give away old clothes.

CANTO 我今年…送走啲舊衫。(ngo5 gam1 nin4 … sung3 zau2 di1 gau6 saam1)

MANDO 我今年…送走旧的衣服。(wǒ jīn nián … sòng zǒu jiù de yī-fú)

TAISHAN 我今年…送減尼舊衫。(ngoi1 gim1 nen4 … lhung1 gam2 nai2 giu3 sam5)

This year I didn't give away any old clothes.

CANTO 我今年冇送走啲舊衫。(ngo5 gam1-nin4 mou5 sung3 zau2 di1 gau6 saam1)

MANDO 我今年没有送走旧的衣服。(wǒ jīn-nián méi yǒu sòng zǒu jiù de yī-fú)

TAISHAN 我今年冇送減尼舊衫。(ngoi1 gim1-nen4 mao1 lhung1 gam2 nai2 giu3 sam5)

QUESTION

CANTO 你今年有冇送走啲舊衫? (nei5 gam1 nin4 jau5 mou5 sung3 zau2 di1 gau6 saam1?)

MANDO 你今年有没有送走旧的衣服? (nǐ jīn nián yǒu méi yǒu sòng zǒu jiù de yī-fú?)

TAISHAN 你今年有冇送減尼舊衫? (nei1 gim1 nen4 yiu1 mao1 lhung1 gam2 nai2 giu3 sam5?)

Today I ... stretch.
▶CANTO 我今日…拉筋。(ngo5 gam1-jat6 … laai1-gan1)
▶MANDO 我今天…拉筋。(wǒ jīn-tiān … lā-jīn)
▶TAISHAN 我今日…拉筋。(ngoi1 gim1-ngid5 … lai1-gin1)

Today I didn't stretch.
▶CANTO 我今日冇拉筋。(ngo5 gam1-jat6 mou5 laai1-gan1)
▶MANDO 我今天没有拉筋。(wǒ jīn-tiān méi yǒu lā-jīn)
▶TAISHAN 我今日冇拉筋。(ngoi1 gim1-ngid5 mao1 lai1-gin1)

QUESTION
▶CANTO 你今日有冇拉筋? (nei5 gam1-jat6 jau5 mou5 laai1-gan1?)
▶MANDO 你今天有没有拉筋? (nǐ jīn-tiān yǒu méi yǒu lā-jīn?)
▶TAISHAN 你今日有冇拉筋? (nei1 gim1-ngid5 yiu1 mao1 lai1-gin1?)

Today the train was delayed ...
▶CANTO 今日班車遲咗... (gam1-jat6 baan1 ce1 ci4 zo2 ...)
▶MANDO 今天的车迟了... (jīn-tiān de chē chí le ...)
▶TAISHAN 今日班車遲誃... (gim1-ngid5 ban1 cie1 ci4 e1 ...)

Today the train was delayed for 12 minutes.
▶CANTO 今日班車遲咗12分鐘。(gam1-jat6 baan1 ce1 ci4 zo2 sap6-ji6 fan1-zung1)
▶MANDO 今天的车迟了12分钟。(jīn-tiān de chē chí le shí-èr fēn-zhōng)
▶TAISHAN 今日班車遲誃12分鐘。(gim1-ngid5 ban1 cie1 ci4 e1 sib3-ngei3 fun1-jung12)

QUESTION
▶CANTO 今日班車遲咗幾耐? (gam1-jat6 baan1 ce1 ci4 zo2 gei2-noi6?)
▶MANDO 今天的车迟了多久? (jīn-tiān de chē chí le duō-jiǔ?)
▶TAISHAN 今日班車遲誃幾久? (gim1-ngid5 ban1 cie1 ci4 e1 gei2-giu2?)

I like to travel by ...

CANTO 我鍾意搭…去旅遊。(go5 zung1-ji3 daap3 … heoi3 leoi5-jau4)

MANDO 我喜欢坐…去旅游。(wó xǐ-huān zuò … qù lǚ-yóu)

TAISHAN 我鍾意搭…去旅遊。(ngoi1 jung1-yi1 ab1 … hui1 lui5-yiu4)

I like to travel by plane.

CANTO 我鍾意搭飛機去旅遊。(ngo5 zung1-ji3 daap3 fei1-gei1 heoi3 leoi5-jau4)

MANDO 我喜欢坐飞机去旅游。(wó xǐ-huān zuò fēi-jī qù lǚ-yóu)

TAISHAN 我鍾意搭飛機去旅遊。(ngoi1 jung1-yi1 ab1 fei1-gei1 hui1 lui5-yiu4)

QUESTION

CANTO 你鍾意搭飛機定係搭船去旅遊? (nei5 zung1-ji3 daap3 fei1-gei1 ding6-hai6 daap3 syun4 heoi3 leoi5-jau4?)

MANDO 你喜欢坐飞机还是坐船去旅游? (ní xǐ-huān zuò fēi-jī hái-shì zuò chuán qù lǚ-yóu?)

TAISHAN 你鍾意搭飛機還係搭船去旅遊? (nei1 jung1-yi1 ab1 fei1-gei1 van4-hai3 ab1 son4 hui1 lui5-yiu4?)

I recommend ...

CANTO 我推薦... (ngo5 teoi1-zin3 ...)

MANDO 我推荐... (wǒ tuī-jiàn ...)

TAISHAN 我推薦... (ngoi1 tui1-den1 ...)

I recommend aloe.

CANTO 我推薦蘆薈。(ngo5 teoi1-zin3 lou4-wui6)

MANDO 我推荐芦荟。(wǒ tuī-jiàn lú-huì)

TAISHAN 我推薦蘆薈。(ngoi1 tui1-den1 lu4-voi3)

QUESTION

CANTO 你推薦咩植物? (nei5 teoi1-zin3 me1 zik6-mat6?)

MANDO 你推荐什么植物? (nǐ tuī-jiàn shén-me zhí-wù?)

TAISHAN 你推薦乜植物? (nei1 tui1-den1 mod2 jed3-mod3?)

... is observing Thanksgiving with me.

▶CANTO ...同我過感恩節。(... tung4 ngo5 gwo3 gam2-jan1 zit3)

▶MANDO ...跟我过感恩节。(... gēn wǒ guò gǎn-ēn jié)

▶TAISHAN ...同我過感恩節。(... hung4 ngoi1 guo1 gam2-yin1 ded2)

My family is observing Thanksgiving with me.

▶CANTO 我屋企人同我過感恩節。(ngo5 uk1-kei2-jan4 tung4 ngo5 gwo3 gam2-jan1 zit3)

▶MANDO 我家人跟我过感恩节。(wǒ jiā-rén gēn wǒ guò gǎn-ēn jié)

▶TAISHAN 偓屋企人同我過感恩節。(ngoi5 ug2-kei2-ngin4 hung4 ngoi1 guo1 gam2-yin1 ded2)

QUESTION

▶CANTO 邊個同你過感恩節? (bin1-go3 tung4 nei5 gwo3 gam2-jan1 zit3?)

▶MANDO 谁跟你过感恩节? (shéi gēn nǐ guò gǎn-ēn jié?)

▶TAISHAN 誰同你過感恩節? (sui52 hung4 nei1 guo1 gam2-yin1 ded2?)

On Thanksgiving I eat …

> CANTO　我感恩節食… (ngo5 gam2-jan1 zit3 sik6 …)

> MANDO　我感恩节吃… (wó gǎn-ēn jié chī …)

> TAISHAN　我感恩節吃… (ngoi1 gam2-yin1 ded2 hieg1 …)

On Thanksgiving I eat turkey and stuffing.

> CANTO　我感恩節食火雞同填料。(ngo5 gam2-jan1 zit3 sik6 fo2-gai1 tung4 tin4-liu2)

> MANDO　我感恩节吃火鸡还有填料。(wó gǎn-ēn jié chī huǒ-jī hái-yǒu tián-liào)

> TAISHAN　我感恩節吃火雞同填料。(ngoi1 gam2-yin1 ded2 hieg1 fuo2-gai1 hung4 hen4-lieu32)

QUESTION

> CANTO　你感恩節食咩? (nei5 gam2-jan1 zit3 sik6 me1?)

> MANDO　你感恩节吃什么? (ní gǎn-ēn jié chī shén-me?)

> TAISHAN　你感恩節吃乜? (nei1 gam2-yin1 ded2 hieg1 mod2?)

I want to watch …

CANTO 我想睇… (ngo5 soeng2 tai2 …)

MANDO 我想看… (wó xiǎng kàn …)

TAISHAN 我想睇… (ngoi1 lhieng2 hai2 …)

I want to watch Chibi Maruko-chan.

CANTO 我想睇樱桃小丸子。(ngo5 soeng2 tai2 jing1-tou4 siu2-jyun2-zi2)

MANDO 我想看樱桃小丸子。(wó xiǎng kàn yīng-táo xiǎo-wán-zi)

TAISHAN 我想睇樱桃小丸子。(ngoi1 lhieng2 hai2 yen1-hao4 lhieu2-yon5-du2)

QUESTION

CANTO 你想睇咩兒童節目? (nei5 soeng2 tai2 me1 ji4-tung4 zit3-muk6?)

MANDO 你想看什么儿童节目? (ní xiǎng kàn shén-me ér-tóng jié-mù?)

TAISHAN 你想睇乜兒童節目? (nei1 lhieng2 hai2 mod2 ngei4-hung4 ded2-mug3?)

I want to learn more about … culture.

CANTO 我想了解…文化多啲。(ngo5 soeng2 liu5-gaai2 … man4-faa3 do1-di1)

MANDO 我想多了解…文化。(wó xiǎng duō liáo-jiě … wén-huà)

TAISHAN 我想了解…文化多尼。(ngoi1 lhieng2 lieu2-gai2 … mun4-fa1 uo1-nai2)

I want to learn more about Jewish culture.

CANTO 我想了解猶太文化多啲。(ngo5 soeng2 liu5-gaai2 jau4-taai3 man4-faa3 do1-di1)

MANDO 我想多了解犹太文化。(wó xiǎng duō liáo-jiě yóu-tài wén-huà)

TAISHAN 我想了解猶太文化多尼。(ngoi1 lhieng2 lieu2-gai2 yiu4-hai1 mun4-fa1 uo1-nai2)

QUESTION

CANTO 你想了解咩文化多啲? (nei5 soeng2 liu5-gaai2 me1 man4-faa3 do1 di1?)

MANDO 你想多了解什么文化? (ní xiǎng duō liáo-jiě shén-me wén-huà?)

TAISHAN 你想了解乜文化多尼? (nei1 lhieng2 lieu2-gai2 mod2 mun4-fa1 uo1-nai2?)

I ... cash to buy bubble tea.

CANTO 我…現金買珍珠奶茶。(ngo5 … jin6-gam1 maai5 zan1-zyu1 naai5-caa4)

MANDO 我…现金买珍珠奶茶。(wǒ … xiàn-jīn mǎi zhēn-zhū nǎi-chá)

TAISHAN 我…現金買珍珠奶茶。(ngoi1 … yen3-gim1 mai1 jin1-ji1 nai5-ca4)

I have enough cash to buy bubble tea.

CANTO 我夠現金買珍珠奶茶。(ngo5 gau3 jin6-gam1 maai5 zan1-zyu1 naai5-caa4)

MANDO 我够现金买珍珠奶茶。(wǒ gòu xiàn-jīn mǎi zhēn-zhū nǎi-chá)

TAISHAN 我夠現金買珍珠奶茶。(ngoi1 geu1 yen3-gim1 mai1 jin1-ji1 nai5-ca4)

QUESTION

CANTO 你夠唔夠現金買珍珠奶茶? (nei5 gau3 m4 gau3 jin6-gam1 maai5 zan1-zyu1 naai5-caa4?)

MANDO 你够现金买珍珠奶茶吗? (nǐ gòu xiàn-jīn mǎi zhēn-zhū nǎi-chá ma?)

TAISHAN 你夠唔夠現金買珍珠奶茶? (nei1 geu1 m4 geu1 yen3-gim1 mai1 jin1-ji1 nai5-ca4?)

I want to volunteer in …
- CANTO 我想去…做義工。(ngo5 soeng2 heoi3 … zou6 ji6-gung1)
- MANDO 我想去…做义工。(wó xiǎng qù … zuò yì-gōng)
- TAISHAN 我想去…做義工。(ngoi1 lhieng2 hui1 … du1 ngei3-gung12)

I want to volunteer in Taishan.
- CANTO 我想去台山做義工。(ngo5 soeng2 heoi3 toi4-saan1 zou6 ji6-gung1)
- MANDO 我想去台山做义工。(wó xiǎng qù tái-shān zuò yì-gōng)
- TAISHAN 我想去台山做義工。(ngoi1 lhieng2 hui1 hoi4-san1 du1 ngei3-gung12)

QUESTION
- CANTO 你想去邊度做義工? (nei5 soeng2 heoi3 bin1-dou6 zou6 ji6-gung1?)
- MANDO 你想去哪里做义工? (ní xiǎng qù ná-lǐ zuò yì-gōng?)
- TAISHAN 你想去乃做義工? (nei1 lhieng2 hui1 nai52 du1 ngei3-gung12?)

In my home, I ... a balcony.

CANTO　我屋企...露臺。(ngo5 uk1-kei2 ... lou6-toi4)

MANDO　我家里...阳台。(wǒ jiā-lǐ ... yáng-tái)

TAISHAN　偔企...陽臺。(ngoi5 kei2 ... yieng4-hoi4)

In my home, I don't have a balcony.

CANTO　我屋企冇露臺。(ngo5 uk1-kei2 mou5 lou6-toi4)

MANDO　我家里没有阳台。(wǒ jiā-lǐ méi yǒu yáng-tái)

TAISHAN　偔企冇陽臺。(ngoi5 kei2 mao1 yieng4-hoi4)

QUESTION

CANTO　你屋企有冇露臺? (nei5 uk1-kei2 jau5 mou5 lou6-toi4?)

MANDO　你家里有阳台吗? (nǐ jiā-lǐ yǒu yáng-tái ma?)

TAISHAN　偌企有陽臺嗎? (nieg5 kei2 yiu1 yieng4-hoi4 ma1?)

December

Today I can't wait to ...
- **CANTO** 我今日迫不及待… (ngo5 gam1-jat6 bik1-bat1-kap6-doi6 …)
- **MANDO** 我今天迫不及待… (wǒ jīn-tiān pò-bù-jí-dài …)
- **TAISHAN** 我今日迫不及待… (ngoi1 gim1-ngid5 bed2-bud2-gieb3-oi3 …)

Today I can't wait to go buy hoisin sauce.
- **CANTO** 我今日迫不及待去買海鮮醬。

  (ngo5 gam1-jat6 bik1-bat1-kap6-doi6 heoi3 maai5 hoi2-sin1 zoeng3)
- **MANDO** 我今天迫不及待去买海鲜酱。

  (wǒ jīn-tiān pò-bù-jí-dài qù mái hǎi-xiān jiàng)
- **TAISHAN** 我今日迫不及待去買海鮮醬。

  (ngoi1 gim1-ngid5 bed2-bud2-gieb3-oi3 hui1 mai1 hoi2-lhen1 dieng1)

QUESTION

- **CANTO** 你今日迫不及待做咩? (nei5 gam1-jat6 bik1-bat1-kap6-doi6 zou6 me1?)
- **MANDO** 你今天迫不及待干什么? (nǐ jīn-tiān pò-bù-jí-dài gàn shén-me?)
- **TAISHAN** 你今日迫不及待做乜? (nei1 gim1-ngid5 bed2-bud2-gieb3-oi3 du1 mod2?)

Today I heard about …
CANTO 我今日聽講… (ngo5 gam1-jat6 teng1-gong2 …)
MANDO 我今天听说… (wǒ jīn-tiān tīng-shuō …)
TAISHAN 我今日聽講… (ngoi1 gim1-ngid5 hieng1-gong2 …)

Today I heard about a new bookstore opening in Chinatown.
CANTO 我今日聽講唐人街開咗一間新書店。
(ngo5 gam1-jat6 teng1-gong2 tong4-jan4-gaai1 hoi1 zo2 jat1-gaan1 san1 syu1-dim3)
MANDO 我今天听说中国城开了一间新书店。
(wǒ jīn-tiān tīng-shuō zhōng-guó-chéng kāi le yì-jiān xīn shū-diàn)
TAISHAN 我今日聽講唐人街開誒一間新書店。
(ngoi1 gim1-ngid5 hieng1-gong2 hong4-ngin4-gai5 hoi1 e1 yid2-gan1 lhin1 si1-iem12)

QUESTION

CANTO 你今日聽到咩好消息? (nei5 gam1-jat6 teng1 dou2 me1 hou2 siu1-sik1?)
MANDO 你今天听到什么好消息? (nǐ jīn-tiān tīng dào shén-me hǎo xiāo-xi?)
TAISHAN 你今日聽到乜好消息? (nei1 gim1-ngid5 hieng1 ao2 mod2 hao2 lhieu1-lhed2?)

If I were an animal, I would want to be …

CANTO 如果我係動物，我想做… (jyu4-gwo2 ngo5 hai6 dung6-mat6, ngo5 soeng2 zou6 …)

MANDO 如果我是动物，我想当… (rú-guó wǒ shì dòng-wù, wó xiǎng dāng …)

TAISHAN 如果我係動物，我想做… (ngui4-guo2 ngoi1 hai3 ung3-mod3, ngoi1 lhieng2 du1 …)

If I were an animal, I would want to be a bird.

CANTO 如果我係動物，我想做一隻雀仔。

(jyu4-gwo2 ngo5 hai6 dung6-mat6, ngo5 soeng2 zou6 jat1-zek3 zoek3-zai2)

MANDO 如果我是动物，我想当一只小鸟。

(rú-guó wǒ shì dòng-wù, wó xiǎng dāng yì-zhī xiáo-niǎo)

TAISHAN 如果我係動物，我想做一隻雀仔。

(ngui4-guo2 ngoi1 hai3 ung3-mod3, ngoi1 lhieng2 du1 yid2-jieg1 dieg5-doi2)

QUESTION

CANTO 如果你係動物，你想做咩? (jyu4-gwo2 nei5 hai6 dung6-mat6, nei5 soeng2 zou6 me1?)

MANDO 如果你是动物，你想做什么? (rú-guó nǐ shì dòng-wù, ní xiǎng dāng shén-me?)

TAISHAN 如果你係動物，你想做乜? (ngui4-guo2 nei1 hai3 ung3-mod3, nei1 lhieng2 du1 mod2?)

I would choose to read …
- **▶CANTO** 我會揀睇… (ngo5 wui5 gaan2 tai2 …)
- **▶MANDO** 我会选择看… (wǒ huì xuǎn-zé kàn …)
- **▶TAISHAN** 我會揀睇… (ngoi1 voi5 gan2 hai2 …)

I would choose to read a physical book.
- **▶CANTO** 我會揀睇實體書。(ngo5 wui5 gaan2 tai2 sat6-tai2 syu1)
- **▶MANDO** 我会选择看实体书。(wǒ huì xuǎn-zé kàn shí-tǐ shū)
- **▶TAISHAN** 我會揀睇實體書。(ngoi1 voi5 gan2 hai2 sid3-hai2 si1)

QUESTION

- **▶CANTO** 你會揀睇實體書定係電子書? (nei5 wui5 gaan2 tai2 sat6-tai2 syu1 ding6-hai6 din6-zi2 syu1?)
- **▶MANDO** 你会选择看实体书还是电子书? (nǐ huì xuǎn-zé kàn shí-tǐ shū hái-shì diàn-zǐ shū?)
- **▶TAISHAN** 你會揀睇實體書還係電子書? (nei1 voi5 gan2 hai2 sid3-hai2 si1 van4-hai3 en3-du2 si1?)

I doubt myself …
> **CANTO** 我懷疑自己… (ngo5 waai4-ji4 zi6-gei2 …)
> **MANDO** 我怀疑自己… (wó huái-yí zì-jǐ …)
> **TAISHAN** 我懷疑自己… (ngoi1 vai4-ngei4 du3-gei2 …)

I doubt myself many times every day.
> **CANTO** 我每日都懷疑自己好多次。
> (ngo5 mui5-jat6 dou1 waai4-ji4 zi6-gei2 hou2 do1 ci3)
> **MANDO** 我每天都怀疑自己很多遍。
> (wó měi-tiān dōu huái-yí zì-jǐ hěn duō biàn)
> **TAISHAN** 我日日都懷疑自己好多次。
> (ngoi1 ngid1-ngid5 du2 vai4-ngei4 du3-gei2 hao2 uo1 lhu1)

QUESTION
> **CANTO** 你今日有冇懷疑自己? (nei5 gam1-jat6 jau5 mou5 waai4-ji4 zi6-gei2?)
> **MANDO** 你今天有怀疑自己吗? (nǐ jīn-tiān yǒu huái-yí zì-jǐ ma?)
> **TAISHAN** 你今日有冇懷疑自己? (nei1 gim1-ngid5 yiu1 mao1 vai4-ngei4 du3-gei2)

When I am distracted, I will ...
- CANTO　我分心嗰陣會… (ngo5 fan1-sam1 go2-zan6 wui5 …)
- MANDO　我分心的时候会… (wǒ fēn-xīn de shí-hòu huì …)
- TAISHAN　我分心嚟時會… (ngoi1 fun1-lhim1 nen5-si52 voi5 …)

When I am distracted, I will daydream.
- CANTO　我分心嗰陣會發白日夢。
  (ngo5 fan1-sam1 go2-zan6 wui5 faat3 baak6-jat6 mung6)
- MANDO　我分心的时候会做白日梦。
  (wǒ fēn-xīn de shí-hòu huì zuò bái-rì mèng)
- TAISHAN　我分心嚟時會發白日夢。
  (ngoi1 fun1-lhim1 nen5-si52 voi5 fad1 bag3-ngid3 mung3)

QUESTION

- CANTO　你分心嗰陣會做咩? (nei5 fan1-sam1 go2-zan6 wui5 zou6 me1?)
- MANDO　你分心的时候会做什么? (nǐ fēn-xīn de shí-hòu huì zuò shén-me?)
- TAISHAN　你分心嚟時會做乜? (nei1 fun1-lhim1 nen5-si52 voi5 du1 mod2?)

I prefer drinking …

CANTO 我比較鍾意飲… (ngo5 bei2-gaau3 zung1-ji3 jam2 …)

MANDO 我比较喜欢喝… (wó bǐ-jiào xǐ-huān hē …)

TAISHAN 我比較鍾意飲… (ngoi1 bei2-gao1 jung1-yi1 ngim2 …)

I prefer drinking water.

CANTO 我比較鍾意飲水。(ngo5 bei2-gaau3 zung1-ji3 jam2 seoi2)

MANDO 我比较喜欢喝水。(wó bǐ-jiào xǐ-huān hē shuǐ)

TAISHAN 我比較鍾意飲水。(ngoi1 bei2-gao1 jung1-yi1 ngim2 sui2)

QUESTION

CANTO 你比較鍾意咩飲品? (nei5 bei2-gaau3 zung1-ji3 me1 jam2-ban2?)

MANDO 你比较喜欢什么饮料? (ní bǐ-jiào xǐ-huān shén-me yǐn-liào?)

TAISHAN 你比較鍾意乜飲料? (nei1 bei2-gao1 jung1-yi1 mod2 ngim2-lieu32?)

I ... hot chocolate with marshmallows.

CANTO 我…熱朱古力加棉花糖。(ngo5 ... jit6 zyu1-gu1-lik1 gaa1 min4-faa1 tong2)

MANDO 我…热巧克力加棉花糖。(wǒ ... rè qiǎo-kè-lì jiā mián-huā táng)

TAISHAN 我…熱朱古力加棉花糖。(ngoi1 ... nged3 ji1-gu2-led2 ga1 men4-fa1 hong42)

I have tried hot chocolate with marshmallows.

CANTO 我有試過熱朱古力加棉花糖。
(ngo5 jau5 si3 gwo3 jit6 zyu1-gu1-lik1 gaa1 min4-faa1 tong2)

MANDO 我有试过热巧克力加棉花糖。
(wó yǒu shì guò rè qiǎo-kè-lì jiā mián-huā táng)

TAISHAN 我有試過熱朱古力加棉花糖。
(ngoi1 yiu1 si1 guo1 nged3 ji1-gu2-led2 ga1 men4-fa1 hong42)

QUESTION

CANTO 你有冇試過熱朱古力加棉花糖? (nei5 jau5 mou5 si3 gwo3 jit6 zyu1-gu1-lik1 gaa1 min4-faa1 tong2?)

MANDO 你有没有试过热巧克力加棉花糖? (ní yǒu méi yǒu shì guò rè qiǎo-kè-lì jiā mián-huā táng?)

TAISHAN 你有冇試過熱朱古力加棉花糖? (nei1 yiu1 mao1 si1 guo1 nged3 ji1-gu2-led2 ga1 men4-fa1 hong42?)

I want to spend winter in ...

CANTO 我冬天想喺…過。(ngo5 dung1-tin1 soeng2 hai2 … gwo3)

MANDO 我冬天想在…过。(wǒ dōng-tiān xiǎng zài … guò)

TAISHAN 我冷天想到…過。(ngoi1 lang1-hen52 lhieng2 ao1 … guo1)

I want to spend winter in Taishan.

CANTO 我冬天想喺台山過。(ngo5 dung1-tin1 soeng2 hai2 toi4-saan1 gwo3)

MANDO 冬天想在台山过。(wǒ dōng-tiān xiǎng zài tái-shān guò)

TAISHAN 我冷天想到台山過。(ngoi1 lang1-hen52 lhieng2 ao1 hoi4-san1 guo1)

QUESTION

CANTO 你冬天想喺邊度過? (nei5 dung1-tin1 soeng2 hai2 bin1-dou6 gwo3?)

MANDO 你冬天想在哪里过? (nǐ dōng-tiān xiǎng zài ná-lǐ guò?)

TAISHAN 你冷天想到乃過? (nei1 lang1-hen52 lhieng2 ao1 nai52 guo1?)

In the winter I like to …
- CANTO 我冬天鍾意… (ngo5 dung1-tin1 zung1-ji3 …)
- MANDO 我冬天喜欢… (wǒ dōng-tiān xǐ-huān …)
- TAISHAN 我冷天鍾意… (ngoi1 lang1-hen52 jung1-yi1 …)

In the winter I like to take naps.
- CANTO 我冬天鍾意瞓晏覺。(ngo5 dung1-tin1 zung1-ji3 fan3 aan3-gaau3)
- MANDO 我冬天喜欢睡午觉。(wǒ dōng-tiān xǐ-huān shuì wǔ-jiào)
- TAISHAN 我冷天鍾意瞓晏晝。(ngoi1 lang1-hen52 jung1-yi1 fun1 an1-jiu52)

QUESTION
- CANTO 你冬天鍾意做咩? (nei5 dung1-tin1 zung1-ji3 zou6 me1?)
- MANDO 你冬天喜欢做什么? (nǐ dōng-tiān xǐ-huān zuò shén-me?)
- TAISHAN 你冷天鍾意做乜? (nei1 lang1-hen52 jung1-yi1 du1 mod2?)

… wakes me up.

▶CANTO …令我提神。(… ling6 ngo5 tai4-san4)

▶MANDO …让我提神。(… ràng wǒ tí-shén)

▶TAISHAN …令我提神。(… len3 ngoi1 hai4-sin4)

Drinking coffee wakes me up.

▶CANTO 飲咖啡令我提神。(jam2 gaa3-fe1 ling6 ngo5 tai4-san4)

▶MANDO 喝咖啡让我提神。(hē kā-fēi ràng wǒ tí-shén)

▶TAISHAN 飲咖啡令我提神。(ngim2 ga1-fie2 len3 ngoi1 hai4-sin4)

QUESTION

▶CANTO 咩令你提神? (me1 ling6 nei5 tai4-san4?)

▶MANDO 什么让你提神? (shén-me ràng nǐ tí-shén?)

▶TAISHAN 乜令你提神? (mod2 len3 nei1 hai4-sin4?)

When I spend time with myself, I like to ...

CANTO 我自己一個人嗰陣鍾意... (ngo5 zi6-gei2 jat1-go3 jan4 go2-zan6 zung1-ji3 ...)

MANDO 我自己一个人的时候喜欢... (wǒ zì-jǐ yí-gè rén de shí-hòu xǐ-huān ...)

TAISHAN 我自己一個人嚛時鍾意... (ngoi1 du3-gei2 yid2-goi1 ngin4 nen5-si52 jung1-yi1 ...)

When I spend time with myself, I like to cook.

CANTO 我自己一個人嗰陣鍾意煮嘢食。
(ngo5 zi6-gei2 jat1-go3 jan4 go2-zan6 zung1-ji3 zyu2 je5 sik6)

MANDO 我自己一个人的时候喜欢做吃的。
(wǒ zì-jǐ yí-gè rén de shí-hòu xǐ-huān zuò chī de)

TAISHAN 我自己一個人嚛時鍾意煮嘢食。
(ngoi1 du3-gei2 yid2-goi1 ngin4 nen5-si52 jung1-yi1 ji2 yie1 hieg1)

QUESTION

CANTO 你自己一個人嗰陣鍾意做咩? (nei5 zi6-gei2 jat1-go3 jan4 go2-zan6 zung1-ji3 zou6 me1?)

MANDO 你自己一个人的时候喜欢做什么? (nǐ zì-jǐ yí-gè rén de shí-hòu xǐ-huān zuò shén-me?)

TAISHAN 你自己一個人嚛時鍾意做乜? (nei1 du3-gei2 yid2-goi1 ngin4 nen5-si52 jung1-yi1 du1 mod2?)

I ... tried pumpkin pie.

CANTO 我...試過南瓜批。(ngo5 ... si3 gwo3 naam4-gwaa1 pai1)

MANDO 我...试过南瓜派。(wǒ ... shì guò nán-guā pài)

TAISHAN 我...試過南瓜派。(ngoi1 ... si1 guo1 nam4-ga1 pai52)

I have never tried pumpkin pie.

CANTO 我冇試過南瓜批。(ngo5 mou5 si3 gwo3 naam4-gwaa1 pai1)

MANDO 我没试过南瓜派。(wǒ méi shì guò nán-guā pài)

TAISHAN 我冇試過南瓜派。(ngoi1 mao1 si1 guo1 nam4-ga1 pai52)

QUESTION

CANTO 你有冇試過南瓜批? (nei5 jau5 mou5 si3 gwo3 naam4-gwaa1 pai1?)

MANDO 你有没有试过南瓜派? (ní yǒu méi yǒu shì guò nán-guā pài?)

TAISHAN 你有冇試過南瓜派? (nei1 yiu1 mao1 si1 guo1 nam4-ga1 pai52?)

Today I want to treat myself to ...

▶CANTO 我今日想獎勵自己... (ngo5 gam1-jat6 soeng2 zoeng2-lai6 zi6-gei2 ...)

▶MANDO 我今天想奖励自己... (wǒ jīn-tiān xiáng jiǎng-lì zì-jǐ ...)

▶TAISHAN 我今日想獎勵自己... (ngoi1 gim1-ngid5 lhieng2 dieng2-lai3 du3-gei2 ...)

Today I want to treat myself to some sashimi.

▶CANTO 我今日想獎勵自己食魚生。
(ngo5 gam1-jat6 soeng2 zoeng2-lai6 zi6-gei2 sik6 jyu4- saang1)

▶MANDO 我今天想奖励自己吃生鱼片。
(wǒ jīn-tiān xiáng jiǎng-lì zì-jǐ chī shēng-yú-piàn)

▶TAISHAN 我今日想獎勵自己吃魚生。
(ngoi1 gim1-ngid5 lhieng2 dieng2-lai3 du3-gei2 hieg1 ngui4-sang1)

QUESTION

▶CANTO 你今日想點樣獎勵自己? (nei5 gam1-jat6 soeng2 dim2-joeng2 zoeng2-lai6 zi6-gei2?)

▶MANDO 你今天想怎么奖励自己? (nǐ jīn-tiān xiáng zěn-me jiǎng-lì zì-jǐ?)

▶TAISHAN 你今日想幾浩獎勵自己? (nei1 gim1-ngid5 lhieng2 gei2-hao52 dieng2-lai3 du3-gei2?)

The last time I made a gingerbread house was ...

CANTO 我上一次整薑餅屋係... (ngo5 soeng6 jat1-ci3 zing2 goeng1 beng2 uk1 hai6 ...)

MANDO 我上一次做姜饼屋是... (wǒ shàng yí-cì zuò jiāng bǐng wū shì ...)

TAISHAN 我上一次整薑餅屋係... (ngoi1 sieng3 yid2-lhu1 jen2 gieng1 bieng2 ug2 hai3 ...)

The last time I made a gingerbread house was eight years ago.

CANTO 我上一次整薑餅屋係8年前。
(ngo5 soeng6 jat1-ci3 zing2 goeng1 beng2 uk1 hai6 baat3 nin4 cin4)

MANDO 我上一次做姜饼屋是8年前。
(wǒ shàng yí-cì zuò jiāng bǐng wū shì bā nián qián)

TAISHAN 我上一次整薑餅屋係8年前。
(ngoi1 sieng3 yid2-lhu1 jen2 gieng1 bieng2 ug2 hai3 bad1 nen4 ten4)

QUESTION

CANTO 你上一次整薑餅屋係幾時? (nei5 soeng6 jat1-ci3 zing2 goeng1 beng2 uk1 hai6 gei2-si4?)

MANDO 你上一次做姜饼屋是什么时候? (nǐ shàng yí-cì zuò jiāng bǐng wū shì shén-me shí-hòu?)

TAISHAN 你上一次整薑餅屋係幾時? (nei1 sieng3 yid2-lhu1 jen2 gieng1 bieng2 ug2 hai3 gei2-si52?)

For Christmas I plan on …
- **CANTO** 我聖誕節諗住… (ngo5 sing3-daan3 zit3 nam2-zyu6 …)
- **MANDO** 我圣诞节打算… (wǒ shèng-dàn jié dǎ-suàn …)
- **TAISHAN** 我聖誕節諗住… (ngoi1 sen1-an1 ded2 nam2-ji3 …)

For Christmas I plan on staying home.
- **CANTO** 我聖誕節諗住留喺屋企。(ngo5 sing3-daan3 zit3 nam2-zyu6 lau4 hai2 uk1-kei2)
- **MANDO** 我圣诞节打算留在家里。(wǒ shèng-dàn jié dǎ-suàn liú zài jiā-lǐ)
- **TAISHAN** 我聖誕節諗住留到屋企。(ngoi1 sen1-an1 ded2 nam2-ji3 liu4 ao1 ug2-kei2)

QUESTION

- **CANTO** 你聖誕節有冇打算去邊度? (nei5 sing3-daan3 zit3 jau5 mou5 daa2-syun3 heoi3 bin1- dou6?)
- **MANDO** 你圣诞节有打算去哪里吗? (nǐ shèng-dàn jié yóu dǎ-suàn qù ná-lǐ ma?)
- **TAISHAN** 你聖誕節有冇諗住去乃? (nei1 sen1-an1 ded2 yiu1 mao1 nam2 ji3 hui1 nai52?)

Last night I dreamt of ...
- CANTO　我琴晚夢見... (ngo5 kam4-maan5 mung6-gin3 …)
- MANDO　我昨晚梦见... (wǒ zuó-wǎn mèng-jiàn …)
- TAISHAN　我昨晚夢見... (ngoi1 dam5-man52 mung3-gen1 …)

Last night I dreamt of seeing my childhood friends.
- CANTO　我琴晚夢見我細個嗰陣嘅朋友。
  (ngo5 kam4-maan5 mung6-gin3 ngo5 sai3-go3 go2-zan6 ge3 pang4-jau5)
- MANDO　我昨晚梦见我小时候的朋友。
  (wǒ zuó-wǎn mèng-jiàn wó xiǎo shí-hòu de péng-yǒu)
- TAISHAN　我昨晚夢見我細個嘮時嘅朋友。
  (ngoi1 dam5-man52 mung3-gen1 ngoi1 lhai1-goi1 nen5-si52 ge1 pang4-yiu5)

QUESTION
- CANTO　你琴晚夢見咩? (nei5 kam4-maan5 mung6-gin3 me1?)
- MANDO　你昨晚梦见什么? (nǐ zuó-wǎn mèng-jiàn shén-me?)
- TAISHAN　你昨晚夢見乜? (nei1 dam5-man52 mung3-gen1 mod2?)

This year I will enter a ... contest.
CANTO 我今年參加…比賽。(ngo5 gam1 nin4 caam1-gaa1 … bei2-coi3)
MANDO 我今年參加…比赛。(wǒ jīn nián cān-jiā … bǐ-sài)
TAISHAN 我今年參加…比賽。(ngoi1 gim1 nen4 tam1-ga1… bei2-soi1)

This year I entered a Halloween costume contest.
CANTO 我今年參加咗萬聖節服裝比賽。
(ngo5 gam1 nin4 caam1-gaa1 zo2 maan6-sing3-zit3 fuk6-zong1 bei2-coi3)
MANDO 我今年參加了万圣节服装比赛。
(wǒ jīn nián cān-jiā le wàn-shèng-jié fú-zhuāng bǐ-sài)
TAISHAN 我今年參加誒萬聖節服裝比賽。
(ngoi1 gim1 nen4 tam1-ga1 e1 man3-sen1 ded2 fug3-jong12 bei2-soi1)

QUESTION

CANTO 你今年有冇參加過比賽? (nei5 gam1 nin4 jau5 mou5 caam1-gaa1 gwo3 bei2-coi3?)
MANDO 你今年有参加过比赛吗? (nǐ jīn nián yǒu cān-jiā guò bǐ-sài ma?)
TAISHAN 你今年有冇參加過比賽? (nei1 gim1 nen4 yiu1 mao1 tam1-ga1 guo1 bei2-soi1?)

I miss ...
- ▶CANTO 我掛住... (ngo5 gwaa3-zyu6 …)
- ▶MANDO 我怀念... (wǒ huái-niàn …)
- ▶TAISHAN 我掛住... (ngoi1 ka1-ji3 …)

I miss playing mahjong with my family during the new year.
- ▶CANTO 我掛住新年嗰陣同屋企人打麻將。
  (ngo5 gwaa3-zyu6 san1 nin4 go2-zan6 tung4 uk1-kei2 jan4 daa2 maa4-zoek2)
- ▶MANDO 我怀念新年的时候跟家人打麻将。
  (wǒ huái-niàn xīn-nián de shí-hòu gēn jiā-rén dǎ má-jiàng)
- ▶TAISHAN 我掛住新年嘹時同屋企人打麻將。
  (ngoi1 ka1-ji3 lhin1 nen42 nen5-si52 hung4 ug2-kei2-ngin4 a2 ma4-dieg2)

QUESTION

- ▶CANTO 你掛住屋企啲咩傳統? (nei5 gwaa3-zyu6 uk1-kei2 di1 me1 cyun4-tung2?)
- ▶MANDO 你想念家里的什么传统? (ní xiǎng-niàn jiā-lǐ de shén-me chuán-tǒng?)
- ▶TAISHAN 你掛住屋企尼乜傳統? (nei1 ka1-ji3 ug2-kei2 nai2 mod2 cun4-hung2?)

This year I ... decorate a Christmas tree.

▶CANTO 我今年...裝飾聖誕樹。(ngo5 gam1 nin4 ... zong1-sik1 sing3-daan3 syu6)

▶MANDO 我今年...装饰圣诞树。(wǒ jīn nián ... zhuāng-shì shèng-dàn shù)

▶TAISHAN 我今年...裝飾聖誕樹。(ngoi1 gim1 nen4 ... jong1-sed2 sen1-an1 si3)

This year I already decorated a Christmas tree.

▶CANTO 我今年已經裝飾咗聖誕樹。

(ngo5 gam1 nin4 ji5-ging1 zong1-sik1 zo2 sing3-daan3 syu6)

▶MANDO 我今年已经装饰了圣诞树。

(wǒ jīn nián yǐ-jīng zhuāng-shì le shèng-dàn shù)

▶TAISHAN 我今年已經裝飾誒聖誕樹。

(ngoi1 gim1 nen4 yi5-gen1 jong1-sed2 e1 sen1-an1 si3)

QUESTION

▶CANTO 你今年有冇裝飾聖誕樹? (nei5 gam1 nin4 jau5 mou5 zong1-sik1 sing3-daan3 syu6?)

▶MANDO 你今年有没有装饰圣诞树? (nǐ jīn nián yǒu méi yǒu zhuāng-shì shèng-dàn shù?)

▶TAISHAN 你今年有冇裝飾聖誕樹? (nei1 gim1 nen4 yiu1 mao1 jong1-sed2 sen1-an1 si3?)

My rice balls are ...

▶CANTO 我啲湯圓係...味嘅。(ngo5 di1 tong1-jyun2 hai6 ... mei6 ge3)

▶MANDO 我的汤圆是...味的。(wǒ de tāng-yuán shì ... wèi de)

▶TAISHAN 我尼湯圓係...味嘅。(ngoi1 nai2 hong1-yon52 hai3 ... mei3 ge1)

My rice balls are sesame-flavored.

▶CANTO 我啲湯圓係芝麻味嘅。(ngo5 di1 tong1-jyun2 hai6 zi1-maa4 mei6 ge3)

▶MANDO 我的汤圆是芝麻味的。(wǒ de tāng-yuán shì zhī-má wèi de)

▶TAISHAN 我尼湯圓係芝麻味嘅。(ngoi1 nai2 hong1-yon52 hai3 ji1-ma4 mei3 ge1)

QUESTION

▶CANTO 你啲湯圓係咩味㗎? (nei5 di1 tong1-jyun2 hai6 me1 mei6 gaa3?)

▶MANDO 你的汤圆是什么味道的? (nǐ de tāng-yuán shì shén-me wèi-dào de?)

▶TAISHAN 你尼湯圓係乜味㗎? (nei1 nai2 hong1-yon52 hai3 mod2 mei3 ga1?)

I like … flavored candy canes.

CANTO 我鍾意…味嘅士的糖。(ngo5 zung1-ji3 … mei6 ge3 si6-dik1-tong2)

MANDO 我喜欢…味的糖果棒。(wó xǐ-huān … wèi de táng-guǒ bàng)

TAISHAN 我鍾意…味嘅糖果棒。(ngoi1 jung1-yi1 … mei3 ge3 hong4-guo2 pang52)

I like peppermint-flavored candy canes.

CANTO 我鍾意薄荷味嘅士的糖。

(ngo5 zung1-ji3 bok6-ho4 mei6 ge3 si6-dik1-tong2)

MANDO 我喜欢薄荷味的糖果棒。

(wó xǐ-huān bò-hé wèi de táng-guǒ bàng)

TAISHAN 我鍾意薄荷味嘅糖果棒。

(ngoi1 jung1-yi1 bog3-huo4 mei3 ge3 hong4-guo2 pang52)

QUESTION

CANTO 你鍾意咩味嘅士的糖? (nei5 zung1-ji3 me1 mei6 ge3 si6-dik1-tong2?)

MANDO 你喜欢什么口味的糖果棒? (ní xǐ-huān shén-me kǒu-wèi de táng-guǒ bàng?)

TAISHAN 你鍾意乜味嘅糖果棒? (nei1 jung1-yi1 mod2 mei3 ge3 hong4-guo2 pang52?)

I want Santa to give me a...

▶ CANTO 我想聖誕老人送...畀我。(ngo5 soeng2 sing3-daan3 lou5-jan4 sung3 ... bei2 ngo5)

▶ MANDO 我想圣诞老人送我...。(wó xiǎng shèng-dàn lǎo-rén sòng wǒ ...)

▶ TAISHAN 我想聖誕老人送...畀我。(ngoi1 lhieng2 sen1-an1 lao2-ngin4 lhung1 ... ei2 ngoi1)

I want Santa to give me a very fast computer.

▶ CANTO 我想聖誕老人送一部好快嘅電腦畀我。

(ngo5 soeng2 sing3-daan3 lou5-jan4 sung3 jat1-bou6 hou2 faai3 ge3 din6-nou5 bei2 ngo5)

▶ MANDO 我想圣诞老人送我一台很快的电脑。

(wó xiǎng shèng-dàn lǎo-rén sòng wǒ yì-tái hěn kuài de diàn-nǎo)

▶ TAISHAN 我想聖誕老人送一部好快嘅電腦畀我。

(ngoi1 lhieng2 sen1-an1 lao2-ngin4 lhung1 yid2-bu3 hao2 fai1 ge1 en3-nao2 ei2 ngoi1)

QUESTION

▶ CANTO 你想聖誕老人送咩禮物畀你?

(nei5 soeng2 sing3-daan3 lou5-jan4 sung3 me1 lai5-mat6 bei2 nei5?)

▶ MANDO 你想圣诞老人送你什么礼物?

(ní xiǎng shèng-dàn lǎo-rén sòng nǐ shén-me lǐ-wù?)

▶ TAISHAN 你想聖誕老人送乜禮物畀你?

(nei1 lhieng2 sen1-an1 lao2-ngin4 lhung1 mod2 lai5-mod3 ei2 nei1?)

I recently gave ...
- **CANTO** 我最近送咗... (ngo5 zeoi3-gan6 sung3 zo2 ...)
- **MANDO** 我最近送了... (wǒ zuì-jìn sòng le ...)
- **TAISHAN** 我最近送誒... (ngoi1 dui1-gin3 lhung1 e1 ...)

I recently gave a quilt to a friend.
- **CANTO** 我最近送咗一張被畀朋友。
  (ngo5 zeoi3-gan6 sung3 zo2 jat1-zoeng1 pei5 bei2 pang4-jau5)
- **MANDO** 我最近送了一张被子给朋友。
  (wǒ zuì-jìn sòng le yì-zhāng bèi-zi gěi péng-yǒu)
- **TAISHAN** 我最近送誒一張被畀朋友。
  (ngoi1 dui1-gin3 lhung1 e1 yid2-jieng1 pei5 ei2 pang4-yiu5)

QUESTION
- **CANTO** 你最近送咗咩禮物? (nei5 zeoi3-gan6 sung3 zo2 me1 lai5-mat6?)
- **MANDO** 你最近送了什么礼物? (nǐ zuì-jìn sòng le shén-me lǐ-wù?)
- **TAISHAN** 你最近送誒乜禮物? (nei1 dui1-gin3 lhung1 e1 mod2 lai5-mod3?)

To me, December means …

▶CANTO 對我嚟講, 十二月代表… (deoi3 ngo5 lei4 gong2, sap6-ji6 jyut6 doi6-biu2 …)

▶MANDO 对我来说, 十二月代表… (duì wǒ lái shuō, shí-èr yuè dài-biǎo …)

▶TAISHAN 對我來講, 十二月代表… (ui1 ngoi1 loi4 gong2, sib3-ngei3 ngud3 oi3-bieu2 …)

To me, December means (my) birthday and Christmas.

▶CANTO 對我嚟講, 十二月代表生日同聖誕。

(deoi3 ngo5 lei4 gong2, sap6-ji6 jyut6 doi6-biu2 saang1-jat6 tung4 sing3-daan3)

▶MANDO 对我来说, 十二月代表生日和圣诞。

(duì wǒ lái shuō, shí-èr yuè dài-biǎo shēng-rì hé shèng-dàn)

▶TAISHAN 對我來講, 十二月代表生日同聖誕。

(ui1 ngoi1 loi4 gong2, sib3-ngei3 ngud3 oi3-bieu2 sang1-ngid3 hung4 sen1-an1)

QUESTION

▶CANTO 十二月對你嚟講代表咩? (sap6-ji6 jyut6 deoi3 nei5 lei4 gong2 doi6-biu2 me1?)

▶MANDO 十二月对你来说代表什么? (shí-èr yuè duì nǐ lái shuō dài-biǎo shén-me?)

▶TAISHAN 十二月對你來講代表乜? (sib3-ngei3 ngud3 ui1 nei1 loi4 gong2 oi3-bieu2 mod2?)

The last time I lit a candle was …
CANTO 我上一次點蠟燭係... (ngo5 soeng6 jat1-ci3 dim2 laap6-zuk1 hai6 …)
MANDO 我上一次点蜡烛是... (wǒ shàng yí-cì diǎn là-zhú shì …)
TAISHAN 我上一次點蠟燭係... (ngoi1 sieng3 yid2-lhu1 iem2 lab3-jug2 hai3 …)

The last time I lit a candle was during a blackout.
CANTO 我上一次點蠟燭係停電嗰陣。
(ngo5 soeng6 jat1-ci3 dim2 laap6-zuk1 hai6 ting4 din6 go2-zan6)
MANDO 我上一次点蜡烛是在停电的时候。
(wǒ shàng yí-cì diǎn là-zhú shì zài tíng diàn de shí-hòu)
TAISHAN 我上一次點蠟燭係停電㘉時。
(ngoi1 sieng3 yid2-lhu1 iem2 lab3-jug2 hai3 hen4 en3 nen5-si52)

QUESTION

CANTO 你上一次點蠟燭係幾時? (nei5 soeng6 jat1-ci3 dim2 laap6-zuk1 hai6 gei2-si4?)
MANDO 你上一次点蜡烛是什么时候? (nǐ shàng yí-cì diǎn là-zhú shì shén-me shí-hòu?)
TAISHAN 你上一次點蠟燭係幾時? (nei1 sieng3 yid2-lhu1 iem2 lab3-jug2 hai3 gei2-si52?)

I ... thought about becoming a vegetarian.

CANTO 我...諗過食齋。(ngo5 ... nam2 gwo3 sik6 zaai1)

MANDO 我...想过吃素。(wǒ ... xiǎng guò chī sù)

TAISHAN 我...諗過吃齋。(ngoi1 ... nam2 guo1 hieg1 jai1)

I thought about eating less meat.

CANTO 我有諗過食少啲肉。(ngo5 jau5 nam2 gwo3 sik6 siu2 di1 juk6)

MANDO 我有想过少吃点肉。(wó yóu xiǎng guò shǎo chī diǎn ròu)

TAISHAN 我有諗過吃少尼肉。(ngoi1 yiu1 nam2 guo1 hieg1 sieu2 nai2 ngug3)

QUESTION

CANTO 你有冇諗過食齋? (nei5 jau5 mou5 nam2 gwo3 sik6 zaai1?)

MANDO 你有没有想过吃素? (ní yǒu méi yóu xiǎng guò chī sù?)

TAISHAN 你有冇諗過吃齋? (nei1 yiu1 mao1 nam2 guo1 hieg1 jai1?)

This year, did you shovel more or play in the snow more?

This year I ... more than ...
- CANTO 今年我...多過... (gam1 nin4 ngo5 ... do1 gwo3 ...)
- MANDO 今年我...比...多。(jīn nián wǒ ... bǐ ... duō)
- TAISHAN 今年我...多過... (gim1 nen4 ngoi1 ... uo1 guo1 ...)

This year I shoveled snow more than (I) played in the snow.
- CANTO 今年我剷雪多過玩雪。(gam1 nin4 ngo5 caan2 syut3 do1 gwo3 waan2 syut3)
- MANDO 今年我铲雪比玩雪多。(jīn nián wǒ chán xué bǐ wán xué duō)
- TAISHAN 今年我剷雪多過玩雪。(gim1 nen4 ngoi1 can2 lhud2 uo1 guo1 van2 lhud2)

QUESTION
- CANTO 你今年剷雪定係玩雪多啲? (nei5 gam1 nin4 caan2 syut3 ding6-hai6 waan2 syut3 do1-di1?)
- MANDO 你今年铲雪还是玩雪多? (nǐ jīn-nián chán xuě hái-shì wán xuě duō?)
- TAISHAN 你今年剷雪還係玩雪多尼? (nei1 gim1 nen4 can2 lhud2 van4-hai3 van2 lhud2 uo1-nai2?)

I like ... cake the most.

CANTO 我最鍾意...蛋糕。(ngo5 zeoi3 zung1-ji3 ... daan6-gou1)

MANDO 我最喜欢...蛋糕。(wǒ zuì xǐ-huān ... dàn-gāo)

TAISHAN 我最鍾意...蛋糕。(ngoi1 dui1 jung1-yi1 ... an3-gao1)

I like chestnut cake the most.

CANTO 我最鍾意栗子蛋糕。(ngo5 zeoi3 zung1-ji3 leot6-zi2 daan6-gou1)

MANDO 我最喜欢栗子蛋糕。(wǒ zuì xǐ-huān lì-zi dàn-gāo)

TAISHAN 我最鍾意栗子蛋糕。(ngoi1 dui1 jung1-yi1 lud3-du2 an3-gao1)

QUESTION

CANTO 你最鍾意邊種蛋糕? (nei5 zeoi3 zung1-ji3 bin1 zung2 daan6-gou1?)

MANDO 你最喜欢哪种蛋糕? (nǐ zuì xǐ-huān ná zhǒng dàn-gāo?)

TAISHAN 你最鍾意哪種蛋糕? (nei1 dui1 jung1-yi1 nai5 jung2 an3-gao1?)

Next year I ... continue to journal.

CANTO 我明年...繼續寫日記。(ngo5 ming4 nin2 ... gai3-zuk6 se2 jat6-gei3)

MANDO 我明年...继续写日记。(wǒ míng nián ... jì-xù xiě rì-jì)

TAISHAN 我明年...繼續寫日記。(ngoi1 men4 nen42 ... gai1-dug3 lhie2 ngid3-gei12)

Next year I will continue to journal.

CANTO 我明年會繼續寫日記。(ngo5 ming4 nin2 wui5 gai3-zuk6 se2 jat6-gei3)

MANDO 我明年会继续写日记。(wǒ míng nián huì jì-xù xiě rì-jì)

TAISHAN 我明年會繼續寫日記。(ngoi1 men4 nen42 voi5 gai1-dug3 lhie2 ngid3-gei12)

QUESTION

CANTO 你明年會唔會繼續寫日記? (nei5 ming4 nin2 wui5 m4 wui5 gai3-zuk6 se2 jat6-gei3?)

MANDO 你明年会继续写日记吗? (nǐ míng nián huì jì-xù xiě rì-jì ma?)

TAISHAN 你明年會繼續寫日記嗎? (nei1 men4 nen42 voi5 gai1-dug3 lhie2 ngid3-gei12 ma1?)

I think this year was …
- CANTO 我覺得今年… (ngo5 gok3-dak1 gam1 nin4 …)
- MANDO 我觉得今年… (wǒ jué-de jīn nián …)
- TAISHAN 我覺得今年… (ngoi1 gog1-ag2 gim1 nen4 …)

I think this year was very fulfilling.
- CANTO 我覺得今年好充實。 (ngo5 gok3-dak1 gam1 nin4 hou2 cung1-sat6)
- MANDO 我觉得今年很充实。 (wǒ jué-de jīn nián hěn chōng-shí)
- TAISHAN 我覺得今年好充實。 (ngoi1 gog1-ag2 gim1 nen4 hao2 cung1-sid3)

QUESTION

- CANTO 你會點形容你呢一年? (nei5 wui5 dim2 jing4-jung4 nei5 ni1 jat1 nin4?)
- MANDO 你会怎么形容你这一年? (nǐ huì zěn-me xíng-róng nǐ zhì yì nián?)
- TAISHAN 你會幾浩形容你該一年? (nei1 voi5 gei2-hao52 yen4-yung4 nei1 koi5 yid2 nen4?)

About the Author

Jade Wu (伍嘉瑩) is the author of five books, including *Learn to Speak Cantonese 1*, *Learn to Speak Mandarin 1*, and *Learn to Speak Taishanese 1*.

A former instructor at City University of New York, Jade also hosts podcasts and makes videos that teach Chinese and explore ideas around diasporic identities.

More information at **inspirlang.com**

@InspirLang

9 780999 694695